200조 이커머스 시대,
당신의 미래를 바꿀
21가지 이야기

200조 이커머스시대,
당신의 미래를 바꿀 21가지 이야기

세계를 지배하는 이커머스 생태계의 지각 변동

초판 1쇄 발행 2022년 3월 14일

지은이   이종우, 조재운
펴낸이   김용환
펴낸곳   캐스팅북스
디자인   GLCM

주　소   서울시 강서구 양천로 71길 54 101-201(염창동)
전　화   010-5445-7699
팩　스   0303-3130-5324
이메일   76draguy@naver.com
등　록   2018년 4월 16일

ISBN   979-11-965621-8-2

정가 24,000원

200조 이커머스 시대, 당신의 미래를 바꿀 21가지 이야기

이종우 교수

조재운 교수

풀필먼트
오픈마켓
D2C
바잉파워
리세일
풀콜드체인
쇼루밍현상
드라이브쓰루
라이브커머스
마케팅 전략

Castingbooks
You Only Live Once

서론

조재운 교수

1990년대 초반, 어느 날 아주 대학교 경영학과에서 유통 전략에 대한 수업이 한창인 시간에 한 학생이 불쑥 담당 교수에게 질문을 했다.

"교수님, 창고형 매장에서는 고객이 직접 창고를 뒤져서 물건을 구입하나요?"

지금이야 회원제 창고형 할인 매장인 코스트 코를 방문하면, 점포의 개념을 한눈에 알아볼 수 있겠지만, 우리나라에 창고형 매장이 없던 그 시절에는 점포의 개념이나 영업 전략을 강의로만 이해하는 데는 한계가 있었다. 담당 교수는 학생들과 함께 가까운 일본을 방문하여, 다양한 선진 유통 업체를 둘러볼 기회를 제공하기 위하여 아주 대학교 당국에 재정적 지원을 요청했다. 마침, 아주대 경영학과는 대학 선진화 프로젝트 자금을 교육부로부터 지원을 받고 있는 상황이라, 방학 기간 동안 3박 4일간의 현장 탐사에 나설 수 있었다. 그 당시 일본의 유통은 우리나라보다 선진화되어 있어서, 우리나라에는 없던 편의점, 할인점, 창고형 매장, TV 홈쇼핑, 대형 백화점, 대형 할인 전문점, 아웃렛 등을 한꺼번에 견학하기에 편리하였다.

학생들은 견학 후 각 유통업태의 장단점과 발전 방안 등에 관한 리포트를 작성한 후에 서로 토론의 시간을 가졌다. '백문이 불여일견이라 하지 않았는가!?' 일본 견학에 참여했던 학생 중 일부는 그 이후로 유통업의 매력에 푹 빠져서, 유통업계에 취업을 하게 되었고, 그 곳에서 두각을 나타내고 있다.

아주 대학교에서 유통 전략 수업은 사례 분석을 중심으로 이루어진다. 유통 현상은 산업에 따라, 국가에 따라, 시간에 따라 달라진다. 예를 들어 의류 유통 방식과 가전 유통 방식이 다르고, 한국과 미국의 유통이 다르며, 인터넷 등장 이전의 1990년대와 인터넷과 스마트폰 등장 이후의 유통 방식이 다르다. 따라서 복잡한 유통 현상을 이해하기 위해서는 타 분야와 달리, 소비자의 쇼핑 행동을 이해하기 위한 다양한 국가, 산업, 시점의 사례 연구가 필수적이다.

인터넷 등장 이전에는 슈퍼마켓, 할인점, 편의점 등이 유통의 주류를 이루었고, 따라서 유통 전략 수업 시간에 오프라인의 강자인 월마트, 코스트 코, 세븐 일레븐, 이케아, 홀 푸드(Whole foods), 하이마트, 가두 대리점 등을 학생들과 함께 탐구하였다. 그러나 인터넷 등장 이후에는 아마존, 넷플릭스, 구글, 페이스북, 애플, 유튜브, 우버(Uber), 에어비앤비(Airbnb) 등 소위 빅 테크 기업들을 주로 학습했었다.

나의 유통 현상에 관한 관심은 1980년대 초반으로 거슬러 올라간다. 1983년 미국의 마케팅 명문 대학인 노스웨스턴(Northwestern) 대학 MBA 과정(The Kellogg School)에 재학하며, 여러 가지 유통업을 자연스레 접하게 되었다. 처음에는 유통업체의 엄청난 규모에 깜짝 놀랐었다. 1980년대 우리나라에는 후진적 유통 업태인 재래시장, 구멍가게 수준의 슈퍼마켓, 소형 대리점, 소수의 백화점, 악기 점포가 모여 있는 세운상가나 용산 전자상가와 같은 전문 상가만이 존재하였다. 점포에서 판매하는 상품의 수가 매우 적었기 때문에 당연히 점포의 규모도 작았다. 미국에서는 모든 점포들이 소비자가 한꺼번에 쇼핑하기를 원하는 욕구를 충족하는 '원 스톱 쇼핑(One Stop Shopping)'이 전국적으로 일반화되어 있어서, 대부분에 점포들의 규모가 상당히 크다.

노스웨스턴 MBA 과정에서 유통 전략 수업을 수강하면서, 미국에서도 단계적으로 다양한 유통업이 진화하였다는 사실을 알게 되었고, 우리나라 사정과 판이하게 다른 미국의 유통 현상이 발전되어 온 과정과 그 원리를 깨닫기 위해 노력하였다. 위에서 언급한 대로 유통 현상은 시간적, 공간적, 산업별로 서로 차이가 나므로, 'The Kellogg

School'에서의 유통 수업도 대부분 사례 중심으로 이루어졌다. 이러한 수업 방식이 이론 중심적 강의 방식보다 수월하다고 느꼈고, 이러한 깨달음이 내가 아주 대학교에서 유통 전략 수업을 사례 토론 중심으로 운영하는 계기가 되었다.

'Kellogg School'에서 실무적 유통 전략을 익힌 후에 보다 더 분석적으로 유통 현상을 탐구하기 위하여, 미국의 최고 경영학 명문 대학인 펜실베이니아 경영 대학 '와튼 스쿨(The Wharton School)' 마케팅 학과 박사 과정에 진학하였다. 박사 과정을 3년 만에 마치는 동안 나의 관심은 오로지 유통에 관한 것이었다. 구글이 없던 시절이라 문헌을 찾기가 어려웠으나, 유통의 역사에 관한 희귀본을 탐독하고, 유통 관련 수업을 모두 수강하였고, 유통 관련 모든 논문을 섭렵하였다.

사실 미국이 세계적으로 가장 선진화된 유통 구조를 가지고 있었지만, 반면에 개선할 점도 많이 있었다. 그리고 제조업체와 비교하면 전략적으로 세련되지도 않았었다. 이는 1980년대만 하더라도 컴퓨터와 통신이 발달하지 않았기 때문에 유통 기업의 모든 업무가 수작업으로 이루어졌으므로 점포의 대형화가 이루어지지 않아서, 지금과 같은 거대 규모의 기업형 유통 업체가 나타나지 않았기 때문이다.

그러나 내가 미국에서 공부한 1980년대에는 컴퓨터와 통신 기술이 개발되기 시작하면서 여러 산업에 이러한 기술이 활용되었고, 유통업에도 사람이 수작업으로 수행하던 업무를 컴퓨터가 자동으로 수행하게 됨으로써, 유통 기업의 거대화가 시작되던 시기였다. 초대형, 다점포 체제를 갖춘 월마트가 나타나고, 수백 개의 지점을 가진 백화점 체인이 나타남과 동시에 코스트 코의 전신인 프라이스 클럽(Price Club)이 등장하였으며, 케이블 TV가 일반화되면서, TV 홈쇼핑 채널이 나타났다. 우리나라에 비교적 늦게 나타난 드럭 스토어나 대형 할인 전문점의 운영 노하우도 학습할 기회가 있었다. 일반적으로 카테고리 킬러라고도 불리며, 하나의 카테고리의 모든 브랜드나 모델을 싸게 파는 유통업을 말한다.

또한, 인구 밀도가 높고, 보행자가 많은 동양에서는 독립 편의점이 성공할 수 있었으나, 미국에서는 주유소가 편의점을 운영하기 시작하면서, 편의점의 효시인 세븐 일레븐이 결국 쇠퇴해 가는 과정도 지켜보았다. 이렇듯 1980년대에 유통의 혁신 시대를 목격하고, 그 변화에 대해 고민하는 시간을 가질 수 있었던 것은 온통 유통 현상에만 관심이 있었기 때문이다. 이런 고집스런 나의 행동이 내 인생에는 오히려 뜻밖에 행운이 되었다.

이 책의 각 챕터는 각 거래 대상(유형 제품, 서비스, 콘텐츠)의 유통의 역사를 개관하는 것으로 시작한다. 진화론적 측면에서 유통 산업의 모든 변화는 기술의 혁신에 의해 촉발된다. 자세한 내용은 본문에 상세히 설명되어 있지만, 몇 가지 예를 들면, 컴퓨터와 통신 기술은 업무의 자동화를 가능하게 하여 수작업의 한계를 제거함으로써 유통 기업의 거대화, 다점포화로 무장한 거대 소매 업체(power retailer)의 등장을 촉발하였다. TV와 자동차의 폭발적 확산이 있었던 1950-60년대에는 고속도로가 건설되고, 여행 붐이 일면서 식당, 호텔 등 여행 관련 프랜차이즈 사업이 각광을 받게 된다. 인터넷은 이커머스가 유통의 주역으로 부상하게 된 계기가 되었고, 콘텐츠 유통에 있어서 인터넷과 스트리밍 기술의 접목은 넷플릭스, 디즈니 플러스, 스포티파이(Spotify), 아마존 이북과 같은 구독 모델 사업과 유튜브의 발달에 이바지하였다. 또한, 우버(Uber), 에어비앤비(Airbnb)와 같은 공유 경제 모델의 탄생에도 인터넷과 스마트 폰이 결정적인 역할을 하였다.

1988년 박사 과정을 마치고 애리조나(Arizona) 주립 대학에서 교수로서 유통 연구에 매진하다가, 1990년 아주 대학교에 부임하게 되었다. 미국 유학을 떠나 유통 현상을 몸소 체험하고 연구하던 1980년대에는 우리나라 유통 산업에 커다란 변화가 거의 없었다. 유통의 본질은 사람 간의 재화의 거래이며, 사람들이 경제 활동을 영위하는 한 거래는 존재한다. 따라서 유통 현상은 변할지라도 유통의 본질은 변하지 않는다. 소비자들은 거래에 있어서 싸고, 우수하고, 편리하고, 효율적인 것을 원한다. 아주 대학교에 부임한 1990년대의 우리나라의 유통 구조와 유통업 현황은 이러한 소비자 욕구에 매우 못 미치게 낙후되어 있다고 판단한 저자는 우리나라의 효율적인 유통 구조와 유통업의 선진화를 위한 연구와 교육에 매진하고자 마음먹었다.

제일 먼저 생각하고 착수한 것이 유통 교과서의 집필이었다. 미국에서와 같이 우리나라의 산업이 고도화되면, 유통의 선진화 또한 필연적일 것으로 판단하였고, 유통업에 종사할 인재를 기르는 것이 최우선의 과제라고 믿었다. 그러나 그 당시 우리나라에는 실존하는 유통 교과서가 전무하였고, 미국의 유통 교과서는 미국의 유통 현황을 기술한 것이어서 우리나라 유통 교육에 적절치 않았다. 먼저 여러 산업의 자료 조사와 기업 컨설팅 등으로 실무 감각을 익힘과 동시에, 우리나라에 적용할 수 있는 미국이나 유통 선진국의 유통 원리를 정리하여 우리나라 유통 환경에 맞는 강의 노트를 만들었다. 그리고 우리나라에서 최초로 우리나라의 환경에 맞는 유통 전략 과목을 아주 대학교에서 개설하였다.

강의는 이론 강의와 하버드 비즈니스 스쿨 MBA 과정에서 사용하는 해외 선진 유통업체 사례 토론을 혼용하여 이론적, 실무적으로 균형을 맞추었다. 앞에서 언급한 에피소드처럼 월마트, 코스트 코, 세븐 일레븐 등의 선진 유통 업체를 몸소 경험한 적이 없었고, 구글도 없던 시절이라 초기에는 학생들의 토론이 효율적이지 않았다.

그러던 중 1990년대 초반부터 선진형 유통 업태들이 우리나라에도 도입되기 시작하였다. 1988년 세븐 일레븐을 시작으로, 1993년 이마트, 1994년 프라이스-신세계 클럽, 1995년 39 홈쇼핑, 1999년 하이마트 등 미국에 존재하는 거의 모든 소매 업태들이 1990년대 초반 즈음에 일시에 영업을 시작하였다. 이제 일본 견학을 가지 않고도 점포의 컨셉과 형태를 살펴볼 수 있는 기회가 생긴 것이다. 주부들은 쇼핑을 위해서 점포를 방문하지만, 대학생들은 이마트나 프라이스 클럽 등 대형 소매점을 방문하지 않으므로, 주말에 버스로 이동하며 여러 소매업태 견학을 수업과 병행하였다.

1995년 틈틈이 준비한 강의 노트, 유통 업체 컨설팅 경험, 논문, 사례 연구를 종합하여 드디어 우리나라 유통 환경에 맞는 우리나라 최초의 유통 교과서인 유통 원론 교과서가 저자를 포함한 3인 공저로 출판되었다. 이 책은 2019년 4판까지 개정되었으며, 지금도 대학에서 가장 많이 사용하는 유통 교과서이다. 이 책은 학부생들을 위한 교육 지침서이나, 유통 실무자들이 실제 업무에 활용하기에는 교과서적인 내용이 많았다. 유통 산업 종사자를 위한 유통 실무 지침서가 필요하다고 판단한 저자는 2020년 10월 『사례로 학습하는 실무 지향적 유통 전략』이라는 사례 중심의 유통 실무 지침서를 발간하였다. 이 책을 구상하고 집필하는 데에 약 1년의 시간이 소요되었다. 그 기간 동안 오프라인 유통에는 큰 변화가 없었던 반면, 이커머스에는 엄청난 변화가 일어났다. 신규 업체의 탄생, 기존 업체의 쇠락, 새로운 유통 방식의 출현 등 전술한 『사례로 학습하는 실무 지향적 유통 전략』에 언급된 많은 이커머스 관련 내용이 짧은 시간에 진부해져 버린 것이다.

2023년을 기점으로 우리나라에서 온라인 소매 매출이 오프라인 소매 매출을 추월할 것으로 예상된다. 온라인 쇼핑이 일반화되고 있는데는 여러 가지 이유가 있다. 우선 편리성을 들 수 있다. 요즘은 60대이상의 소비자도 어려움 없이 쿠팡이나 마켓 컬리에서 신선 식품을구매하고 있다. 스마트 폰 조작만으로도 필요한 물건이 몇 시간 내에문 앞에 도착한다. 두 번째 이커머스 약진의 이유는 가격이다. 온라인상에서는 사이트 간 이동이 쉬우므로 가격 및 서비스 측면에서 무한경쟁이 펼쳐져서 소비자들은 조그만 가격 차이에도 민감한 반응을 보인다. 세 번째 이유는 기술의 발달로 인한 이커머스 운영 기법의 개선이다. 본문에 상세히 소개되어 있지만, 이커머스와 동영상을 합친 라이브 커머스, 제조업체나 소상공인이 이커머스 사이트를 거치지 않고, 직접 판매하는 D2C(direct to customer) 모델의 등장, 구독 모델의확산 등은 기술의 발전으로 인해 발달한 새로운 유통 모델이다.

지금까지 왜 이 책을 구상하게 되었는가에 대해 개인사와 에피소드를 중심으로 기술하였다. 이 책의 발간 목적은 크게 세 가지이다. 첫째, 이커머스 소비자의 행동 양식은 전통적인 오프라인 소매업체 소비자의 행동 양식과 다르다는 것이다. 이 책에서는 이러한 차이점을분명히 함으로써 이커머스 산업에서의 경쟁력을 확보하는 방안을 제시하였다. 둘째, 진화적 관점에서 이커머스의 출현과 발전의 기술적원동력을 살펴보고, 향후 일반화될 인공지능, 메타버스 등의 미래 기술 환경 하에서의 이커머스의 발전 방향을 예측하였다. 셋째, 우리나라는 규제 공화국이다. 새로운 이커머스 모델은 끊임없이 나타난다.

이커머스는 특성상 글로벌 경쟁이 일반화되어 있으므로, 스타트업 기업에 관한 규제를 과감하게 제거하지 않으면 글로벌 시장에서의 경쟁에 뒤처질 수밖에 없다. 불행하게도 이것이 현실이 된다면 아마존, 넷플릭스와 같은 거대 글로벌 기업에 모든 주도권을 내어주게 될 것이다. 정부의 올바른 정책 방향이 필요한 이유이다.

모쪼록 이 책이 이커머스 분야의 전략 수립과 연구에 초석이 되어 국가의 경제적으로 이바지할 수 있기를 간절히 기대해 본다.

광교산 자락 다산관에서

이종우 교수

2020년 1월에 발생한 코로나 19 펜데믹(pandemic. 세계적으로 전염병이 대유행하는 상태)은 경제적, 사회적 변화뿐만 아니라, 개개인의 일상에도 막대한 영향을 미치고 있다. 수개월이면 끝날 것 같았던 감염증 상황은 장기화 조짐을 보이면서, 소비자들의 소비 방식에 큰 변화를 가져오고 있다. 이제는 제조업체나 소매업체 모두 환경적 변화에 신속한 대응을 하는 것이 기업의 생존 문제로 인식하고 있어, 그들은 '뉴 컨셉 비즈니스 모델'을 속속 선보이고 있다.

2010년 25조원이었던 국내 이커머스 매출은 2021년 193조 원을 돌파하며, 최근 5년간 연평균 24.3% 이상 성장을 기록하고 있다. 코로나 19의 영향으로 이러한 상승세는 계속 이어질 전망이다. 이커머스가 성장함에 따라 기존의 이커머스 업체인 이베이 코리아, 쿠팡, GS SHOP과 더불어 플랫폼 기업인 네이버와 카카오의 진입, 오프라인 기업인 이마트와 롯데 쇼핑 등의 이커머스 사업 강화. 여기에 삼성전자, CJ 제일제당, 락앤락 등 제조업체들의 온라인 유통 진입으로 온라인 시장 경쟁은 더욱 치열해지고 있다.

온라인 쇼핑 시장의 폭발적 성장은 이커머스 플랫폼에서도 다양한 형태의 유통 채널을 선보이고 있다. 오프라인의 절대적 강세였던 신선 식품 부분에 도전하기 위해 당일 배송이라는 카드를 꺼낸 온라인 리테일 기업들은 '풀필먼트'라는 혁신적인 물류 시스템을 개발했다. 상품 판매에서는 새 상품 판매에 그치지 않고, 리세일 개념을 도입해 중고 상품이나 한정판 상품을 판매하는 플랫폼 또한 주목을 받고 있다. 그리고 TV 홈쇼핑을 온라인 쇼핑몰에 도입한 라이브 커머스는 최근 핫한 트렌드로 이커머스 기업이라면 너나 할 것 없이 서비스를 개시 하였다.

[인근지역 2시간 배송 시스템 롯데마트 바로배송, 출처 : 롯데쇼핑]

거대해진 이커머스 시장에 절대 강자는 다양한 상품과 온라인 최저가 가격으로 승부하는 오픈마켓임은 누구도 부정할 수 없다. 이런 오픈마켓의 힘에 제조사 및 브랜드 기업은 D2C 전략의 자체 온라인 쇼핑몰을 운영하며 반격을 꽤하고 있다. 또한 온라인 시장에서 다양하고 전문적인 상품을 원하는 고객을 타깃에 맞춰 하나의 카테고리 상품을 전문적으로 취급하는 전문 몰도 등장해 온라인 시장에 경쟁을 불붙이고 있다.

전통적인 오프라인 유통 채널 또한 이커머스 유통 기업의 성장을 가만히 보고 있지만은 않다. 오프라인 기업들은 이커머스가 시대에 흐름이라 인정하며, 과감히 기존의 오프라인 점포에 온라인 커뮤니케이션 방식을 접목해 반격과 동시에 시너지 효과를 노리고 있다. 온오프라인 유통의 결합은 오프라인 유통 기업과 온라인 유통 기업의 차별성을 모호하게 하며, 결국 미래에는 이베이를 인수한 이마트, 뉴욕 증시 상장으로 자금을 확보한 쿠팡, O2O 컨셉으로 혁신하는 롯데 쇼핑, ICT 콘텐츠 기업 네이버 쇼핑 등 유통 대기업은 온오프라인 통합 유통 기업으로 선두 자리를 놓고 경쟁을 하게 될 것이다.

ICT(Information and Communication Technologies)의 발전은 상품 유통 발전에 멈추지 않고, 서비스와 콘텐츠 비즈니스에도 큰 영향을 주었다. 서비스는 사람과 사람이 만나야 거래가 발생하는 방식으로 시공간적인 불편함을 개선하는데 어려움과 한계가 있었다. 우버와 에어비엔비와 같은 서비스 플랫폼은 제공자와 시간, 공간의 유통 효율을 극대화 하며, 새로운 비즈니스를 창출하였다. 콘텐츠 또한 휴대성과 이동성이 높은 스마트폰의 대중화에 힘입어 유통에 대변혁을 가져왔다. 빠르고 신속한 거대한 용량의 콘텐츠 제공 기술은 넷플릭스, 스포티파이, 유튜브라는 플랫폼 기업을 만들며, 새로운 콘텐츠 유통 비즈니스를 창조하였다.

이번 코로나 19 팬데믹 상황에서 소비자들이 중시하는 요소는 안전, 정보의 중요성, 쇼핑의 편리성, 홈 엔터테인먼트 등을 들 수 있다. 우선 생활 보건이 일상화되면서 본인의 안전을 최우선시 하게 되었고, K방역의 성공은 정보의 투명성의 중요성을 일깨워 주었다. 스마트폰으로 1분 만에 재난 지원금을 신청하면서, 디지털 경제의 편리성을 새삼 체감하였다. 집에 머무는 시간이 늘어나며, 소비자들은 기존의 여가를 대체할 활동들을 찾기 시작하였다. 대표적인 예로 영화관으로의 관객의 발길이 줄면서, 대체 활동으로 홈 무비를 구독 서비스로 이용하는 넷플릭스 가입자가 전년 대비 2배나 늘어 이제는 4백만 명을 돌파하였다. 이 같은 소비자 심리 변화는 변화하는 환경에 대응하는 새로운 비즈니스를 창조하는 창의력이 뉴노멀 시대의 가장 중요한 성공 요소임을 강하게 시사한다.

본 저자는 2002년 신세계 이마트에 입사해, 유통 마케팅 실무를 시작하여 글로벌 기업 아이리스 코리아에서 마케팅 부문장으로 2021

년까지 약 20년간 유통 비즈니스를 경험하였다. 처음 이마트에 입사할 당시만 하더라도 유통이란 단어는 생소 했으며, 이마트 또한 정확히 어떤 기업인지 대부분의 사람들이 모를 시기였다. 그렇게 시작된 유통 마케팅과의 인연은 마트, 편의점, 슈퍼마켓, 재래시장 등 오프라인 유통뿐만 아니라, 온라인 쇼핑몰, TV 홈쇼핑, T커머스, 카탈로그, 폐쇄 몰 등 온라인 유통까지 경험하게 되었다. 그룹 매출 7조의 운영 상품 2만 가지의 아이리스 오야마 한국 지사인 아이리스 코리아에서의 일본식 간부 사원 교육과 마케터 활동은 체계적인 유통 지식을 갖는데 꼭 필요했던 소중한 시간이었다. 1천여가지가 넘는 상품을 개발해 판매처와 마케팅 방식, 가격을 기획해 국내 여러 유통 시장에 판매한 경험은 지금의 나를 있게 한 가장 큰 이유라고 할 수 있다. 아이리스를 대표해 이마트, 트레이더스, 코스트 코, 롯데 마트, 쿠팡, GS SHOP, 현대 홈쇼핑, GS 홈쇼핑, 쇼핑 앤티의 고위층 및 MD와 교류를 하며 유통 대기업의 전략을 듣고, 국내 유통 시장 흐름을 이해하는데 큰 도움이 되었다. 더불어 교수 임용 이전 현업에 종사하며 경험한 몇 가지 사례를 본 서문에 소개하여 본 서를 읽는 독자들의 학습 의지를 함양해보고자 한다.

이마트 가정용품 매장에 매니저로 근무했을 때 조화 코너의 매출이 잘 나오지 않아 고민했었던 적이 있었다. 매대의 위치가 안쪽에 위치해 고객들의 눈에 잘 보이지 않았고, 철재 선반 위에 진열되어 있어 조화와 어울리지도 않고, 예뻐 보이지도 않다는 진단을 했다. 점장님

[농림식품부 "소비자 트렌드와 유통마케팅 전략" 세미나]

께 개선 계획 보고를 한 뒤, 패션 매장에 사용하는 유리 선반과 조명을 가져와 조화 매대 2모듈에 설치를 하였다. 그 결과 조화 매출은 2배 가까이 올랐고, 진열 형태는 이마트의 좋은 성공 사례가 되어, 다른 점포에도 이를 적용하게 되었다. 저자는 이마트에서의 경험으로부터 같은 상품도 어떤 방식으로 소비자에게 제시하는지에 따라 좁게는 매출, 그리고 넓게는 유통업의 성패가 좌우될 수 있다는 교훈을 얻을 수 있었다. 그 다음으로 글로벌 기업 재직하던 당시 트렌디한 상품 기획의 중요성을 깨닫는 경험이 있었다.

아이리스 코리아에서 마케팅팀장으로 근무했을 때, 한국 지사 최초로 TV 홈쇼핑 시장에 진출하였다. 유통 채널 중 시간당 최고 매출을 찍는 TV 홈쇼핑에 상품을 입점 시키는 것은 여간 어려운 일이 아니었다. 브랜드 기업이외의 인지도가 낮은 중소기업이나 판매 효율이 낮은 생활 용품 등은 더 진입이 어려운 채널이다. 당시 아이리스의 상품은 가구, 수납, 애견용품이 주력이던 시기로 TV 홈쇼핑에 진입한다면, 아이리스 인지도를 높일 수 있어 기회를 엿보고 있었다. 당시 리클라이너 소파가 유행하던 시기로 이에 아이디어를 얻어, 아이리스의 좌식의자에 이중 쿠션을 사용하고 리클라이닝 기능을 넣어 10만원 전후로 판매 단가를 높인 아이리스 리클라이닝 의자를 개발하였다. 현대 홈쇼핑에 런칭을 했고, 홈쇼핑 방송은 대성공을 하며, 국내 좌식형 리클라이너 의자 시장을 열게 되었다. 이를 통해 실력 있는 마케터가 가져야할 주요한 능력은 트렌드를 파악할 수 있는 관찰력과 이를 매력있는 상품으로 만들어 낼 수 있는 기획력과 실행력이라는 점을 다시금 배우는 계기가 되었다.

[TV홈쇼핑 히트상품 아이리스 리클라이너 의자, 자료 출처 : 아이리스 코리아]

비즈니스에서 중요한 것은 실무 경험이며, 이를 배가 시키는 것은 교육이라 생각한다. 나는 유통 마케팅 분야에서 전문가로 거듭나기 위해, 꾸준한 연구 활동을 통해 경영학 마케팅 전공 박사 학위를 취득하였다. 나의 20년 동안에 유통 비즈니스 경험과 연구자로서의 장점은 기존 마케터들이 보지 못하는 구체적이고 심도 있는 인사이트를 제시 할 수 있다는 것이다. 이미 삼성전자, 신세계, GS 리테일, CJ 오쇼핑, BGF 리테일, 농협, 현대 백화점, 하이트 진로, 하나 투어 등 대기업의 마케터들을 대상으로 마케팅 트레이너 활동을 활발히 하고 있다.

이 책에서는 이런 유통 마케팅 전문가 경험을 바탕으로 최근 환경변화에 대응하여 급속히 다변화되고 있는 다양한 이커머스 비즈니스모델을 사례를 중심으로 소개할 것이다. 각 유형의 대표적 기업들을탐구함으로써 이들 기업의 운영 및 전략, 핵심 성공 요인을 이해하고,향후 전망에 관한 통찰력을 기르는 것은, 계속해서 진화하는 이커머스 비즈니스 사업의 성공을 위해 가히 필수적이라고 말할 수 있다. 그래서 빠르게 변화하는 이커머스 유통 컨셉을 쉽고, 친절하게 한권으로 정리해 보았다. 이 책은 리테일 기업, 브랜드 기업, 제조사, 밴더의마케터와 MD에게도 반드시 유용한 실무 지침서가 될 것이다.

이 책의 특징은 다음과 같다.
첫째, 오프라인 소매업에도 기술 및 소비자의 라이프 스타일의 변화에 따라 다양한 업태가 나타났듯이, 온라인 유통에도 다양한 업태와 비즈니스 모델이 끊임없이 개발되고 있다. 이 책에서 소개되는 국내외 다양한 이커머스 업체들의 운영 전략과 각 비즈니스 모델의 장단점에 대해 자세히 설명하였다. 유통의 중심인 상품 유통에 있어서 기본이 되고 있는 오픈마켓부터 리셀(Resell) 중고용품 플랫폼인 당근에 이르기까지 세부적으로 정리해 보았다.

　둘째, 이 책에서는 상품의 온라인 유통인 이커머스와 더불어 온라인을 이용한 서비스 유통 모델인 공유경제, 온라인을 이용한 컨텐츠 유통 모델인 구독 경제에 관한 사례도 함께 소개될 것이다. 상품이 유통되는 이커머스나 서비스가 주로 유통되는 공유경제, 콘텐츠가 주로 유통되는 구독 경제는 인터넷과 스마트폰, SNS를 기반으로 한 플랫폼 산업이란 점에서 공통점이 있다.

　셋째, 이 책에서는 이커머스와 함께 다양한 전통적인 오프라인 소매업을 소개함으로써 이커머스에 대한 이해도를 높이고자 노력하였다. 역사적 관점에서 소매업의 진화 과정을 이해함으로써 무질서해 보이는 이커머스의 진화 과정과 향후 발달 방향에 대한 통찰력을 기를 수 있다. 마지막으로 마케터로서 비즈니스 필드에 매진하던 저에게 연구와 교육의 가치를 가르치시고, 이끌어 주신 아주대학교 경영학과 조재운 교수님께 본 서를 통해 깊은 감사를 전하고 싶다.

유통 마케팅 전문가 이종우 교수

이 책의 구성

[Part I : 상품 유통의 새로운 패러다임 변화, 이커머스]에서는 먼저 역사적 관점에서 인류사에 획을 그은 기술 발전과 코로나 19 팬데믹의 영향으로 유형 제품의 유통이 어떻게 진화해왔는지를 고찰하였다.

1장에서는 1차 산업혁명 이전 시기부터 최근 코로나 19 팬데믹 시대에 이르기까지 유통의 변화를 진화적 관점에서 조명해 보는 것은 본서의 내용을 이해하고, 유통의 미래를 예측하는 데 도움이 될 것이다.

2장에서는 풀필먼트의 물류기능을 함께 수행하는 대표적 이커머스 비즈니스인 아마존, 쿠팡, 마켓 컬리 사례를 살펴보았고,

3장에서는 이커머스의 대표적 비즈니스 모델인 오픈 마켓 기업, 네이버 쇼핑, G마켓, 옥션 사례를 탐구하였다.

4장에서는 최근 선풍적인 인기를 얻고 있는 중고 거래 사이트 당근 마켓과 패션 전문 쇼핑몰 무신사와 리세일 플랫폼 사례를 소개한다.

5장에서는 오프라인 소매업과 온라인 기술을 접목한 O2O(Online to Offline) 서비스의 대표적 성공 사례인 미국의 월마트 사례와 최근 중국에서 선풍적인 인기를 누리고 있는 허마셴셩(중국 창고형 마트) 사례, 국내 편의점, 드럭 스토어의 O2O 사업 사례를 다루었다.

6장에서는 언택트 시대에 각광받고 있는 새로운 유통 서비스인 라이브 커머스와 제품 구독 서비스를 소개하였다. 구독경제 모델은 최근 콘텐츠 유통에 널리 사용되므로 구독 모델에 대한 자세한 설명은 [Part III: IT기술 발달이 만든 콘텐츠 유통]에서 자세히 다루었다.

7장에서는 리테일 기업의 파워에 밀렸던 브랜드와 제조업체의 새로운 비즈니스 전략인 D2C(Direct to Consumer)에 대해 다루고 있다. 온라인 시장에 성장은 리테일 기업에게 큰 기회이기도 하지만, 위기이기도 하다.

[Part II : 서비스 유통에 뉴 모델 : 애플리케이션 플랫폼]에서는 1장에서 서비스와 상품의 차이점과 서비스 유통의 진화과정, 2장에서는 인터넷 등장 이후의 서비스 비즈니스 모델인 공유경제의 대표적 기업인 우버(Uber)와 에어비앤비(Airbnb) 사례를 소개하였다.

[Part III: IT기술 발달이 만든 콘텐츠 유통 : 스트리밍 서비스]에서는 1장에서 콘텐츠 유통의 특징과 진화 과정을, 2장에서 인터넷 등장 이후 콘텐츠 유통 비즈니스 모델인 구독경제의 대표 기업인 넷플릭스, 스포티파이, 유튜브 사례를 소개하였다.

[Part IV : 전통적인 소매업과 소매 매출 증대 전략]에서는 인터넷이 등장하기 이전부터 존재하던 모든 소매업의 다양한 유형과 특징, 향후 전망에 관해 논의하였다. 향후 이커머스가 크게 성장할 것으로 전망되지만, 그렇다고 오프라인 소매업이 사라지는 것은 아니다. 아직까지도 소매 매출 중 다수를 차지하는 것은 오프라인 유통업이다. 온라인 유통의 성공요소도 오프라인 유통의 성공 요소와 일맥상통하는 점이 매우 많으므로, 오프라인 소매업에 대한 심도있는 이해는 모든 유통업의 소매 전략과 제조업의 영업 전략 수립에 필수적 요소이다.

목 차

Part II

서비스 유통에 뉴 모델,
애플리케이션 플랫폼 305

Part III

IT기술 발달이 만든 콘텐츠 유통,
스트리밍 서비스   359

Part IV

전통적인 소매업과 소매 매출 증대 전략   431

상품 유통의 새로운
패러다임 변화, 이커머스

상품 유통의 진화
- 전통시장에서 이커머스까지

기술적, 환경적 변화는 사람 간의 거래 방식에 변화를 가져온다. 거래 방식에 변화는 이러한 변화에 적합한 유통 구조를 만들어낸다. 유통의 진화에 커다란 변화를 가져온 인류사적 사건과 이의 영향은 산업혁명으로 인한 교통의 발달과 광고 매체의 발달, 정보혁명으로 인한 작업의 자동화 및 효율화, 인터넷의 발달로 인한 온라인 플랫폼 비지니스의 등장, 인공지능의 발달로 대량생산을 통한 맞춤 상품 서비스 구현으로 대량 고객화의 실현, 코로나 19 팬데믹(pandemic. 세계적으로 전염병이 대유행하는 상태)으로 인한 비대면 경제의 활성화로 요약될 수 있다.

[재래 시장 쿠팡 이츠 배달, 출처 : 쿠팡 이츠]

1장에서는 이러한 인류사에 큰 획을 그은 기술적, 환경적 변화가 어떻게 유통 구조를 변화시켰는가를 고찰한다. 기술 발전이 유통구조에 미치는 영향은 거래되는 대상에 따라 달리 나타난다. [PART I]에서는 상품 유형과 유통의 진화 과정을 설명하고, [PART II]에서는 서비스 유통의 뉴 모델, [PART III]에서는 IT기술 발달이 만든 콘텐츠 유통의 진화 과정에 관해 설명한다.

거래 대상을 위와 같이 구분하는 이유는 거래 대상의 특성이 다르면 유통 방식이 다르기 때문이다. 유형 제품의 경우, 대체로 제조와 유통이 분리되어 있고, 최근 제조사가 직접 유통을 하는 경우가 많이 나타나고 있다. 이를 D2C(Direct to Consumer) 이커머스 모델이라고 한다. 수요와 공급 간 괴리가 발생할 경우 생산량을 조절하고, 재고를 통해 출하량을 조절할 수 있다. 이에 반해 서비스는 호텔이 오늘 발생한 여분의 객실을 내일 팔 수 없듯이, 재고가 불가능하고, 생산과 소비가 동시에 일어나며, 서비스는 주로 사람에 의해 제공되므로, 유형제품에 비해 서비스 품질을 일관되게 유지하기가 어려운 특성을 가진다. 콘텐츠는 무형재란 점에서 서비스와 유사한 면이 있지만, 콘텐츠와 서비스의 가장 두드러진 차이점은 콘텐츠는 부호화가 가능하다는 점이다. 음악, 연극, 게임, 이야기 등의 콘텐츠는 원래 무형이었으나, 부호화 기술이 발명됨으로써 콘텐츠는 유형 제품화 되어(LP, CD, DVD, 책, 게임 타이틀 등), 유형 제품과 같은 형태로 생산, 판매 되었으나, 인터넷과 스트리밍(streaming) 기술이 발달하면서 다시 무형화 되어 주로 구독 모델로 유통된다.

아래에서 논의될 유통의 진화 과정을 이해하기 위하여 인류사에 큰 획을 그은 여러 산업혁명의 요소 기술(사용자나 문화의 능력을 변화시키고 발현할 수 있는 발명이나 혁신)에 관한 이해와 이러한 요소 기술이 인류의 생활에 어떻게 영향을 미쳤는가에 관한 정리가 필요하다. 1차 산업혁명의 요소 기술인 증기기관은 증기기관 열차를 탄생시켜 교통의 발달에 크게 이바지하였다. 2차 산업혁명의 요소 기술은 전기와 자동차이다. 전기는 각종 전기제품을 탄생시켜 생활에 편리함을 가져왔고, 특히 라디오, TV 등의 전기 매체의 발달은 매스 미디어 시대를 열게 함으로서 제품이 대량 생산되고, 대량 판매되는 대량 마케팅 시대를 열었다. 자동차는 개인의 이동을 자유롭게 함으로써 교통의 발달을 더욱 심화시켰다. 3차 산업혁명(정보혁명)은 정보통신기술(컴퓨터와 통신 기술)의 발달로 인해 업무의 자동화와 효율화가 이루어진 시기이다. 정보통신기술을 기반으로 하는 인터넷의 발달은 현대 인류의 생활 방식에 가장 큰 변화를 가져왔다. 인터넷은 유형 제품 유통에 있어 이커머스 비즈니스를 탄생시켰고, 서비스 유통에서는 공유경제 모델을, 콘텐츠 유통에서는 구독경제 모델이 발달하는 계기가 되었다. 4차 산업혁명의 가장 중요한 요소 기술인 인공지능은 소비자가 인지하고 있지 않은 니즈를 유추하여, 개인 맞춤 방식으로 유형 제품, 서비스, 콘텐츠의 효율적 제공을 가능하게 하였다.

산업혁명 이전의 유통 구조

상품의 거래는 기원전 9천년 이전부터 사람들 간에 소와 양 등의 가축과 곡물을 물물교환하는 방식으로 이루어졌다. 소매업을 나타내는 소매점은 기원전 800년경에 고대 그리스에서 시작 되었다. 시장이라는 의미에 '아고라'는 시민들을 위한 포럼 역할을 하는 공간으로 자연스럽게 사람들이 모이며 시장에 기능도 갖추게 되었다.

18세기에는 가족 중심으로 운영하는 소규모 상점들이 식품과 잡화 등을 판매했다. 1차 산업혁명 이전까지는 모든 제품이 특정 지역에서만 판매되는 지역 상표(local bran)였으며, 제조업체가 생산한 제품을 지역의 전통시장에서 직접 판매하는 방식으로 제품이 유통되었다. 지역 내 고객을 타깃으로 집안 대대로 내려오는 가내수공업이나 이를 발전시킨 소규모 공장을 중심으로 생산 및 판매하는 방식이다. 이때 생긴 소규모 소매점인 '맘앤드팝(Mom and pop)'이 지금은 소형 독립 비즈니스라는 표준 단어가 되었다. 즉, 19세기 이전은 상품의 제조와 유통이 분리되지 않은 제조업자가 상품을 직접 소비자에게 판매하며 유통하는 시기였다.

제조 ▶ 소비자

[1800년대 미국의 소규모 소매점]

산업혁명 이후의 유통 구조

산업혁명은 미국에서 19세기 중반 철도의 발달을 촉진시켰으며, 1869년에 대륙 횡단 철도가 완성되었다. 이러한 교통의 발달은 타 지역으로 제품을 배송하고 판매하는 전국적 상표(national brand)의 발달을 가져왔다. 산업 혁명으로 경제적 극적인 변화는 이전에 농업 중심에서 제조업과 산업 중심으로 이동 시키며, 새로운 직업과 향상된 생활수준을 가져왔다.

소득 수준 향상과 성공한 기업가 등장은 1800년대 중반 고급 소매점인 백화점을 등장 시켰다. 부유한 사람들을 타깃으로 메이시스는 1858년에, 블루밍데일은 1881년, 시어스는 1886년에 뉴욕과 시카고 등 대도시에 등장하기 시작했다. 신흥 부자들에게는 개인화된 서비스와 다양한 고급 상품은 매우 매력적인 것이었다.

또한, 다양한 매체의 발달은 전국적 상표의 발달을 더욱 촉진시켰다. 1882년 피앤지(P&G)는 매거진에 아이보리(Ivory) 광고를 게재하였고, 1923년에는 라디오에 크리스코(Crisco) 식용유 광고를 시작하였다. 또한, 피앤지는 1933년 TV를 이용한 아이보리 광고를 시작하였다. 지금도 미국의 주부들이 많이 시청하는 아침 드라마를 솝 오페라라고 하는 이유는 이 시간대에 비누, 세제 등의 제품 광고가 많이 방영되기 때문이다.

[1900년 뉴욕시, 출처 : THE AMERIACAN YAWP]

오늘날 마케팅 전략인 소위 4Ps(product, place, promotion, price 또는 markeitng mix라고도 불림)가 이 시기에 완성된다. 즉 제조업체가 제품을 생산하고(product), 유통하고(place), 광고(promotion), 판촉하며, 가격을 책정하는(price) 근대적 마케팅이 탄생한 것이다. 전국적 수송망을 통해 제품을 전국에 배송하고 다양한 매스 미디어(Mass media)를 이용하여 제품을 광고하는 매스 마케팅(mass marketing) 시대가 열린 것이다. 시장이 확대 되면서 제조업체가 전국의 모든 소비자를 대상으로 직접 판매하는 것은 비효율적이므로 이를 중개하는 중간 상인(intermediaries)이 나타나게 된다. 이때부터 본격적으로 제조와 유통의 분리가 이루어져 오늘날과 같은 일반적인 유통구조의 형태가 나타났다.

제조 ▶ 도매 ▶ 소매 ▶ 소비자

이 시기에 나타난 중간 상인들은 대부분 제조업체에 비해 소규모였고, 상품을 보유하고 있는 제조사에 눈치를 봐야 하기 때문에, 이 시기에 유통 경로의 주도권은 제조업체에 있었다. 이러한 도소매 확대의 오프라인 유통 구조는 20세기 후반까지 지속된다. 이 시기에는 다양한 형태의 소매 대리점 제도도 나타났는데, 주로 생필품을 유통하는 대리점이 대부분 이었다. 산업의 발달로 기계 기술을 기반한 다양한 전문품들이 발명 되었다. 이 같은 신상품에 등장으로 전문품에 특화된 새로운 전문 소매상이 필요하게 되었다. 그 당시 대부분의 의복은 집에서 바느질을 통해 만들거나 수선을 하였다. 그러다 싱거사(Singer)는 1851년 가정용 재봉틀을 발명하면서 대인기를 끌었고, 대리점 또한 급격하게 증가하게 되었다. 1898년에는 미국의 윌리엄 어니스트 메츠거(William Ernest Metzger)가 1895년에 런던에서 열린 세계 최초의

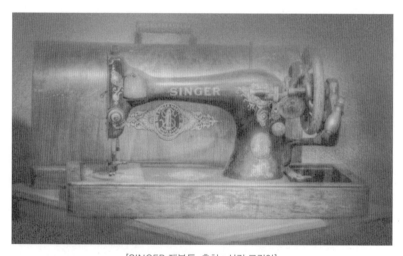

[SINGER 재봉틀, 출처 : 싱거 코리아]

자동차 박람회를 다녀온 뒤, 미국 최초의 자동차 소매점을 만들었다. 이렇게 디트로이트에서 시작한 자동차 딜러 체제는 자동차 판매로 이어지며, 1905년 주유소 대리점을 등장 시켰다.

정보혁명 이후의 제품의 유통 구조

소매업과 대리점의 발달은 한 곳에서 다양한 상품과 업태를 한 번에 해결 하려는 쇼핑몰을 탄생 시켰다. 1922년 캔자스 시티에 처음으로 야외 쇼핑몰을 설립했고, 1956년에 미네소타주 에디나에 실내 대형 쇼핑몰이 생기며, 1960년까지 4500개 이상의 쇼핑몰을 탄생 시켰다. 이는 미국에서 자동차가 가정에 보급 되면서 교외로 나들이와 쇼핑을 가능하게 했기 때문이다.

20세기 후반 정보통신기술(information and communication technology : ICT)의 발달로 촉발된 정보혁명은 대기업 소매업체인 '파워 리테일러(Power retailer)'의 등장을 초래하였다. 정보 통신 기술은 과거 수작업으로 이루어지던 재고 관리, 물류 관리, 상품 관리 등의 자동화를 가능하게 함으로써 점포 대형화, 다점포화로 특징 지워지는 '파워 리테일러' 시대를 열었다. 1962년 아칸소주 로저스에 처음으로 월마트(Wal-Mart)가 문을 열었고, 같은 해 타겟(Target)과 케이마트(Kmart)도 오픈을 하였다. '파워 리테일러'는 거대한 구매력을 바탕으로 제조업체와의 관계에서 막강한 파워를 행사하게 되었으며, 이로 인해 유통 경로에서의 파워는 제조업체에서 거대 소매상으로 이전되게 된다. 이 당시 실내 대형 소매점은 셀프 서비스와 합리적은 가격으로 일반 소비자들을 공략하기에 충분했다.

이 시기에 나타난 유통 구조적 특징 중 하나는 거대 소매상이 제조업체와 직접 거래함으로써 도매상의 역할이 축소되면서, 도매상이 유통경로에서 제외되는 '탈 개입화 현상(disintermediation)'이다. 거대 소매상 입장에서 중간 도매상의 제외는 중간 마진 손실을 줄이는 역할을 한다. 즉, '파워 리테일러'가 도매상의 기능을 흡수함으로써 유통의 길이가 짧아진다. 그러나 기존의 소규모 독립 소매상이 모두 사라지는 것은 아니므로, 이들에게 제품을 공급하는 도매상이 완전히 사라지는 것은 아니며, 도매상이 개입하는 유통 구조와 소매상이 도매상 역할을 하는 두 가지 유통 구조가 병존하게 된다.

제조 ▶ 소매 ▶ 소비자

20세기가 되면서 전문품에 대한 정보가 일반 상인이나 소비자들에게도 대중화 되며, 전문품 유통도 일반 생필품을 유통하는 중간 상인들이 취급하는 것이 일반화된다. 1968년 HP(Hewlett-Packard)는 개인용 컴퓨터라는 광고를 통해 9100A 모델을 판매하며, 개인용 컴퓨터 시장을 열었다. PC가 처음 발명되었을 때, PC 제조업체들은 기존

[미국 2,800개 점포 슈퍼마켓 체인 Kroger, 출처 : 클로거 홈페이지]

의 소매상들이 PC를 취급하기에는 전문적인 지식이 없다고 판단하여, PC만을 전문적으로 판매하는 컴퓨랜드(Compuland. PC 전문 판매점)와 같은 소매상이 출현하였다. 그러나 PC가 대중화되고, 판매자나 소비자가 PC에 관한 지식을 충분히 숙지하게 되자, PC는 생필품화 되어 독일의 알디(Aldi)와 같은 슈퍼마켓에서도 판매되고 있다. 이렇듯 전문품이 생필품과 같이 슈퍼마켓이나 할인점 등에서 셀프서비스로 판매되는 현상을 전문품의 생필품화이라고 한다.

• **인터넷 등장 이후의 제품의 유통 구조**

인터넷은 이커머스와 온라인 플랫폼의 등장을 촉발하였다. 플랫폼이란 제품이나 정보가 유통되는 장터이며, 온라인 이전에도 전통 시장, 백화점, 증권 시장 등의 오프라인 플랫폼이 존재하였다. 인터넷은 사이버 공간을 무한 창출함으로써, 오프라인과 달리 거래에 있어서 시간적, 공간적 제약을 제거하는 역할을 한다. 즉, 24시간 언제나, 어디서나 거래가 가능하게 되었다. 제조업체는 온라인 플랫폼에서 소비자에게 직접 판매하는 것이 가능해짐에 따라, 유통의 길이는 더욱 짧아진다. 인터넷을 통한 전자상거래는 통상 이커머스로 불리지만, 그 유형에는 여러 가지가 있다. 아마존의 초기 모델로 대표되는 이커머스는 제품을 구매하여 판매하는 순수 소매상이고, 온라인 플랫폼은 이베이나 G마켓, 네이버 쇼핑과 같이 제품을 구입하여 판매하지 않고, 장터만을 제공하는 오픈 마켓이다. 두 가지 비즈니스 모델의 차이점과 특징에 관해서는 다음 장에서 상세히 설명될 것이다.

[국내 최초 온라인 쇼핑몰 인터파크, 출처 : 인터파크]

제조 ▶ (플랫폼) ▶ 소비자

이커머스와 온라인 플랫폼의 등장은 기존의 오프라인 소매상에게 는 커다란 위협이다. 최근의 코로나 19 팬데믹은 대면 형태인 오프라 인 소매업을 더욱 위축시켰다.

그러나 이커머스나 오픈 마켓이 오프라인 유통을 완전히 대체하지 는 않는다. 이커머스의 가장 큰 단점은 배달에 시간이 걸리므로, 즉각 적인 소비가 필요한 경우에는 소비자는 여전히 오프라인 소매상을 방 문한다는 점이다. 예를 들면, 편의점이나 독일의 소형 슈퍼마켓인 '알 디(Aldi)'의 경우 소비자에게 근접한 위치에 입점해 있고, 소비자가 당 장 필요로 하는 필수품만을 판매하므로, 이커머스의 영향을 크게 받

[네이버 쇼핑, 출처 : 네이버]

지 않는다. 또한, 월마트(Wal-Mart)는 이커머스 사업을 강화하는 한편, 혁신적인 'O2O 전략(online-to-offline ; omni channel)'을 구사함으로써 위기에 현명하게 대처하고 있다. 코로나 19 팬데믹으로 인해 대면 판매가 위축되는 상황에서도 소비자가 온라인으로 주문 후 '키오스크(kiosk)'에서 비대면으로 픽업하는 'DUG(Drive-up & GO) 서비스'를 제공함으로써 오히려 매출 증대를 이룬 바 있다.

지금까지 산업혁명 이전부터 최근의 코로나 19 팬테믹에 이르기까지 유형 제품의 유통 구조의 변화를 살펴보았다. 기술 발전에 의해 신제품이 개발되듯이 유통 구조 또한 변화한다.

[버거킹 키오스크]

4차 산업혁명 이후

향후 4차 산업혁명이 거래 방식에 어떤 변화를 가져올지에 대한 통찰력이 필요하다. 예상되는 변화 중 하나는 주문생산 방식(On demand)과 직접 유통의 재등장이다. 1차 산업혁명 이전에 의류와 신발 등의 생산은 주문 생산 방식이었다. 빅데이터, 인공지능, 3D 프린터, 스마트 팩토리를 비롯한 4차 산업혁명에 의한 새로운 기술 혁신은 산업혁명 이후의 대량생산 방식을 다시 주문생산 방식으로 변화시키고 있다. Adidas나 온디맨드(on demand. 공급 중심이 아니라 수요가 모든 것을 결정하는 시스템이나 전략) 의류업체인 스티치 픽스사(Stich Fix)는 고객 맞춤형 제조 방식과 중간상을 거치지 않는 직접 유통 방식을 택하고 있다.

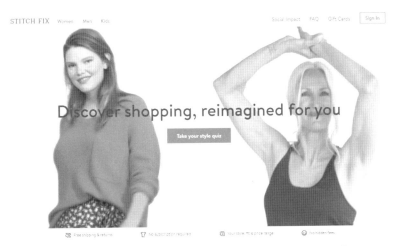

[이커머스 개인 패션 스타일링 기업 Stich Fix, 출처 : 스티치 픽스 쇼핑몰]

그러나 4차 산업혁명 시대의 주문 생산 방식과 산업혁명 이전의 주문 생산 방식에는 큰 차이가 있다. 산업혁명 이전의 주문생산 방식 개념은 소비자가 자신이 표현할 수 있고, 인지할 수 있는 니즈(recognized needs)에 국한하여 제품을 주문 생산하는 방식임에 비해 4차 산업혁명 시대의 주문생산 방식의 개념은 소비자가 표현하지 못하거나, 인지하고 있지 않은 니즈(unrecognized needs)까지도 인공지능이 고객의 빅데이터를 분석하여 선제적으로 제안해 주는 방식이다. 저자는 산업혁명 이전의 시대의 주문 생산 방식과 구별하여 4차 산업혁명 시대의 주문 생산 방식을 투기 주문생산(Speculative on demand)라고 칭하겠다.

역사는 반복된다. 산업혁명은 주문생산 방식을 대량생산 방식으로 바꾸었으며, NB상품(national brand)을 대량판매하기 위한 중간상의 출현을 가져와 유통의 길이가 길어지는 현상을 초래하였다. 정보혁명은 '파워 리테일러'의 등장을 촉진하였으며, 이들이 제조업체와 직거래함으로써 유통의 길이가 짧아지는 결과를 낳았다. 인터넷의 등장은 제조업체가 소비자에게 제품을 판매하는 직접 유통의 재등장을 초래하여 유통의 길이가 더욱 짧아진다. 그러나 인터넷 시대의 직접 유통과 산업혁명 이전의 직접 유통 간에는 많은 차이가 있다. 기술이 접목된 직접 유통은 높은 효율성으로 인해 가격은 낮아지면서도 개별 고객의 욕구가 충족된다는 점에서 소비자에게 많은 혜택을 가져다준다.

[표 1-1] 상품 유통의 진화 과정

	산업혁명 이전	산업혁명 이후	정보혁명 이후	인터넷 등장 이후	4차 산업혁명 이후
주요 촉발 요인 (기술)	–	철도, 자동차, 매스미디어	컴퓨터, 통신기술 (ICT)	인터넷, 스마트폰	인공지능, 스마트 팩토리
생산방식	주문생산 (on demand)	소품종 대량 생산 (mass production)	다품종 대량 생산 (mass production)	대량 맞춤 생산 (mass cus-tomization)	투기 주문 생산 (speculative on demand)
주요 유통 구조 (기존의 유통구조와 병존)	제조 ▶ 소비자	제조 ▶ 도매상 ▶ 소매상 ▶ 소비자	제조 ▶ 소매상 ▶ 소비자	제조 ▶ (플랫폼) ▶ 소비자	제조 ▶ 소비자
유통경로의 주도권	소비자	제조 업체	소매 업체	소매 업체	소비자
제품 가격 수준	가장 높음	낮음	매우 낮음	가장 낮음	가장 낮음
고객 맞춤 정도	가장 높음	매우 낮음	높음	매우 높음	가장 높음
유통의 길이	가장 짧음	길어짐	짧아짐	매우 짧아짐	가장 짧아짐

온오프라인 유통 전쟁의 게임 체인저
'풀필먼트(Fulfillment)'

이커머스는 아마존, 쿠팡, 마켓 컬리와 같이 "풀필먼트" 기능을 수행하는 이커머스와 '풀필먼트' 기능을 수행하지 않고, 플랫폼만을 제공하는 오픈마켓으로 대별된다. "풀필먼트"란 주문 접수, 결제, 물류 등의 기능을 말한다. "풀필먼트" 기능을 수행하기 위해서는 물류센터를 보유하여야 하며, 배송은 자체적으로 하거나(예: 쿠팡의 로켓 배송), 제3자 물류(우체국 등 외부 택배 회사)를 이용할 수 있다. 쿠팡과 마켓 컬리는 자체 물류센터와 배송 기능을 보유하고 있지만, 아마존은 변형된 "풀필먼트"인 'Fullfilment By Amazon'이란 서비스를 제공하고 있다.

| Send your inventory to Amazon | Amazon stores your products (from a single unit to your entire inventory) | FBA helps your offers to become more visible and competitive on Amazon | Amazon picks, packs and ships your products (to customers in the UK and across the EU) | Amazon provides customer service in local language and handles returns |

[Fullfilment By Amazon 프로세스, 출처 : 아마존]

 '풀필먼트' 기능을 가진 이커머스의 장점은 제품이 창고에 보관되어 있으므로 배송이 빠르다는 점과 품질을 관리하기가 용이하다는 점이고, 단점은 제품을 매입하여 보관하므로 재고 위험이 크다는 점이다. 반대로 오픈 마켓은 플랫폼만을 제공하고 수수료만을 취하므로 재고 위험이 없다는 장점이 있는 반면, "풀필먼트" 기능을 판매자가 직접 하여야 하므로 배송이 느리고 품질을 보장하기가 어렵다는 단점이 있다.

['풀필먼트' 물류센터 : 출처 : Printify]

아마존은 두 가지 유형을 혼합한 'Fullfilment By Amazon'이란 서비스를 제공하고 있다. 이 모델에서는 제 3자 판매자 'third party seller(아마존에서 제품을 판매하는 외부의 제조업체나 유통업체)'가 아마존 물류센터까지 제품을 배송하면, 아마존이 나머지 "풀필먼트" 기능. 즉, 광고, 주문 접수, 보관, 배달, 반품 처리 등의 기능을 수행한다. 'Fullfilment By Amazon'은 재고 위험을 줄이고, 배달 시간을 단축시키는 성공적인 모델로 평가 받는다.

최근의 추세는 빠른 배달, 저렴한 배송비를 원하는 소비자의 욕구가 커짐에 따라 "풀필먼트" 기능을 강화하는 쪽으로 이커머스 산업이 발달하고 있다. 최근 'Fullfilment By Amazon'의 비중이 급증하면서 아마존의 이커머스 매출 중 약 60%를 차지하고 있다. 아마존은 전통적으로 페덱스(FedEx)나 유피에스(UPS)와 같은 외부 물류 회사(제 3자 물류)를 이용하였지만, 최근에는 배송 기능을 강화하여 배송의 50%를 자체적으로 수행하고 있다.

4차 산업혁명시대 이커머스의 표준 '아마존'

POINT	1) 세계 기업 가치 1위 기업 아마존
	2) 아마존의 다양한 비즈니스
	3) 아마존의 디바이스 사업
	4) 프리미엄 회원제 서비스 아마존 프라임
	5) 오프라인 유통 기업과 경쟁
	6) 아마존의 코로나 19 대응 전략

1) 세계 기업 가치 1위 기업 아마존

아마존의 로고를 보면, A와 Z를 이어주는 화살표를 볼 수 있다. 이는 'A'에서 'Z'까지 모든 물건을 판매한다는 의미이다. 또한 아마존 강은 세계에서 가장 큰 강으로 세계 1위 온라인 쇼핑몰 기업이 되겠다는 설립자 제프 베이조스(Jeff Bezos)의 포부가 담겨 있다. 아마존은 1995년에 인터넷 서점으로 출발하여, 현재 세계 최대 인터넷 상거래 기업으로 발전하였다. 아마존은 온라인 쇼핑몰 외에도 디지털 콘텐츠, 클라우드 서비스, 웹서비스(AWS), e-book 리더기 타블릿 PC, 킨들 파이어(Kindle Fire), AI 스피커 에코(Echo), 의약품 유통, 우주 항공 사업, 오프라인 식품점 사업인 홀푸드(Whole Foods)와 아마존고(아마존 Go) 등 다양한 영역으로 사업을 확장하고 있으며, 이에 따라 세계 최대 소매기업인 월 마트는 물론, 애플, 구글, 넷플릭스, 삼성전자 등 거대 IT기업을 위협하고 있다.

아마존의 설립자인 제프 베이조스는 인터넷 사용이 1년 새 2,300배 성장하는 것을 보고 "고객과 제조업체 간의 중개 역할을 하고, 전 세계 모든 상품을 판매하는 인터넷 플랫폼 회사를 구축"하는 것을 목표로 먼저 "모든 책을 판매하는 서점"으로 사업을 시작하였다. 아마존이 책을 최초의 사업 품목으로 선정한 이유를 보면 제프 베이조스가 얼마나 분석적이고 철두철미한지를 보여준다. 이유는 첫째, 서점 산업은 절대 강자가 없는 파편화된 산업이어서 경쟁력을 갖기가 쉬웠으며, 둘째, 책은 가짜가 없으며, 셋째, 썩지 않고, 넷째, 파손되지 않아서 배송이 쉬웠으며, 다섯째, 무엇보다도 책은 그 종류가 무한하여 아무리 규모가 큰 서점이라 하더라도 오프라인 서점에서는 모든 책을 구비하지 못하지만 인터넷으로 이를 유통시키면 보다 많은 책을 취급할 수 있다는 점을 들 수 있다.

amazon

아마존이 시애틀을 본사로 정한 이유는 시애틀이 인그램(Ingram) 등의 대형 서적 도매상과 근접했으며, 마이크로소프트 등 기술 클러스터(Cluster. 산업집적단지)가 밀집되어 있어 우수한 IT 인재를 구하기 쉬웠기 때문이다. 더불어, 낮은 세금 또한 아마존이 시애틀을 본사로 정하는 데 중요한 요소로 작용했다. 제프 베이조스는 1994년에 책만을 온라인에서 판매하기 시작하였으나, 그 후 1997년 온라인 사업을 온라인 음악, 비디오를 추가하며 다양한 분야로 확장해 나가기 시작하였다. 2011년에는 아마존 웹 서비스(AWS), 클라우드 소싱(cloud sourcing), 킨들(Kindle) 등 다양한 소프트웨어를 구축하기 시작하였으며, 2013년에는 아마존 프라임 에어(아마존 Prime Air)를, 2015년에는 스트리밍 서비스를 제공하기 시작하면서 이커머스 뿐만 아니라 IT 업계 최고의 기업으로 거듭나게 된다.

제프 베이조스는 여기서 멈추지 않고 MARS(Machine learning, home Automation, Robotics, Space exploration)를 미래 산업의 핵심 요소로 보고 AI 및 기술적 분야에 대규모 투자를 하고 있다.

2) 아마존의 다양한 비즈니스

• 전자 상거래 솔루션 아마존 닷컴

아마존닷컴은 아마존의 가장 주력사업인 온라인 쇼핑몰 사업으로, 크게 두 가지 특징이 있다. 첫째, 원클릭 서비스는 신용카드를 등록한 뒤 한 번의 클릭으로 결제가 이루어지는 서비스이다. 이를 통해 아마존은 구매 전환율을 상승시켰으며, 이러한 서비스는 현재 대부분의 이커머스에서 사용하고 있다. 둘째, 개인화 서비스(Your recommendation)는 빅데이터를 통하여 고객의 아마존 초기 화면에 고객별 추천 상품을 제공하는 서비스이다.

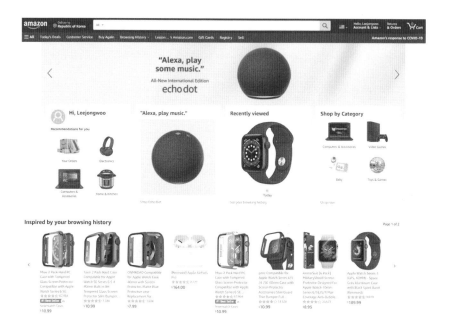

〈아마존 쇼핑몰 고객 맞춤 추천 서비스, 출처 : 아마존〉

• 디지털 콘텐츠 사업

디지털 콘텐츠 사업은 크게 e-book과 아마존 스튜디오 사업으로 나눌 수 있다. e-book의 경우 출판사 네트워크를 동원해 2007년 8.8만종, 2008년 28만종 e-book을 확보하여 시장을 선점하였으며, 신간 도서의 경우 종이책과 같은 가격을 보장함으로써 종이책 시장 잠식을 우려하는 출판사 반발을 해결하였다. 또한 유통을 넘어 콘텐츠 공급 및 제작을 위해 펭귄 그룹(Penguin Group)으로부터 제임스 본드 시리즈 판권을 10년간 확보했고, 8개 출판사를 인수하기도 하였다. 아마존 스튜디오의 경우, 시나리오 공모전을 통해 TV 시리즈, 영화를 제작하고, 디지털 음악 및 비디오 콘텐츠 사업에도 진출하고 있다. 그 결과 2015년 e-book의 미국 시장 점유율은 74%로 2위 애플의 11%와 큰 격차를 보이며 시장을 장학하고 있다.

• 클라우드 컴퓨팅사업 : 아마존 웹 서비스(AWS)

아마존은 온라인 쇼핑몰 관련 웹 애플리케이션 기술 개발 및 운영 역량을 토대로 2002년 아마존 웹 서비스(AWS)를 시작하였다. 아마존 웹 서비스(AWS)를 이용하는 기업 솔루션 개발기업의 출현 등으로 컴퓨팅 수요가 증가함과 동시에 대형 기업이 아마존 웹 서비스(AWS)의 서버와 소프트웨어를 이용하여 재고 관리를 단순화 하는 기업 솔루션을 개발, 판매하면서 아마존의 클라우드 사업은 성장세를 탔다.

이 서비스는 클라우드 컴퓨팅 서비스를 제공하는데, 클라우드란 '서비스 사업자의 서버'라고 할 수 있다. 예상치 못한 트래픽 폭주에도 유연하게 대처하기 위해서 아마존 웹 서비스(AWS)는 대량의 서버, 스토리지, 네트워크 장비를 구비하여 사용자에게 인프라를 대여해준다. 처음에는 가상머신인 EC2(Elastic Compute Cloud)와 스토리지 서비스인 S3(Simple Storage Service)가 주력 제품이었지만, 현재는 40개 넘는 서비스를 제공하고 있다. 마이크로소프트의 애저(Azure), 구글 클라우드 등과 같은 강력한 경쟁자들이 있지만, 이 시장에서는 아마존 웹

[아마존 웹 소비스, 출처 : 아마존]

서비스(AWS)가 압도적 1위를 차지하고 있다. 2019년 4분기 아마존 웹 서비스(AWS) 매출액은 전년 동기 대비 41% 증가한 99억 달러를 기록 하였으며, 이는 아마존 매출(870억 달러)의 약 11%, 영업이익은 무려 60%를 웃도는 수준으로 아마존의 주요 캐쉬 카우(cash cow) 사업이다.

• '풀필먼트' 바이 아마존(Fulfillment by 아마존, FBA)

아마존은 제 3자 판매자(Third party seller)에게 아마존의 고객 주문 처리 과정인 재고 및 배송을 대행해주는 유료 서비스를 제공하고 있 다. 제 3자 판매자가 아마존에서 물건을 판매하는 방법에는 두 가지 가 있다. 첫 번째는 주문이 들어오면 판매자가 직접 구매자에게 제품 을 배송하는 방법이고, 두 번째는 상품 등록 후 아마존이 가지고 있 는 물류창고에 물건을 보낸 뒤 주문이 들어오면, 아마존이 구매자에게 제품을 배송해 주는 것이다, FBA(Fulfillment by Amazon)는 두 번째 방법을 지원해주는 서비스이다. 미국은 워낙 땅이 넓기 때문에 배송이 우리나라처럼 빠르지 못하지만, 아마존의 물류창고는 미국 전역에 분포해 있어서 빠른 배송을 가능하게 하며, 뿐만 아니라 판매자가 아마존 물류창고에 재고를 보관하면 아마존이 배송을 해주고, 그 배송에 대한 책임과 A/S도 대행하고 있다.

• 아마존 고(Amazon Go)

아마존 고는 오프라인 매장으로 최소한의 직원으로 운영되는 무인점포이다. 아마존 고의 앱만 있다면 입점 시 QR코드를 찍고 입장이 가능하며, 구입할 상품을 들고 매장 밖으로 나가면, 사전에 등록한 신용카드로 계산이 되는 서비스이다. 고객들은 줄을 설 필요 없이 빠

[아마존 고 매장, 출처 : SUPERMARKET NEWS]

르고 간편하게 구입이 가능하며, 구입한 상품은 아마존 앱을 통해 바로 확인 할 수 있다. 편의점 크기의 도심형 소규모 소매점으로 오프라인 공략을 위해 하는 아마존의 O4O(Online for Offline) 전략 사업이다.

3) 아마존의 디바이스 사업

아마존은 소프트웨어 산업뿐만 아니라, 하드웨어 산업에서도 성공적인 모습을 보이고 있다. 아마존의 대표적인 하드웨어 산업에는 아마존 킨들Kindle, 아마존 에코(Echo), 아마존 대쉬(Dash) 등이 있다.

• 아마존 킨들(Kindle)

킨들(Kindle)은 아마존이 2007년 11월 발매한 전자책 단말기(e-book reader)로, 아마존의 킨들 스토어에서 구입한 전자책과 신문·잡지, 그리고 사전을 이 단말기를 통하여 읽을 수 있다. 종이책과 비슷한 크기로 휴대가 간편하며 이용자들은 킨들 스토어를 통해서 원하는 전자책을 종이책보다 저렴한 가격으로 다운로드하여 볼 수 있다. 또한 킨들은 스마트폰이나 노트북 PC에 주로 사용되는 LCD 화면이 아니라 발광체가 없는 화면을 사용하여 햇빛 아래에서도 또렷하게 글자가 보이고, 장시간 사용해도 눈이 피로하지 않다는 장점을 가지고 있다.

파나소닉(Panasonic), 소니(Sony) 등도 유사한 기기를 출시하였지만, 기기 가격이 고가이고, 콘텐츠가 부족해 실패한 반면, 아마존은 기기

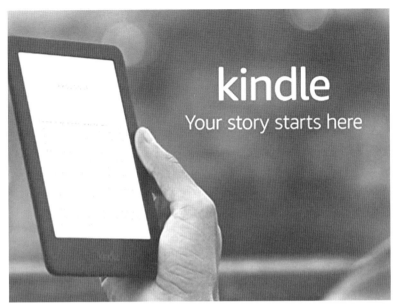

[아마존 킨들, 출처 : 아마존]

를 저렴하게 고객에게 공급해 사용을 유도하고, 책 콘텐츠의 사용을
늘려 매출을 올리는 전략으로 2012년 1사분기 180만대를 판매하였다.
그러나 태블릿 PC의 등장으로 킨들의 경쟁 우위가 약화됨에 따라 아
마존은 e-book, 음악 및 비디오 콘텐츠와 온라인 쇼핑에 특화함으로
써 기존의 킨들과 태블릿 PC가 만족시키지 못한 고객층을 공략하기
위하여 새로운 e-book 단말기인 킨들 파이어(Kindle Fire)를 4년 만에
출시하였다.

신상품에는 새로운 기능을 추가하여 아마존 클라우드 서비스를
이용하여 콘텐츠 저장, 스트리밍 서비스 등 활용 서비스를 넣어 디지

털 콘텐츠 소비를 촉진시켰다. 그 결과 킨들 파이어(Kindle Fire)는 구입 후에도 콘텐츠 구입을 통해 추가적인 수익을 올리고 있다. 킨들 파이어 한 제품에서 3년간 매출은 650달러, 영업이익은 136달러나 발생했으며, 영업 이익률은 무려 20%를 오르는 성과를 거두고 있다. 애플의 아이패드나 안드로이드 기반 태블릿 PC와 비교하면, 기능면에서는 부족했으나, 그 대신 저렴한 가격으로 판매를 이어 갔다. 전후면 카메라를 없애고, 저장 공간도 8기가바이트(GB)로 최소화했지만, 1,800만 곡의 노래, 영화, 전자책 등 아마존이 가진 콘텐츠를 제공하는 데 중점을 뒀다는 점이 특징이다. 킨들은 엄청난 성공을 거두어서 출시되던 날 6시간 만에 품절이 될 정도로 인기가 많았으며, 현재까지도 시장 점유율 1위를 차지하고 있다. 킨들 파이어 또한 출시된 동시에 큰 인기를 얻었는데, 2017년 삼성전자를 밀어내고, 세계 태블릿 시장 점유율 2위를 기록하기도 했다.

• 아마존 에코(Echo)

아마존 에코는 2014년에 출시된 아마존의 인공지능 스피커이다. 1세대 에코를 비롯해서 '에코 쇼', '룩', '두'와 같은 버전도 출시되었다. 에코는 알렉스(Alexa)라는 음성인식 AI를 사용하고 있다. 사용자는 알렉스에게 음성으로 명령을 하면 알렉스는 음악재생, 알람설정, 날씨정보 제공, 교통정보 제공 등의 많은 기능을 수행한다. 가장 중요한 기능으로는 쇼핑 목록 기능의 제공으로 쇼핑의 편리함을 더해줌으로써 아마존닷컴 이용률도 높아지는 효과를 가져 온다. 인공지능 스피커의 인기가 높아짐에 따라 경쟁사들도 속출하고 있고, 구글 홈과 같은 강력한 경쟁자가 존재하지만, 현재까지 업계 1위를 차지하고 있다. 국내에서도 한때 아이들 영어 학습용으로 인기를 끌어 해외직구 붐이 불기도 하였다.

• 아마존 대시(Dash)

혁신적인 아마존은 또 한 번 홈 간편 상품 주문 디바이스인 아마존 대시를 탄생 시켰다. 리모컨처럼 생긴 대시를 구입하고자 하는 상품의 바코드를 스캔하면, 아마존 앱의 장바구니에 차근차근 담기는 기기이다. 기존에 쇼핑을 가기로 결정한다면, 우선 필요한 물품을 적고 마트에 가서 일일이 찾은 다음에 계산을 해야 했지만, 아마존 대시가 있다면 물건이 떨어진 즉시 버튼을 눌러서 주문하고 계산을 하면 된다. 쇼핑과 사물 인터넷의 만남이라고 불리는 대시는 원클릭 쇼핑 서비스이다. 대시는 쇼핑에 있어 엄청난 편리함을 제공하지만, 아마존의 다른 서비스인 아마존 대시 서비스로 인해서 점차 인기가 줄어들고 있는 추세이다.

4) 프리미엄 회원제 서비스 아마존 프라임

미국은 땅이 넓어 온라인 상품 구입 후 배송비용과 시간 비용을 상대적으로 적거나 인프라가 잘 갖춰진 한국에 비해 큰 비용을 지불하고 있다. 이런 문제점을 해결하고자 회원 가입 시 무료배송이라는 강력한 서비스를 아마존은 선보였다.

아마존의 멥버십 제도인 아마존 프라임(Prime)은 2005년 도입되었으며, 2019년 현재 가입비는 $119이며 회원으로 가입하면, 아마존에서 구입한 제품의 1일 내 무료 배송, 음악, 영화의 무료 스트리밍, 전자책의 무료 스트리밍 등 다양한 서비스가 제공된다. 제이피 모건(JP. Morgan)의 분석에 의하면, 이 무료 서비스의 가치는 $785로 추정된다. 이러한 장점으로 인해 2021년 현재 회원 수는 전 세계적으로 1억 5천만 명을 돌파하였으며, 미국 가정의 70% 이상이 이 서비스를 이용하

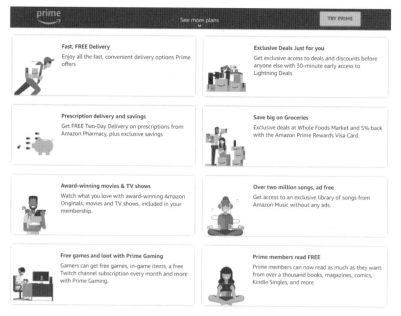

[아마존 프라임 혜택, 출처 : 아마존]

고 있다. 또한 이 서비스의 재가입율은 90%가 넘을 정도로 고객 충성도가 높다. 프라임 회원은 아마존에서 연평균 $1,400을 소비하는 반면 비회원은 $600을 소비하는 것으로 조사되었다. 따라서 아마존 프라임 서비스 자체의 이익기여도는 낮지만 이로 인해 발생되는 매출 기여도는 매우 높다. 회원비와 고객 혜택만을 볼 때는 기업에 손해라고 생각할 수 있지만, 고객의 상품 구입량을 늘려 시장 점유율(market share)을 확대하는데 결정적인 역할을 하는 서비스이다.

5) 오프라인 유통 기업과 경쟁

미국 또한 세계적인 유통 흐름과 같이 오프라인에서 온라인 유통으로 변화를 하고 있다. 미국 전체 소매업을 살펴보면, 온라인 산업의 비중은 2019년 기준 사상 최고치인 10.7%에 달한다. 뿐만 아니라 2019년 미국의 온라인 시장 매출액은 전년 대비 14% 증가한 5,869억 달러로, 전체 소매 매출 증가율 6%보다 2배 이상 높은 성장률 기록했다. 이는 '쇼루밍(showrooming) 현상'에 기인한 것으로 쇼루밍이란 월마트, 베스트바이 등 오프라인 매장에서 상품을 확인만 하고, 가격이 싼 온라인 몰에서 구매를 하는 행위를 일컫는 용어이다. 이미 미국 소비자의 20%가 쇼루밍 소비를 경험했으며, 50% 이상이 매장에서 스마트폰으로 가격 검색을 한 바 있다고 밝혔다. 또한, 2009년까지 서적, DVD 중심이던 아마존 매출 비중은 2011년 가전, 잡화 중심으로 재편되며 판매 품목 다양화가 진행되면서 아마존과 기존 유통업체와의 경쟁이 심화되고 있다. 그 중 오프라인 소매업계 1위인 월마트는 전체 매출이 2018년 기준 5,000억 달러로 아마존의 2,320억 달러보다 2배 이상 더 큰 규모이다. 하지만 월마트의 온라인 매출은 209억 달러로 아마존의 1/10 수준이다. 스타티스타(Statista. 글로벌 시장 조사 기관)에 따르면, 2021년 10월 기준 미국 내 이커머스 부분 매출은 아마존 41%로 1위, 월마트는 6.6%로 2위, 이베이가 4.2%로 3위를 달리며 온라인 유통에서 치열하게 경쟁하고 있다.

이러한 경쟁에서 승리하기 위해 아마존은 배송 혁신을 준비하고 있으며, 월마트도 온라인 사업에 집중하고 있다. 월마트의 온라인 강화 전략의 핵심은 시맨틱(semantic) 쇼핑 엔진 폴라리스(Polaris)와 이커머스 업체인 제트닷컴(Jet.com)의 인수이다. 폴라리스는 월마트가 개발한 대표적인 검색 툴로 온라인 이용자의 SNS 계정을 이용해 인간관계, 이벤트, 위치 등을 토대로 이용자 기호 분석 및 추천으로 페이스북의 라이크(Like) 등의 데이터가 자체 상품 인기 점수에 반영되어, 월마트닷컴에서 이용자가 상품 검색 시 결과를 상단에 노출시키는 것이다. 실제로, 폴라리스 도입 후 월마트닷컴에서 검색 후 구매로 연결되는 비율이 기존 검색 서비스 대비 10~15% 가량 증대되었다.

반면에 아마존은 당일 배송을 목표로 캘리포니아, 콜로라도, 샌프란시스코 등 미국 주요 10개 지역을 대상으로 한 당일 배송 서비스 시

범 계획을 발표했다. 3년간 10억 달러 이상을 투자해 서부 연안을 비롯한 주요 도시에 10개 이상의 물류 센터를 건설할 계획이며, 관련 인원도 1만 명 이상 채용할 계획이다. 또한, 아마존은 물류 처리 로봇 회사인 키바 시스템(Kiva Systems) 인수를 통해 창고 내 물류 분류 및 이동 속도의 획기적인 개선으로 당일 배송의 기반을 마련하는 한편, 뉴욕, 시애틀, 런던 등 대도시 중심으로 약국과 편의점에 자동 개인물품 보관함인 아마존 락커를 설치해 소비자가 주문한 물품을 직접 수령하게 하도록 하였다.

6) 아마존의 코로나 19 대응 전략

오프라인 매장 방문을 꺼려하는 고객들의 생필품 주문이 폭증하면서 아마존은 위기관리 방안을 마련하였다. 코로나 19 팬데믹 이후 아마존은 배달 인력 1만 명을 추가로 뽑고, '풀필먼트'를 강화하며 대응

[아마존 '풀필먼트' 센터, 출처 : 아마존]

하고 있다. 세상의 모든 제품들이 다 있다고 알려진 아마존이지만, 코
로나 19 팬데믹 상황에서는 생필품 위주로 주문이 폭증하고 있다. 따
라서 그간 아마존이 셀러들에게 가급적 적은 양의 재고로, 다양한 제
품이 판매될 수 있도록 조율하는 방식으로는 보관 및 배달을 통제할
수 없는 상황이 되었다. 아마존은 기존의 소량의 제품을 다양하게 재
고로 쌓아 두는 방식에서, 생필품 중심으로 공간을 확보하고, 이들의
판매와 배송에 집중하고 있다. 아마존은 2020년 4월 5일까지 생필품
과 같이 수요가 몰리는 제품을 제외한 다른 제품들은 더 이상 입고할
수 없다고 밝혔다. 이는 주요 판매 채널로 아마존을 활용했던, 생필품
외의 제품을 판매했던 소상공인에게는 치명적인 손실이다.

　아마존의 홍보 영상을 보면 로봇에 의해 상당수 주문 준비 작업이

처리된다고 생각되지만, 실제 많은 부분에서 사람이 직접 처리하고 있다. 코로나 19 상황에서도 주문 처리를 위해 많은 사람들이 물류센터에 출근해 출고 작업을 해야 하는 게 현실이다. 비대면 판매 증가로 아마존의 경영적 측면에서 기업 매출과 이익 상승은 기대하지만, 직원 안전 부주의와 과도한 업무량에 대해서 비판적 여론이 끊이지 않는 상황이다.

STORY 2 당일 배송의 선구자 '로켓 배송'

POINT   1) 국내 온라인 쇼핑몰 2위 기업 쿠팡
2) 쿠팡의 마케팅 전략
3) 쿠팡의 '풀필먼트' 시스템
4) 음식 배달 플랫폼에 도전
5) 프리미엄 회원제 서비스 쿠팡 와우
6) 국내 대표 이커머스 플랫폼 쿠팡

1) 국내 온라인 쇼핑몰 2위 기업 쿠팡

• 대한민국의 이커머스를 뒤집은 쿠팡

쿠팡은 이름에서 보듯 '쿠폰을 팡하게 파격적으로 판다'는 의미로 공동구매를 통해 지역의 상점이나 상품을 여러 명이 모여 저렴하게 공급하는 소셜커머스에서 시작됐다. 쿠팡의 기업이름은 포워드 밴처

스이며, 2010년 8월에 하버드 대학을 나온 김범석 대표가 미국에서 창업을 하고 한국에 유한기업 형태로 설립하였다.

소셜커머스의 원조는 미국에서 2008년에 설립된 그루폰(Groupon)이다. 소셜커머스의 사업 아이디어는 페이스북, 트위터 등의 소셜 네트워크 서비스(SNS)가 발달하면서 지역 식당이나 헬스클럽 등이 소셜커머스에 광고를 하면, 이를 본 소비자가 SNS를 통해 친구나 친지에게 권유하여 공동구매를 하고, 가게는 쿠폰을 제공하여 할인을 해줌으로써 신규 고객을 확보한다는 것이었다.

처음 소셜커머스가 생겼을 때, 대학생들 사이에 쿠폰을 사면 할인된 가격에 식사를 할 수 있다는 장점 때문에 인기를 끌었다. 초창기에는 이용자 수가 적어서 유명 음식점이 아닌 작은 식당이나 신규 오픈한 가게 홍보를 위한 수단으로 활용되는 정도였다. 소셜커머스가 젊

타임커머스
TMON
특가대표!
위메프

GROUPON

[소셜커머스 전성시대를 이끈 티몬, 위메프, 그루폰]

은이들 사이에 입소문을 타고 퍼지면서, 식당 할인을 받아 절약하는 게 유행으로 번져 나갔다. 이때만 해도 공동구매 티켓을 팔던 소셜커머스가 국내 이커머스 시장의 한 축이 될 것이라고는 아무도 상상을 못했을 것이다.

쿠팡은 2010년 창업 후 티몬, 위메프, 그루폰과 함께 소셜커머스 전성시대를 이끌었으며, 2013년에 유한회사에서 주식회사로 전환하며 본격적으로 성장하기 시작하였다. 경쟁이 치열한 소셜커머스 시장 속에서 2013년 회원 수 2천만 명을 돌파하고 거래금액 기준 연매출 1조 원을 달성했다. 이 시기만 하더라도 소셜커머스 3사는 우위를 가리기 어려울 정도로 사세가 비슷하였다. 또한 당시에는 적자를 보면서도 외부의 투자를 받아 사업을 확대하는 상황이라, 소셜커머스가 성공할 것인가에 대한 회의적인 시각도 많았다.

소셜커머스는 비즈니스 모델 측면에서 두 가지 결정적 한계점을 가지고 있었다. 첫째는 진입 장벽이 너무 낮다는 점이다. 광고 업체의 정지화면이 PC나 스마트폰이 24시간 노출되는 방식은 고도의 기술력을 필요로 하는 사업도 아니었고, 특허가 날 수 있는 비즈니스 모델이 아니어서 그루폰이 나타난 이후 모방 기업이 한국에만도 200개 이상 난립하였다. 두 번째 문제점은 광고주나 소비자 모두 소셜커머스 사용후 불만족도가 매우 높았다는 점이다. 식당의 경우 음식 맛이 좋은 식당이 소셜커머스에 광고하는 경우 소비자가 만족하고, 이는 재방문으로 이어져서 매출이 증가하는 효과를 볼 수가 있다. 그러나 음식 맛이 좋지 않은 경우에 소비자는 불만족하게 되고, 따라서 재방문으로 이어지지 않는다. 이 경우에는 광고주는 광고비만 부담하게 되어 소비자와 광고주 모두 불만족하게 된다. 이러한 불만족의 원인을 근본적으로 해결하기 위한 해결책은 아무 업체나 광고를 해 주는 것이 아니라 광고 의향이 있는 업체를 전문가가 방문하여 엄격한 품질 테스트를 통과한 업체만을 광고해 주는 것이다. 즉, 소셜커머스 업체가 사업의 가장 기본인 엄격한 품질 관리를 했어야 하나, 이를 실행하기 위해서는 품질 평가 전문가를 고용하는 등 많은 비용이 들 뿐 아니라, 수많은 소셜 커머스들이 난립하는 상황에서 품질 관리를 한다는 것은 현실적으로 불가능한 일이었다. 이러한 점에서 소셜커머스는 태생적 한계를 가지고 있었다.

쿠팡의 경우도 예외가 아니어서 기존의 공동구매 방식으로는 매출과 이용자 확대에 한계가 있어, 쿠팡은 비즈니스 모델을 대폭 수정하여 오픈마켓과 광고 서비스 기업으로 전환한다고 발표했다. 그 당시 국내 이커머스 시장을 주도한 이베이와 11번가 입장에서는 무서운 경쟁상대를 맞이하게 된 것이었다. 그리고 2014년 로켓 배송이라는 혁신적인 배송 서비스의 도입과 함께 쿠팡의 본격적인 질주가 시작되었다.

그루폰

2008년 세계 최초의 소셜커머스 공동구매 플랫폼 그루폰이 시카고에서 비즈니스를 시작 하였다. 창업자 엔드류 메이슨(Andrew Mason)은 소셜 미디어를 활용해 어떤 공동의 목표를 중심으로 사람을 모으는 플랫폼 포인트(Point)를 개발한 후 이것을 발판으로 그루폰을 오픈했다.

그루폰은 그룹(Group)과 쿠폰(Coupon)의 합성어로 소셜커머스의 개념인 사람을 모아 쿠폰을 사용해 저렴하게 구입한다는 의미를 담고 있다. 당시에는 새로운 형태의 공동 구매 플랫폼으로 이커머스 유통업계에 큰 반향을 불러일으켰다. 초창기에는 시카고에 위치한 레스토랑을 대상으로 '1+1'이나 할인 형태의 공동 구매를 진행했다. 그 후 뉴욕, 보스턴 등으로 확대하다가, 2010년에는 전 세계 250개 도시에서 3천 5백만 명 회원을 확보할 정도로 성장하였다. 급격한 성장 속에 2015년에는 48개국에 4천 8백만 명의 회원을 확보하며 글로벌 기업으로 성장하였다. 2011년에는 구글 이후 이커머스 기업중 가장 큰 실적을 기록하며 IPO에 성공하였다.

그루폰의 성장은 스마트폰을 사용하는 젊은 고객층을 대상으로 합리적 소비를 강점으로 삼아 고객 니즈를 충족하였다. 요식업, 서비스 업주 입장에서는 짧은 시간에 다수의 고객을 확보할 뿐만 아니라 대상 고객에게 점포의 음식이나 서비스를 경험하게 할 수 있어 큰 매력이 있었다. 그루폰은 판매자와 구입자 모두에게 호응을 얻으면서 짧은 시간에 급성장하였고, 전 세계적으로도 소셜커머스 창업 열풍을 일으키는 계기가 되었다.

하지만 그루폰의 성장은 경쟁 소셜커머스의 등장과 제공 상품과 서비스 품질 관리 미흡으로 내리막길을 걷게 됐다. 2015년에 대만, 우루과이, 필리

핀 등 해외 부진 법인을 정리했고, 영업 및 고객 서비스 업무 직원 1천 1백 명을 해고 하였다. 결국 2016년에는 서비스 국가를 15개국으로 줄였다. 최근 그루폰은 분위기 반전을 위해 글로벌 소매 기업 및 배달 플랫폼 등을 인수하며, 사업 다각화에 힘쓰고 있다.

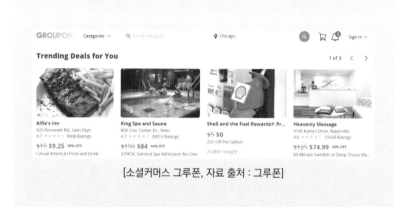

[소셜커머스 그루폰, 자료 출처 : 그루폰]

쿠팡은 아마존의 성공사례를 지켜보면서 이커머스 비즈니스에서 배송의 중요성을 인지하게 되었다. 로켓 배송은 성격 급한 한국인의 마음을 읽으며 대성공을 거뒀고, 로켓 배송 신드롬을 낳았다. 2015년 에는 일본 소프트 뱅크의 손정의 회장이 쿠팡의 로켓 배송 아이디어 를 높게 평가하여, 한국 벤처 사상 최고액인 10억 달러를 투자해 많은 이를 놀라게 했다.

쿠팡 역시 아마존처럼 거점 물류센터를 세우며 직매입(매입)을 적 극적으로 확대하였다. 직매입 방식으로의 전환은 기존의 모든 이커머스 업체들이 위탁 판매를 하는 국내 상황에서 커다란 발상의 전환이었다. 물류센터와 상품 매입에 막대한 투자가 들어가면서 적자가 계속됐지만, 꾸준한 외부 투자를 받으며 사업을 이어가고 있다. 쿠팡의 성장은 항상 경쟁사보다 앞선 투자와 혁신적인 비즈니스 개선에 기인한다. 대기업 방식의 성장 전략과 고객 중심의 서비스가 시너지 효과를 내고 있는 것이다.

2018년에는 로켓 배송 시스템에 식품 전용 서비스인 쿠팡 로켓 프레시를 적용해 식품 사업에도 진출하였다. 여기에 음식 배달 서비스인 쿠팡 이츠까지 제공하면서 사업 범위를 더욱 확대하였다. 2021년에 국내 유통업계뿐 아니라 세계적으로 이슈가 되는 쿠팡에 대한 뉴스가 발표됐다. 쿠팡이 미국 뉴욕 증권 거래소에 공모가 기준 630억 달

[쿠팡 로켓 배송, 자료 출처 : 쿠팡 뉴스 룸]

러(72조 원)을 기록하며, 유가 증권 시장 기준으로 삼성 489조 원, SK 하이닉스 99조 원의 뒤를 이어, 국내 기업 가치 3위로 성공적인 상장을 이룩하였다. 이번 상장은 2014년 중국의 알리바바 이후 외국 기업으로서는 최고의 기록이며, 전체 기업에서는 2019년 우버의 81억 달러 이후 최고의 실적이었다.

• 쿠팡의 역사

쿠팡의 매출은 2020년 기준 13조 3천억 원으로 전년 대비 85.9% 증가했다. 높은 매출 성장률의 배경에는 새벽배송, 당일 배송 등 와우 배송 지역이 전국적으로 확대된 점, 가전과 신선식품 등 주요 카테고리가 빠르게 성장한 점, 고객이 꾸준히 늘어난 점 등에 있다. 하지만 높은 매출에도 불구하고 2020년 영업 손실은 5천 257억 원(전년대비 27% 감소)을 기록하며 여전히 적자를 벗어나지 못하고 있다.

쿠팡이 로켓 배송을 시작한 2014년에는 전국에 로켓 배송 센터의 수가 27개였다. 2019년엔 그 숫자가 168개로 6배 늘었다. 로켓 배송 센터가 늘어나면서, 로켓 배송 센터서 10분 거리 내에 거주하는 '로켓 배송 생활권' 소비자도 같은 기간 259만 명에서 3천 4백만 명으로 13배 늘어났다.

쿠팡은 전국에 촘촘하게 들어선 로켓 배송 센터 배송 망을 기반으로 2019년 1월부터 국내에서 유일하게 전국 단위로 신선 식품을 새벽

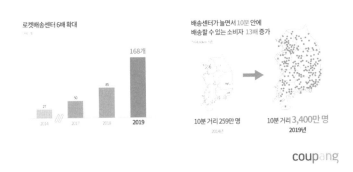

[쿠팡 로켓 배송 센터 확대 추이, 자료 출처 쿠팡]

배송 중이다. 2020년부터는 오전 10시까지 신선 식품을 주문하면, 오후 6시까지 배송하는 로켓 프레시 당일 배송 서비스를 도입했다. 2018년에는 로켓 배송 시스템에 식품 전용 서비스인 쿠팡 로켓 프레쉬를 적용해 식품 사업에도 진출하였다. 여기에 최근 음식 배달 서비스인 쿠팡 이츠까지 오픈하면서 사업 범위를 더욱 확대하였다.

이러한 성장에도 불구하고 쿠팡의 평가에 꼬리표처럼 따라다니는 것이 바로 매년 이어지는 적자에 대한 우려이다. 2010년 개업 이래 아직까지 영업이익이 발생한 적이 없으며, 2019년에는 금융감독원으로부터 주기적인 경영개선 계획과 이행 실적에 대한 보고를 요구받은 바 있다. 전자상거래 업계의 금융리스크를 우려한 금감원의 조치였다. 전자상거래 이용 소비자들의 꾸준한 증가로 인해 소비자 보호에 대한

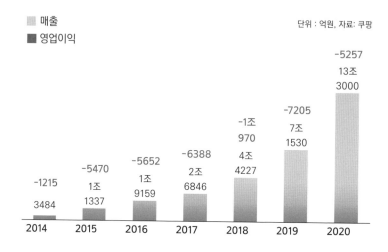

■ 매출
■ 영업이익

단위 : 억원, 자료: 쿠팡

-5257
13조
3000

-7205
7조
1530

-1조
970
4조
4227

-6388
2조
6846

-5652
1조
9159

-5470
1조
1337

-1215
3484

2014 2015 2016 2017 2018 2019 2020

[쿠팡의 매출과 영업 손실]

관심이 커지고 있고, 따라서 경영 건전성 확보의 중요성이 점차 강조
되고 있다.

쿠팡 외에도 위메프, 티몬, 11번가 등 이커머스 기업 대부분이 만성
적인 적자를 기록하고 있지만, 쿠팡의 적자는 그 규모에서 차이가 있
다. 위메프에 비해 2배 수준의 거래액을 기록하고 있지만, 적자는 위
메프의 20배에 달한다. 일각에서는 매출 신장으로 시장 점유율을 극
대화하고, 이를 통해 치킨게임의 최종 승자가 될 수 있다는 예측도 있
지만, 여전히 쿠팡의 미래에 대한 우려는 상존하고 있다.

다만 경쟁 기업에 비해 적극적인 대규모 물류 인프라 투자가 빛을
발할 경우 발생 가능한 수익은 예단할 수 없기에 향후 쿠팡의 명운을

단언하기는 어렵다. 다만 금감원의 권고와 같이 구체적이고 실효적인 예측과 계획이 없는 무조건적인 투자에는 위험이 따른다. 다행히 성공적인 뉴욕 증시상장으로 약 5조원에 달하는 자금을 추가로 확보함으로써 흑자 전환에 필요한 투자 여력과 시간적 여유는 확보한 셈이다.

쿠팡의 비즈니스 롤 모델인 아마존의 경우에도 지속적인 적자를 보여 왔으나, 2015년부터 안정적인 흑자 경영으로 전환되었으며. 기업가치 또한 급성장하고 있다. 하지만 쿠팡과 아마존을 단순 비교하기는 어렵다. 미국의 시장 규모가 한국의 시장규모보다 훨씬 크고 아마존은 13개국에서 영업 중임을 감안할 때, 최근 쿠팡의 적자 규모는 우려되는 점이 있다.

[2021년 신세계 이베이 코리아 인수]

아마존이 2021년 하반기부터 11번가를 통해 한국에 진출한다는 소식에 한국의 유통업계는 긴장하고 있다. 향후 쿠팡의 영업에 미치는 영향은 지켜볼 일이다.

2) 쿠팡의 마케팅 전략

몇 년 전 저자가 쿠팡 본사를 방문했을 때의 일이다. 50평 정도의 상담실에는 30여 개의 테이블이 있었는데, 그날은 공급 업체와 쿠팡 바이어들로 협력사 상담실이 꽉 차 있었다. 이렇게 많은 사람들이 모인 이유는 쿠팡에서 로켓 배송을 운영하기 위해 국내 대표 브랜드의 상품을 직매입(매입)하기 위해 주요 협력사들을 불러 상품 입점을 협의하기 위해서였다. 이때만 해도 쿠팡이 이커머스에서 매출 구성비가 높지 않았던 시기로, 쿠팡의 바이어가 협력사에게 입점을 부탁해야 했었다. 쿠팡은 국내 주요상품을 모두 입점시켜 단기간에 G마켓 규모의 상품 구색을 갖추는 목표를 세웠다. 각 카테고리 담당 바이어별로 주요 기업들에게 쿠팡으로의 입점을 독려하는데 총력을 기울였다. 그렇게 어렵게 구한 상품은 쿠팡 물류센터로 모여 쿠팡 로켓 배송의 밑거름이 되었고, 쿠팡이 구사한 가장 혁신적인 전략인 직매입 판매의 시작이 된 것이다. 이 시스템을 '풀필먼트'라고 한다.

[쿠팡 물류센터]

　저자는 '이커머스에서 운영하는 상품을 모두 매입하려면, 막대한 재고비용과 물류센터 투자비가 들 텐데, 이것이 과연 가능한 일인가?'라는 의문이 들었었다. 결국 이 전략이 성공하려면, 시장을 장악해 판매자와 이용자를 확보해 상품 통제권을 확보해야 한다. 후에 알게 된 일이지만 소프트뱅크로부터 거액의 투자를 받았기 때문에 자금에 대한 걱정은 없었다. 쿠팡의 경영전략은 기업을 건 도박 같지만, 살기 위해 끊임없이 정책적 적자를 내면서 시장 장악에 사활을 거는 방식이다.

　상품을 매입한다는 것은 상품의 판매 가격을 소매상이 책정할 수 있다는 장점이 있다. 이는 쿠팡의 최저가격 정책과도 일치한다. 여러분들도 네이버 쇼핑에서 사고자 하는 상품을 검색했을 때, 쿠팡이 가장 저렴하게 나오는 경우가 대부분이었을 것이다. 쿠팡에서는 빅데이

[쿠팡, 자료 출처 : 쿠팡 홈페이지]

터 시스템을 개발해 동일 판매 상품을 전 쇼핑몰에 걸쳐 가격 분석을 하여, 타 쇼핑몰에서 쿠팡보다 낮은 가격에 판매할 경우, 쿠팡이 그 가격을 따라가도록 하는 가격 연동 시스템을 운영하고 있다. 따라서 쿠팡은 항상 최저 가격을 유지할 수 있으며, 강력한 최저가 정책을 펼칠 수가 있는 것이다. 월마트가 표방하는 '상시 저가 전략(Every Day Low Price)'이나 이마트의 최저가 정책의 성공에서 입증되었듯이, 소매상의 가장 중요한 경쟁력은 저가 판매에 있다. 쿠팡의 신화는 그 무엇보다 강력한 가격 경쟁력에 있다.

쿠팡 성공의 두 번째 키워드는 로켓 배송이다. 대한민국 택배 배송의 속도는 세계적으로 가장 빠르다. 미국은 택배로 구입 상품을 받으려면 일주일 정도 소요되며, 일본도 3일 이상 걸린다. 쿠팡은 한국의 빠른 배송을 더욱 빠르게 하는 방법인 로켓 배송이라는 당일 배송 시스템을 개발했다. 당일 배송이 처음 도입되었을 때, 유통업계에서는 '하루 만에 제품을 받을 필요가 있을까?', '배송 비용이 올라가지 않을까?'라는 의문이 있었다. 그러나 이 정책은 타 온라인 쇼핑몰과의 경쟁에서도 우위를 차지하는 것은 물론, 매장에서 제품을 바로 살 수 있는 오프라인의 소비자를 끌어들이는 효과를 낳았다. 시간과 이동 비용을 지불하면서 마트에 방문하지 않아도, 제품을 반나절 만에 수령할 수 있으니 굳이 마트에 갈 필요가 없게 된 것이다.

쿠팡의 또 다른 마케팅 전략은 사업 다각화이다. 처음에 소셜커머스로 시작해 오픈마켓으로 확대하였고, 로켓 배송으로 시작한 이커머스 사업에서 로켓 프레시를 추가하면서, 마켓 컬리와 같은 식품 전문 쇼핑몰 사업에도 진출하였다. 여기에 음식 배달 서비스인 쿠팡 잇츠까지 더하면서 거의 모든 플랫폼 비즈니스에 문어발식 확장을 하고 있다.

[쿠팡 플렉스, 출처 : 쿠팡]

쿠팡의 가장 큰 숙제는 2015년부터 이어온 매년 5천억 원 이상의 달하는 적자를 줄이는 것이다. 최근 소프트뱅크에서 운영하던 비전펀드가 투자한 기업들의 실적이 저조하면서 비전펀드의 투자 실패에 대한 뉴스가 나오고 있다. 이러한 영향 때문에 소프트뱅크는 막대한 손실을 보존하기 위해 자산과 사업을 매각해 자금을 회수해야 하는 상황에 이르게 되었다. 이는 쿠팡이 앞으로 투자를 더 받을 수 없다는 이야기로 이어질 수 있다. 따라서 쿠팡은 이익 개선을 위해 여러 정책을 실시하고 있다.

우선 공급 업체에게 상품의 공급 가격을 약 10% 정도 인하시켰고, 이전에는 없던 상품 노출 광고비용을 판매자들에게 부과하기 시작하였다. 이로 인해 판매자의 불만이 높았으나, 이미 유통 시장에 쿠팡에 매출 규모가 높아, 공급 업체로서는 어쩔 수 없이 받아들이는 실정이다. 사실 이러한 관행이 가장 우려되는 유통시장의 독과점 문제의 단적인 예이다. 사업 초기에는 판매자들에게 최대한 혜택을 많이 주다가 규모가 커지면, 거래조건을 자신에게 유리하게 변경해 이익을 낸다. 이건 비단 쿠팡만의 문제는 아니고, 마트, 편의점, TV 홈쇼핑 전 소매업계에서 일어난 일이다.

그럼에도 불구하고 적자가 줄어들지 않자, 고심 끝에 로켓 배송의 무료 배송 기준을 기존 9천 8백 원에서 1만 9천 8백 원으로 2배 인상을 시켰다. 처음에는 소비자 불만이 폭주하며 매출 하락에도 영향이 갔지만, 얼마 후 안정이 되면서 매출이 다시 상승세로 이어졌다. 쿠팡

[쿠팡 물류센터 제품 포장, 출처 : 쿠팡]

의 이익 개선 노력은 여기에 멈추지 않고, 쿠팡 플렉스라는 일반인 배송 대행 서비스를 개발하였다. 정규직으로 운영하는 쿠팡맨의 운영 비용 부담을 줄이기 위해 일반인이 본인 자동차를 이용해 쿠팡 상품을 대신 배송을 하고 배송비를 받는 형식이다. 미국의 월마트가 직원이 퇴근하면서 자신이 사는 동네 고객에게 제품을 대신 배송하는 시스템을 선보여 성공하였는데, 거기서 아이디어를 얻은 것 같다. 일반인을 배송에 참여시킨다는 것이 획기적인 아이디어인 것은 맞지만, 배송 서비스 품질이 떨어지고 배송 시 발생하는 분쟁과 관련해 사회적 문제를 일으킬 수 있는 위험이 있다.

3) 쿠팡의 '풀필먼트' 시스템

- **로켓 배송**

로켓 배송은 쿠팡의 배송 시스템으로 자체 배송 인력을 이용해 직접 상품을 배송해주는 방식이다. 로켓처럼 빠른 배송을 하고, 주문 시점을 기준으로 다음날 배송해주는 시스템이다. 이와 같은 방식이 가능한 이유는 직매입에 있다. 이는 아마존의 배송 시스템과 비슷한데, 고객의 주문 이전에 다양한 상품들을 사전에 매입하여 자체 물류 센터에 보관하고 있다가 주문 발생 시, 포장 후 각 지역으로 배송하는 시스템이다.

[쿠팡맨, 자료 출처 : 쿠팡]

　쿠팡은 2017년 최대 규모의 물류센터 설립과 배송 시스템의 지속적인 개선을 통해 매월 첫 주, 명절 성수기 등을 제외하고는 거의 1년 내내 당일 주문, 익일 배송이 가능하다. 로켓 배송은 모든 고객에게 제공되는 것은 아니고, 기준 금액 이상 구매 시 제공되고 있다. 서비스 도입 초기에는 9,800원 이상 구매 시 적용되었으나, 2016년 10월 기준 금액이 19,800원으로 인상되었다. 2018년 10월 기존 금액 제한을 없앴던 적이 있으나, 2019년 3월 다시 기존과 같은 19,800원으로 기준이 환원되었다. 이 외에도 쿠팡 로켓 배송은 기존 택배와 차별성을 갖는 서비스로 호응을 받은 바 있다. 고객의 부재 등으로 직접 수령이 불가능한 경우 배송 장소를 사진으로 찍어 문자로 보내주는 등 보다 고객에 친밀한 서비스를 제공한 것이다.

[쿠팡맨 날개와 리본 포장 서비스]

소비자 입장에서는 편리성이 높은 배송 방법이지만, 예상치 못한 부분에서 쿠팡이 홍역을 앓았던 적이 있다. 로켓 배송 등장 이전 택배를 담당하던 운송 업체들에서 고발, 항의 등으로 문제가 발생한 사례이다. 2015년 10월 다수의 택배 업체가 제기한 가처분 신청에서 주요한 분쟁의 소지는 기존 택배 차량은 화물 자동차 운수 사업법 상 허가를 받은 차량이지만, 쿠팡에서 운용하는 차량은 자가용 차량으로 쿠팡을 상대로 자가용 유상 운송에 대한 행위 금지 가처분 신청을 낸 것이다. 그러나 2016년 2월 로켓 배송으로 인해 택배 업체들에 회복하기 어려운 손해가 발생할 가능성이 적다는 이유로 가처분 신청은 기각되었다.

현행법상 쿠팡이 로켓 배송으로 운송할 수 있는 상품은 모두 쿠팡이 직매입한 상품으로 제한된다. 따라서 쿠팡이 정해진 기간 동안 매입했던 상품들을 판매하지 못하면 모두 재고가 되어 쿠팡에 부담으로 작용하는데, 이전에는 쿠팡이 이와 같은 재고 부담을 원 판매자에게 전가한다는 지적이 제기된 바 있다.

- **로켓 프레시**

쿠팡이 2018년부터 운영 중인 서비스로, 쿠팡의 신선한 식품을 새벽에 배송하는 서비스이다. 일부 지역을 제외하고는 자정 전에 주문한 물건을 다음날 오전 7시까지 받을 수 있는 서비스이다. 그리고 2020년 4월부터는 로켓 프레시 에코 서비스와 로켓 프레시 당일 배송 서비스를 운영 중이다. 로켓 프레시의 강력한 경쟁력은 쿠팡 판매 상품의 물류센터별 철저한 공동 재고 관리에 있다. 이마트 쓱(SSG) 배송이나 홈플러스 식품 배송의 경우 점포에서 배송이 되기 때문에 점포

[로켓 프레시 박스, 자료 출처 : 쿠팡]

의 재고 상황에 따라 재고가 없거나 대체 상품을 추천하는 경우가 많다. 하지만 쿠팡은 전국 물류센터가 모두 동일한 상품을 구비하고 있으므로 쇼핑몰에 표시된 재고 상태가 정확하고 선택한 상품이 그대로 배송된다. 이는 식품처럼 고객 취향이 다양한 카테고리에서 매우 중요한 포인트다.

로켓 프레시 에코 서비스는 로켓 와우 회원에 한해 로켓 프레시 상품을 일회용 박스가 아닌 재사용이 가능한 가방 로켓 프래시백에 넣어 배송해주는 서비스이다. 다만 현재는 서비스 가능 지역이 한정적이며, 상품 주문 시 친환경 포장 신청이라는 버튼을 통해 가입과 신청이 가능하다.

로켓 프레시 당일 배송 서비스는 오전 10시 이전에 주문한 신선 식품을 그날 오후 6시까지 배송해주는 서비스로 소비자가 출근길에 주문하여 퇴근길에 받을 수 있는 서비스이다. 해당 서비스 역시 로켓 와우 멤버십 회원에 한해 제공되며, 로켓 배송이 가능한 지역이면 어디서든 이용할 수 있다. 최소 주문 금액은 15,000원이다.

• **쿠팡 플렉스**

쿠팡 플렉스는 2018년 8월 쿠팡이 선보인 서비스로 지원자가 자신의 승용차, 도보 등을 이용해 원하는 날짜와 시간에 상품을 배송하는 아르바이트 형식의 서비스이다. 서비스 초기에 서울과 인천, 경기

지역 아파트를 중심으로 시범 서비스를 시행했으며, 점차 서비스 지역을 확대하고 있다. 서비스 도입 초기에는 '원하는 날짜, 원하는 시간대를 선택해 자유롭게 일하고, 소득을 얻는 배송 일자리'라는 소개와 함께 쿠팡 플렉서(쿠팡 플렉스 배송원)를 모집했다. 유연한 일자리에 대한 수요에 힘입어 서비스 시작 후 4개월 여 만에 누적 플렉서 가입자 수가 30만 명을 넘었다. 다만 지역별 건당 배송 단가가 다르다는 점과 배송 중 발생하는 사고에 대한 책임 소재 논란, 플렉서 신원 확인으로 인한 문제 등으로 잡음이 있었다. 그리고 쿠팡 플렉스로 인한 논쟁은 기존 쿠팡 소속으로 근무 중인 쿠팡 친구(이전에는 쿠팡맨으로 불렸으나, 여성 직원 비중이 높아지며 명칭 변경)가 1개의 상품을 배송할 때 평균 500원 정도의 단가로 계산되지만, 쿠팡 플렉스의 단가가 오히려 높아 역차별의 문제가 발생할 수 있다는 문제점도 지적되고 있다.

[일반인이 배송하는 쿠팡 플렉스, 자료 출처 : 쿠팡]

실제로 서비스 초기에 제도의 허술함을 이용하여, 휴직 중인 직원이 쿠팡 플렉스로 배송하는 경우가 왕왕 발생했으나, 쿠팡 측에서 겸직 금지 규정을 강화하는 등 적절히 대응하여, 유사한 사례가 발생하는 경우는 많이 줄어 들었다. 쿠팡 플렉스 서비스가 향후 어떻게 자리 잡을 지에 대해 전망하자면, 쿠팡이 소화해야 할 배송 물량은 계속 증가할 것이고, 이와 비례하게 직영 인력을 채용하기에는 부담이 될 것이므로 쿠팡 플렉스가 연착륙하여 일부 배송 비중을 감당해준다면, 쿠팡 측에는 큰 도움이 될 것이다. 따라서 쿠팡 플렉스 서비스 활성화를 위한 기업 내 제도 정비, 규제 등과의 충돌 회피, 또한 운영 시 발생 가능한 문제에 대한 사전적 대비가 중요할 것으로 보인다.

[쿠팡 플렉스 모집 공고, 자료 출처 : 알바 천국]

4) 음식 배달 플랫폼에 도전

　쿠팡은 음식 배달 플랫폼 서비스에도 진출했다. 2019년 5월 쿠팡이 선보인 쿠팡 이츠는 최소 금액과 배달료 없이 30분 내에 배달을 해주는 음식 배달 서비스이다. 기존 배달 앱과 달리 배달원 배차 시스템을 직접 운영하며, 이를 통한 직영 배달 망을 통해서만 배달이 가능하다. 물론 기존 배달 앱인 배달의 민족, 요기요 등도 배달 대행 서비스를 운영하지만, 쿠팡 이츠는 기존에 배달이 불가능하던 노포, 고급 식당 등의 프리미엄 배달 서비스를 표방하였다.

[쿠팡의 배송 플랫폼, 자료 출처 : 쿠팡 이츠]

　쿠팡의 자체 조사에 따르면 95% 이상의 주문이 15분 이내에 배달되었으며, 98% 이상의 고객이 긍정적인 후기를 남겼다고 한다. 쿠팡 이츠만의 장점은 1:1 배차를 통해 실시간 배달 추적이 가능하며, 이는 예상 도착 시간을 실시간으로 확인할 수 있어 고객들이 만족하고 있다. 또한 쿠팡 페이를 통한 간편한 결제도 가능하다. 다만 쿠팡 이츠로 주문을 받을 경우, 타 배달 대행업체를 이용할 수 없고, 무조건 쿠팡 이츠만을 이용해야 한다는 점과 기존 배달 앱에 비해 높은 수수료율은 단점으로 지적되고 있다.

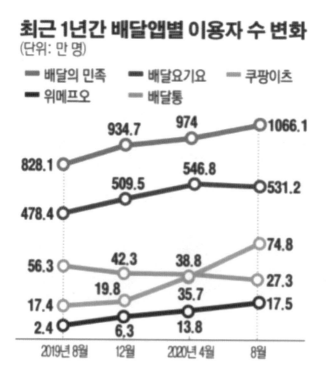

[배달 플랫폼 별 이용자 수 변화, 자료 출처 : 모바일 인덱스]

2020년 8월 기준으로 쿠팡 이츠는 서울, 경기 일부 지역과 인천 일부 지역에서만 서비스 중이며, 2020년 10월 인천에 추가적인 서비스와 경기 의정부, 김포 등으로 서비스를 확장할 계획이다. 쿠팡의 음식 배달 서비스는 경쟁사인 배달의 민족이나 요기요와 비교해 소비자 중심 서비스라는 점이 가장 강력한 강점이다. 이런 소비자 지향적 정책으로 2020년 6월 국내 배달 앱 시장 배달통을 밀어내고 3위에 안착했다. 반면에 쿠팡 이츠에 참여한 업주는 비용 부담의 상대적 증가로 불만이 많다. 그 결과 경쟁업체 보다 음식 판매자의 수가 적은 편이다.

5) 프리미엄 회원제 서비스 쿠팡 와우

쿠팡 와우는 2018년 말 아마존 프라임을 본 따 출시한 유료 멤버십 서비스로, 월 2,900원에 로켓 배송 상품을 무료로 받을 수 있을 뿐더

[쿠팡 와우 클럽, 자료 출처 : 쿠팡]

러 30일 이내 무료 반품까지 가능한 서비스이다. 이로 인해 이베이 코리아 등 이커머스 기업 간 유료 멤버십 서비스 경쟁이 시작되었다. 현재 로켓 와우는 500만 명 이상의 회원을 확보한 것으로 추정된다. 오픈서베이의 '모바일 쇼핑 트렌드 리포트 2019' 조사에 따르면 유사한 유료 멤버십 서비스인 이베이 코리아의 스마일 클럽에 이어 이용률 2위를 기록했으며, 이용자 만족도 면에서는 다소 우위를 보이는 것으로 나타났다.

로켓 와우 멤버십 혜택

① 로켓 배송 상품 최소 주문 금액 제한 없이 구입 가능
   (단, 로켓 프레시 상품은 15,000원 이상 구입 시 가능)
② 로켓 배송 상품 구매 후 30일 동안 무료 반품, 교환 등의 혜택 제공
③ 다음날 오전 7시 전까지 새벽 배송 되는 로켓 프레시 및
   일반 상품 구매 가능
④ 주문 당일(24시간 내) 배송 받는 당일 배송 상품 구매 가능
⑤ 로켓 와우 회원 전용 특가상품 이용 가능
⑥ 첫 30일 최대 5% 캐시 적립(쿠페이 머니 결제 시)

6) 국내 대표 이커머스 플랫폼 쿠팡

쿠팡은 2019년 매출 7조 원을 달성하며, 10년 만에 국내 이커머스 매출 1위 기업으로 성장하였다. 국내 온라인 유통 시장에 없던 직매입 방식을 채택하며 로켓 배송을 도입해 소비자 편의 향상과 유통 서비스 발전에 크게 기여하였다. 100여 개가 넘는 물류센터를 건설하였고, 정규직 쿠팡맨을 운영하면서 고용률 향상에도 이바지하였다. 이런 쿠팡의 모습에 많은 소비자, 대다수의 주부들의 열정적인 지지를 받고 있다.

하지만 쿠팡과 관련해 사회적 논란이 끊임없이 제기되고 있다. 쿠팡맨의 과로사 사건, 배달의 민족 자료 불법사용, 물류센터 아르바이

[2020년
혁신 기업 순위 2위
쿠팡 수상
출처: FASTCOMPANY]

트 코로나 감염 등 문제가 발생했을 때, 법적인 차원에서만 대응해 너무 상업적이란 지적을 받고 있다. 국내 대표 유통 기업으로써 이런 무책임한 태도는 쿠팡이 진정한 대한민국 대표 유통 기업으로 성공하는데 큰 걸림돌이 될 것이다. 빠른 성장을 통해 기업 목표를 달성하는 것도 중요하지만, 바람직한 기업 이미지를 구축하는 것도 기업의 장기 생존에 중요한 부분이다.

STORY3 프리미엄 식품 몰 '마켓 컬리'

POINT   1) 국내 최초 새벽 배송 쇼핑몰 마켓 컬리
                2) 마켓 컬리의 마케팅 전략
                3) 온라인 쇼핑의 혁신 새벽 배송
                4) 신선 식품의 격을 높인 풀 콜드 시스템
                5) 마켓 컬리의 친환경 전략
                6) 벤처 기업을 넘어 중견 기업으로 발전

1) 국내 최초 새벽 배송 쇼핑몰 마켓 컬리

• 마켓 컬리 설립

2015년 컬리라는 벤처 기업이 생겼을 때, 마켓 컬리가 국내 대표 프리미엄 식품 온라인 쇼핑몰로 성장하리라고는 누구도 예상하지 못했다. 김슬아 대표는 미국 명문 사립 여대 웨슬리 대학(Wellesley College) 정치학과를 졸업한 인재로 졸업 후 골드만삭스에 입사해 어린 나이

에 승승장구하여 맥킨지 앤드 컴퍼니와 투자 회사를 거쳐 더파머스를 창업했다. 평소 창업에 관심이 많던 김슬아 대표가 식품 비즈니스에 관심을 둘 수 있었던 것은 부친께서 식품 MRO(Maintenance, Repair and Operation)사업을 하고 계셨기 때문이다. 미국 유학 중 경험한 유기농 전문 슈퍼마켓 홀 푸드를 보면서, 한국에도 유기농 전문점을 내겠다는 결심이 지금의 마켓 컬리의 컨셉인 프리미엄 식품 전문 몰을 만드는 계가가 되었다.

김슬아 대표가 비즈니스 모티브로 삼은 홀 푸드와 같이 마켓 컬리 역시 강력한 친환경 프리미엄 상품 철학을 가지고 있다. 마켓 컬리는 집안의 가업인 식품 비즈니스에 김슬아 대표의 커리어에서 나오는 투자 운영력, 미국에서 경험한 선진 유통에 대한 안목이 결합되어, 국내 리테일(retail. 소매상) 중에서 누구도 시도해 보지 않은 과감한 차별화 서비스가 만들어낸 혁신 기업이다.

[마켓 컬리, 자료 출처 : 마켓 컬리]

홀 푸드

홀 푸드는 1978년 미국의 텍사스 오스틴에 젊은 청년 두 명이 창업한 유기 농 슈퍼마켓이다. 설립 당시 열악한 여건 때문에 거주하는 집에 재고를 보 관하면서 운영하다, 2년 뒤 클락스빌 자연 식료품점(Clarksville Natural Grocery)와 합병하면서, 미국에서 본격적으로 리테일 사업을 시작하였다. 홀 푸드의 철학은 자연주의 식품관답게 자사의 유기농 품질기준에 충족 한 유기농 제품만을 판매한다. 기본 규정은 최소한으로 가공되고, 인공첨 가제, 인공색소, 당, 인공 보존제, 경화유 등을 첨가하지 않은 식품만을 판 매하는 것이다. 또한 유전자 복제 동물로부터 나오는 고기나 우유를 판매 하지 않고, 유전자 조작 식품(GMO)은 제품에 라벨로 표시하여 판매한다. 2015년 약 153억 달러의 연매출을 달성했으며, 미국과 캐나다 등에 400 여 개 점포를 운영 중이다. 2017년 아마존이 홀 푸드를 137억 달러에 인 수하면서 이커머스 리테일로도 판로가 확대할 전망이다.

[홀 푸드 매장, 자료 출처 : 홀 푸드]

- **마켓 컬리의 역사**

2015년 설립 3년 만에 매출 1,500억 원을 돌파하며, 2019년 매출은 4,200억 원대로 전년대비 두 배 이상 증가했으며, 마켓 컬리 회원 수는 390만 명 수준이다. 또한 마켓 컬리는 공급사들과 함께 빠른 동반성 장을 이루는 상생경영으로 주목받고 있다. 마켓 컬리는 2016년 174억 원의 매출에서 2018년 1,571억 원으로 9배 성장하는 동안, 공급사는 300배 이상의 연평균 성장률을 보였다.

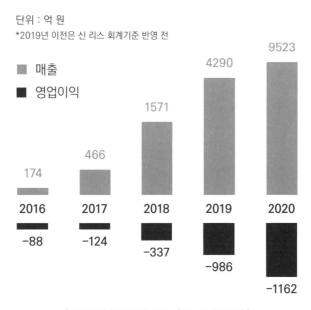

[마켓 컬리 실적 추이, 자료 출처 : 금융감독원]

마켓 컬리는 2019년 제14회 대한민국 인터넷 대상에서 국내 최초 로 주 7일 새벽 배송을 시작한 공로로 대통령상을 받았다. 마켓 컬리는 비식품군인 침구와 가전제품 판매 전용 온라인 팝업스토어를 열고 새로운 도전을 시작했으며, 글로벌 유명 브랜드와의 독점 계약 또는 단독으로 생활·가전제품을 유치한다는 계획도 가지고 있다. 또한 향후 전문 기업과의 협업을 통해 자체 브랜드(PB)를 런칭할 계획도 내비쳤다.

한편, 마켓 컬리는 차세대 유니콘 기업(기업 가치가 10억 달러 이상인 스타트업 기업을 전설 속의 동물인 유니콘에 비유하여 지칭하는 말)으로 꼽히고 있다. 금융 투자 업계에 따르면 마켓 컬리 서비스를 운영하는 더 파머스는 최근 외국 투자자를 중심으로 프리IPO(Initial Public Offering. 주식 공개) '시리즈E' 투자 유치를 추진하고 있는 것으로 확인되었다. 마켓 컬리는 세콰이어캐피탈 차이나와 힐 하우스 캐피탈 등 중국 재무적 투자자(Financial Investors)로부터 1,350억 원 규모의 '시리즈D' 투자유치에 성공했다고 한다. 투자에 참여했던 재무적 투자자는 마켓 컬리의 기업 가치를 5,400억 원으로 인정한 것으로 알려졌다. 2015년 50억 원을 시작으로 누적 투자유치 금액은 2,250억 원인데 향후 기업가치 1조 원의 유니콘 기업으로 등극할 것으로 전망된다.

마켓 컬리는 2020년 기준 매출 9천 5백억 원을 돌파하며, 기존 유통 대기업인 홈플러스와 롯데 마트와 어깨를 나란히 하게 되었다. 쿠팡의 성공적인 뉴욕 증시 상장으로 마켓 컬리 또한 미국 증시에 상장을 할 것이라고 시장은 내다보았으나, 2021년 7월 마켓 컬리는 미국 상장 대신 국내 상장을 추진한다고 발표 했다. 리스크가 큰 미국 보다는 확실한 고객과 우군이 많은 한국을 택한 것 같다. 하지만 한국 증시 상장도 만만치 않으리라는 분석이 지배적이다. 현재 마켓 컬리 김슬아 대표의 지분은 6.67%이며, 외국계 자본이 무려 58%에 해당하며, 특히 중국계 자본이 지분의 33.47%를 차지하고 있다. 낮은 대표 지분과 과다한 수익 위주의 외국계 자본 때문에 상장이 어렵다는 의견이 많다. 결국 상장을 하기 위해서는 기업 가치를 끌어 올리는 게 핵심이다. 김슬아 대표는 상장을 미루고 비식품을 확대해 기업 거래 규모를 더 키우겠다고 선언하였다.

주주명	지분율
김슬아	6.67%
세콰이어캐피탈 차이나	13.84%
힐하우스캐피탈	12.03%
DST글로벌	10.69%
Euler Fund	7.81%
아스펙스캐피탈	7.60%

2020년 12월 기준

[마켓컬리 주요주주 명단, 자료 출처 : 금융감독원]

2) 마켓 컬리의 마케팅 전략

마켓 컬리는 다른 창업 기업과 마찬가지로 설립 이후 자금과 매출에서 고전을 면치 못했다. 초기 스타트업 기업으로 창업 콘테스트 참석, 클라우드 펀딩 등에 참여하며 투자금 모집에 전력을 다했었고, 판로 확대를 위해 티몬, GS SHOP 등 기존 온라인 쇼핑몰과 제휴를 통해 인지도 확대에 만전을 기했다. 그 때만해도 지금과는 반대로 마켓 컬리가 판매 상품을 찾아다니는 시절이었다. 저자가 농림 식품부 자문위원으로 활동하던 시절에 농식품 기업들이 잘 모르는 마켓 컬리라는 온라인 쇼핑몰에 입점을 해야 하는지 말아야 하는지 물어보는 문의가 많았었다. 지나고 보니, 그 시절 입점해 자리를 잡은 기업의 상품은 현재 안정된 매출을 올리고 있지만, 그 당시 입점을 거부한 업체는 지금은 원해도 입점하지 못하는 상황이다. 대부분의 초창기 리테일 기업이 그렇듯이 처음에는 판매할 상품을 확보하는 게 가장 큰 과제이다. 마켓 컬리 역시 마찬가지 상황이었으나, 마켓 컬리는 철저한 본연의 철학에 따라 아무 상품이나 선정한 게 아니라, 기업 철학에 맞는 프리미엄 제품이나 유기농 제품만을 철저히 가려서 입점을 진행하였다. 공급업체들 사이에서는 '매출도 작은 쇼핑몰이 왜 저리 까다롭나?'라는 이야기가 많았으나, 그 고집이 지금의 마켓 컬리를 프리미엄 이미지로 만들었다.

[마켓 컬리 상품 소싱, 자료 출처 : 마켓 컬리]

2015년만 해도 국내 이커머스는 식품 판매에 있어서는 강력한 마트에 밀려서 고전하는 비즈니스였다. 거대한 바잉파워(거래상 우월한 지위에 있는 기업의 구매력을 가리키는 말)와 전국적인 점포수를 바탕으로 이마트, 홈플러스, 롯데 마트는 국내 식품 시장을 과점하고 있었다. 따라서 국내 이커머스 대표 쇼핑몰인 이베이 코리아의 G마켓이나 소셜커머스의 쿠팡, 티몬 등에서도 식품 판매에 큰 비중을 두지 않았었다. 따라서 식품 공급업체는 영세한 기업이 대부분이라 상품 이미지나 상세페이지 같은 온라인 콘텐츠에 큰 투자를 하지 않았다. 그런 와중에 마켓 컬리는 어렵게 입점한 상품 하나하나에 모든 힘을 집중해 애플의 아이폰이나 패션 상품과 같은 수준의 프리미엄 콘텐츠를 업계 최초로 제작하였다.

마켓 컬리를 이 자리까지 올라오게 한 가장 큰 키워드는 단연 '샛별 배송'이다. 저자도 처음 샛별 배송을 봤을 때 '과연 가능할까? 이렇게 작은 기업이 살아남을 수 있을까?'라는 의구심이 컸었다. 지금이야 새벽 배송이 리테일 기업에서 일반화 되었지만, 당시에는 그야말로 센세이션한 시도였다. 처음에는 서울 일정 지역부터 먼저 시작해 전국으로 확대를 하였지만, 이 무모한 서비스가 마켓 컬리의 브랜드 인지도를 향상시키는 크게 공헌하게 되었다.

여기에 '리테일은 TV광고를 하지 않는다.'는 불문율을 깨고, 마켓 컬리는 전지현을 모델로 내세워 기존 대형 리테일의 상식을 깨는 광고를 선보이며, 국내 주부 중 전지현의 마켓 컬리를 모르는 사람이 없을 정도이다. 김슬아 대표의 프리미엄 차별화 전략은 여기서 멈추지 않고, 업계 최초로 식품을 전 유통 과정에서 냉장으로 보관하는 방식의 풀콜드 시스템을 채택하였다. 산지, 물류, 도매, 리테일 물류센터에 이르기까지 모두 냉장 시스템화가 불가능하고, 비효율적인 일이라고 생각되었지만, 풀 콜드 시스템의 성공은 증명되었고, 이의 성공이야말로 마켓 컬리만의 혁신 이미지를 만들어내는데 크게 이바지 하였다.

3) 온라인 쇼핑의 혁신 새벽 배송

마켓 컬리는 수도권에서 국내 최초로 새벽 배송 서비스를 제공하면

서 가파른 성장세를 보이고 있다. 좋은 품질의 신선 식품을 전하고자
하는 것인데, 현재 새벽 배송 가능 지역은 서울과 경기·인천 일부에
불과하지만, 하루 주문량만 3만 ~ 4만 건에 달한다고 한다. 마켓 컬리
가 개척한 새벽 배송 시장은 업계 추산 치에 따르면, 2015년 100억 원
규모에 불과했지만, 2018년 4000억 원을 돌파하고, 2020년 1조 원에 이
를 것으로 전망된다.

[마켓 컬리 샛별 배송, 자료 출처 : 마켓 컬리]

시장에서 마켓 컬리는 새벽 배송 개념을 최초로 도입하여, 사업 초기 브랜드 이미지를 구축하고 점유율을 높여갔으나, 새벽 배송 시장은 진입 장벽이 낮아 경쟁업체 수가 급격하게 늘어났다. 최근 새벽 배송 시장에는 마켓 컬리 이외에도 쿠팡, 신세계(SSG), 롯데 등 대규모 유통업체가 잇달아 진출했다. 또한 새벽 배송에 뛰어든 대형 유통업체와 쿠팡 등 이커머스 업체들은 이미 전국 단위 새벽 배송이 가능한 유통 인프라를 보유하고 있다. 반면 스타트업인 마켓 컬리는 상대적으로 인프라 조성에 시일이 걸릴 수밖에 없다. 마켓 컬리는 2021년 9월 입주 예정인 김포 물류센터를 포함해 총 4곳의 물류센터를 마련했다. 그러나 이는 모두 수도권에 위치해 있다. 전국 단위 새벽 배송이 가능한 타사와의 경쟁력 확보 차원에서 다소 아쉬운 부분이며, 향후 500억을 상회하는 적자 만회를 위한 수익성 개선이 이루지 않으면, 경쟁업체에게 잠식당할 위험성이 매우 크다.

4) 신선 식품의 격을 높인 풀 콜드 시스템

마켓 컬리의 모든 유통과정은 각 상품별 적정 온도를 유지하는 '풀 콜드 체인(Full Cold Chain)'으로 이루어진다. 풀 콜드 체인이란 상품의 신선함을 유지하기 위해 마켓 컬리가 창업 초기부터 고수해 온 시스템으로 유통기한이 짧고 배송 중 손상이 쉬워 오프라인 구매 비율이 높았던 신선식품을 이커머스로 이식하는데 가장 크게 기여한 시스템이다. 마켓 컬리는 100% 생산자 직거래 및 매입과 상품별 포장재 사용 원칙을 최적화하여, 신뢰할 수 있는 배송 시스템을 구축하였다. 풀 콜드란 콜드체인 시스템을 농수산물 산지에서의 선별, 포장부터 배송까지 전 유통과정을 저온으로 유지하는 온도관리 시스템을 말한다. 마켓 컬리의 풀 콜드 체인 시스템 이전에도 콜드 체인(Cold Chain)의 개념은 존재했다. 다만 기존의 콜드체인의 경우 '상품의 입고부터 배송까지'의 저온 유지를 의미했으나, 마켓 컬리는 여기서 한발 더 나아가 '상품의 산지 수확 시점부터'로 시간의 범위를 확장한 개념이다.

[마켓 컬리 풀 콜드 시스템, 자료 출처 : 마켓 컬리]

마켓 컬리의 배송을 수행하는 550여 대의 차량은 모두 냉장 탑차이다. 마켓 컬리는 자체 보유한 차량 외에도 냉장 탑차를 보유한 기업과 계약을 통해 풀 콜드 체인 시스템을 유지하고 있다.

5) 마켓 컬리의 친환경 전략

오프라인과 온라인 유통의 싸움에서 오프라인 리테일의 가장 강력한 무기는 현장 구매와 신선한 상품이다. 온라인 입장에서 빠른 구매는 최근 배송 시스템이 개선되면서 당일 배송으로 보완하고 있고, 상품의 신선도 보존은 결국 배송 속도와 신선 식품을 보관하는 패키징에서 결과가 좌우된다.

식품 패키지는 온도를 유지하는 동시에 튼튼한 포장을 위해 스티로폼이나 종이 등을 활용해 포장제를 만들고 있다. 하지만 플라스틱이나 비닐 포장재는 환경오염의 주 원인이 된다는 점에서 환경오염을 발생시키는 나쁜 기업 이미지를 형성하는 리스크가 있다. 특히 코로나19 이후 택배 배송의 폭발적인 증가와 함께 포장재 쓰레기 문제가 사회적 이슈가 되고 있다.

마켓 컬리는 이런 비환경적인 문제를 해결하기 위해 친환경 패키지 개발에 나섰다. 2017년에 에코박스 V1을 선보이며 당연하다시피 사용하던 스티로폼 박스를 종이박스로 대체하려는 노력을 기울이더니, 2019년부터는 새벽 배송이 가능한 수도권 지역을 대상으로 '올페이퍼 챌린지'라는 캠페인을 통해 모든 포장재를 종이 박스, 종이 파우치, 종이테이프 등으로 바꾸었다.

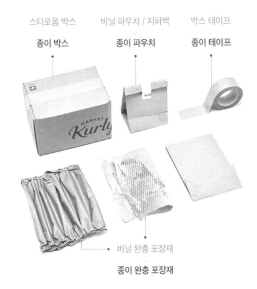

스티로폼 박스   비닐 파우치 / 지퍼백   박스 테이프
종이 박스   **종이 파우치**   **종이 테이프**

비닐 완충 포장재
종이 완충 포장재

[마켓 컬리 포장재,
자료 출처 : 마켓 컬리]

역시 한발 먼저 앞서가는 기업 마켓 컬리는 주요 이커머스 기업 중 가장 먼저 친환경 포장제를 사용하며, 환경을 생각하는 친환경 기업으로 소비자에게 어필하고 있다.

6) 벤처기업을 넘어 중견기업으로 발전

마켓 컬리는 국내 유통 시장에서 누구도 하지 못했던 것을 최초로 실시하면서 확실한 차별적 우위를 확보하는 전략을 쓰고 있다. 대형 유통기업인 이마트, 롯데 쇼핑도 하지 못했던 새벽 배송 서비스를 최초로 진행했고, 불가능이라 여기는 전 유통 과정 냉장보관인 '풀콜드 시스템' 등에 꾸준히 도전 중이다. 이러한 경영 전략은 마켓 컬리를 국내 1위 프리미엄 식품 전문 몰 브랜드로 자리매김하게 했다. 힘든 역경 속에서 끊임없는 도전과 차별화 전략을 추진하는 의지의 결과라고 할 수 있다. 하지만 이런 혁신적인 운영에는 막대한 자금이라는 전제 조건이 필요하다. 쿠팡처럼 조 단위의 적자는 아니지만, 마켓 컬리도 작년에 약 1천억 원 규모의 적자가 발생하고 있다. 다행히 얼마 전 5번째 누적액 4,200억 원으로 지속적인 투자를 받으며 사업을 이어나가고 있지만, 언제까지 적자로 기업을 운영할 수는 없을 것이다.

이제 마켓 컬리는 국내 대표 식품 온라인 쇼핑몰이다. 과거처럼 도전자가 아니라, 주도자로서 경쟁사들의 도전을 받아들여야 한다. 유통 대기업 쿠팡과 이마트 등이 비슷한 형태의 서비스를 개시하면서 막대한 자금력으로 추격해 오고 있다. 마켓 컬리가 앞으로도 지속적인 성장을 하기 위해서는 벤처 기업을 넘어 지속적으로 체계적이고 창의적인 기업 전략을 수립해야 할 것이다.

3

시장을 주도하는 이커머스
대표 유통 채널 오픈 마켓

마켓 플레이스라고도 불리는 온라인 오픈마켓은 '풀필먼트' 기능을 수행하는 이커머스와 달리 사이버 공간에 장터(Platform)를 마련해 주고, 거래를 촉진하여 거래 수수료와 광고료를 취하는 온라인 쇼핑몰이다. 즉 오픈마켓 운영사는 물건을 사고 팔지 않는다.

이커머스와 오픈마켓을 구분하여 정의하는 것은 쉽지 않다. 모든 오픈마켓은 이커머스이다. 그러나 모든 이커머스가 오픈마켓인 것은 아니다. 즉 오픈마켓은 이커머스의 한 유형이다. 협의의 이커머스의 정의는 쿠팡과 같이 상품을 사서 재고 책임을 지며 판매하는 온라인 업체이다. 그러나 넓은 의미의 이커머스는 상품을 매입해서 판매하건, 장터만 제공하건, 인터넷 공간에서 거래가 이루어지는 모든 사이트를 의미한다.

인터넷이 등장하기 전 1979년 마이클 앨드리치(Michael Aldrich)는 전화선을 이용한 전자 쇼핑(Electronic Shopping)을 발명하였다. 그 후 컴퓨터 통신망을 이용한 전자상거래(Electronic Commerce)가 다 방면에 활용되었지만(인터넷 상에서의 거래뿐 아니라, 과거 하이텔과 같은 컴퓨터 통신망을 통한 거래도 모두 이커머스의 범주에 속함), 90년대 인터넷이 활성화되면서 우리나라에서 G마켓과 옥션을 운영하는 미국의 이베이가 1995년 경매 사이트를 개설한 것이 오늘날과 같은 오픈 마켓의 효시라고 할 수 있다.

우리나라에서 쿠팡과 마켓 컬리 등, '풀필먼트' 기능을 수행하는 업체가 나타나기 전에는 이커머스 산업은 오픈 마켓에 의해 주도되었다. 인터파크, 11번가, GS shop, G마켓, 네이버 쇼핑 등은 모두 오픈 마켓이다. '풀필먼트' 기능을 수행하는 쿠팡이나 마켓 컬리는 제품을 직접 매입해서 재고 책임을 지므로, 매입 시 품질 관리를 철저히 할 수 있다. 오픈마켓에는 누구나 제품을 등록할 수 있으므로 상품 구색은 늘어날 수 있으나, 품질을 관리하는 데는 한계가 있다. 오픈 마켓은 '풀필먼트' 기능을 수행하지 않기 때문에 설립 시 물류 기능을 위한 물류센터의 건립이나 택배 차량 등이 필요하지 않고, 상품을 매입하지 않으므로 회사 운영이 단순하고 진입장벽이 낮은 편이다. 투자의 규모가 크지 않으므로 이익을 실현하기도 쉬운 편이다. '풀필먼트' 기능을 수행하는 쿠팡과 마켓 컬리가 매년 천문학적 적자를 기록하고 있지만, G마켓, 옥션은 안정적인 수익을 실현하고 있다.

'풀필먼트' 기능을 수행하는 이커머스 업체 대비 오픈마켓의 장점은 상품을 매입하지 않으므로 자금이 많이 소요되지 않고, 재고 부담을 지지 않는다는 점이다. 그러나 오픈마켓에는 누구나 상품을 등록할 수 있으므로 품질 관리가 매우 어려우며, 오픈 마켓에 입점한 제조사나 상인이 직접 배송을 하므로 배달 속도가 느리다는 결정적인 문제점이 있다.

현재 세계적인 추세는 인터넷 쇼핑 업체들이 '풀필먼트' 기능을 강화하는 방향으로 나아가고 있다. 최근 온라인 쇼핑에서 소비자가 가장 원하는 것은 싼 가격과 빠른 배달이다. 오픈마켓 사업자는 제품에 대한 가격 결정권이 없으므로 최저가를 보장해 주지 않는다. 또한 빠른 배달을 위해서는 쿠팡의 로켓 배달과 같이 물류센터와 직영 배달 인력을 보유하고 있어야 한다. 아마존은 물류센터를 자체 보유하고 있으며, 빠른 배달을 위하여 페덱스(FedEx)나 유피에스(UPS)에 의뢰하였던 택배 기능을 강화하여, 현재 약 50% 정도는 자체적으로 수행하고 있다.

최근 오픈마켓인 네이버가 물류 회사를 운영하는 CJ와 협업하는 것도 '풀필먼트' 기능을 보완하기 위한 전략이다. 아래에서는 우리나라의 대표적인 오픈마켓인 네이버 쇼핑, G마켓, 옥션 사례를 통해 오픈마켓이 어떻게 운영되는지를 살펴보자.

STORY 4 국내 1위 온라인 쇼핑몰 '네이버 쇼핑과 스마트 스토어'

POINT
1) 국내 1위 온라인 쇼핑몰 네이버 쇼핑
2) 네이버 쇼핑의 마케팅 전략
3) 네이버 쇼핑의 오픈마켓 스마트 스토어
4) 오프라인 유통기업과 협업 네이버 마트
5) 네이버 콘텐츠의 핵심 블로그 연계
6) 네이버의 차별화 무기 네이버 포인트와 네이버 페이
7) 국내 1위 포털 네이버의 미래

1) 국내 1위 온라인 쇼핑몰 네이버 쇼핑

• 네이버 쇼핑

2001년 포털 사이트인 네이버는 네이버 쇼핑이라는 온라인 쇼핑몰 상품 검색 서비스를 시작하였다. 2000년대 초반에는 국내 이커머스 유통이 크게 발달하지 않았던 시절로, 신규 온라인 쇼핑몰들이 속속 생겨나는 시기였다. 그때는 전자상거래 시장이 티켓이나 컴퓨터, 전자 제품에 한해 소규모로 판매하던 시절이라 포털의 쇼핑 검색 서비스는 그리 주목을 받지 못했다. 네이버 쇼핑보다는 최저가격 검색 전문 사이트인 '에누리 닷컴'이나 '다나와' 같은 가격 비교 사이트가 네티즌의 관심을 더 받았었다.

[국내 가격 비교 사이트 에누리 닷컴, 자료 출처 : 에누리 닷컴]

[국내 가격 비교 사이트 다나와, 자료 출처 : 다나와]

네이버가 국내 포털시장을 지배하고 2010년대 들어 이커머스 시장이 급격하게 팽창하면서, 네이버 쇼핑의 시장 내 영향력이 커지기 시작했다. 포털의 쇼핑 검색 엔진 진출은 2000년대 세계 최대 포털기업인 야후의 야후 재팬이 먼저 시작했는데, 네이버도 이를 모방하였다. 네이버쇼핑도 2012년 N샵이란 이름으로 오픈형 쇼핑몰 서비스를 시작해, 2014년에는 스토어 팜이라고 이름을 바꾸고, 2018년부터 스마트 스토어란 이름으로 운영 중이다.

네이버의 집중적인 투자 결과, 2019년에 거래액 기준 국내 1위 온라인 쇼핑몰에 오르는 기록을 달성하였으며, 이제는 국내 이커머스에서 판매를 한다면 반드시 입점해야 하는 필수 온라인 쇼핑몰로 성장하였다.

Focus

야후 쇼핑

1996년 우리가 잘 아는 재일교포 손정의 회장은 일본 최초의 포털 사이트 야후를 설립하였다. 야후 재팬은 일본에서 검색 엔진으로 큰 성공을 거두면서, 2000년에 일본 역사상 주당 1억 엔에 거래되는 최초의 주식회사가 되었다. 1999년 상품 검색 서비스로 시작에 2013년에 야후 옥션이라는 오픈마켓 사업을 추가 운영하였다. 네이버가 네이버 쇼핑에 오픈마켓인 스마트 스토어를 운영한 것과 같은 개념이다.

손정의 회장은 온라인 '개인 상품 수수료 제로화'라는 공격적인 전략을 선보여 소비자에게 야후 오쿠라는 애칭까지 받으며 엄청난 인기를 끌어, 결국 사이트 이름을 야후 오쿠로 바꾸기까지 하였다. 이런 적극적인 리테일 비즈니스 투자로 이커머스 시장에 선두 기업으로 성장해 현재 라쿠텐, 아마존에 이어 일본에서 3위의 온라인 쇼핑몰로 자리매김하고 있다.

[일본 야후 쇼핑, 자료 출처 : 야후]

• 네이버 쇼핑의 성장

네이버 쇼핑의 거침없는 진격은 계속되고 있다. 국내 검색 시장의 압도적 1위 포털인 네이버는 어느덧 국내 유통 시장에서 선두 기업으로 올라섰다. 모바일 시장조사 업체 와이즈 앱에 따르면, 2019년 국내에서 가장 많은 결제가 발생한 온라인 쇼핑 서비스는 네이버 쇼핑이었다. 2019년 거래 금액이 무려 20조 9천억 원으로 이미 17조 7백억 원의 쿠팡과 16조 9천억 원의 이베이 코리아를 제쳤다. 국내 1위 유통기업 롯데 쇼핑의 총매출 23조 6천억 원에 육박한 수치이다. 2014년 네이버가 리테일 사업을 본격적으로 시작한지 6년 만이다.

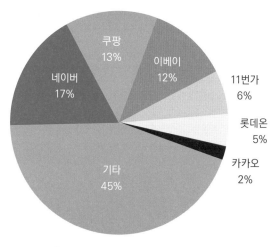

[2020년 이커머스 시장 점유율]

네이버 쇼핑의 성장 속도는 가히 위협적이다. 2020년 1분기 네이버 페이의 결제액은 5조 8천억 원으로 2018년 1분기 3조 2천억 원에 비해 결제액이 2년 만에 2배 가까이 늘었다. 2025년에는 결제 규모가 78조 원까지 늘어나며 5년간 4배 가까이 성장할 것이란 전망도 있다. 지금은 오프라인 최강자인 롯데 쇼핑과 선두를 다투고 있지만, 수년 후에는 국내 온오프라인 전체 유통 시장에서 타의 추종을 불허하는 1위 업체가 될 것이란 관측이 지배적이다.

2) 네이버 쇼핑의 마케팅 전략

　기존 오픈마켓 보다 뒤늦게 시작한 네이버 입장에서는 시장의 주목을 끌 강력한 전술이 필요했다. 첫 번째 전략은 스마트 스토어의 판매 수수료 제로 정책이다. 일본 야후의 야후 오쿠의 수수료 제로 서비스와 같은 파격적인 정책이었다. 이 전략은 치열한 온라인 쇼핑몰 시장의 가격 경쟁에서 확실한 우위를 점하게 하는 계기를 만들었다. 역사적으로 리테일 비즈니스에서 가격 보다 강력한 무기는 없다.

　2000년대 국내 유통 시장에서 마트는 500여 개가 넘는 대형 매장과 10만 SKU(Stock Keeping Unit. 유닛 컨트롤을 전제로 한 상품단위)에 달하는 상품력, 30조 원 규모의 바잉파워로 시장을 확고하게 장악하고 있었다. 마트는 미국과 일본처럼 대형 할인점 형태로 한국에 들어왔지만, 한국의 마트는 도심에 대형 매장을 오픈하면서 기존 도심 외곽에 입점한 미국과 일본과는 다른 매장 고급화 전략을 구사하였다. 그 결과 국내 마트는 상품 마진을 해외 대형 할인점의 20%~30%보다 상대적으로 높게 올려야 이익을 내는 구조가 되었다. 초기 25% 정도였던 리테일 마진은 이익확보를 위해 점점 상승하여 40%에 다다르며, 할인점의 기본 개념인 저렴한 상품을 대량으로 파는 강점을 잃어버리게 되었다. 따라서 최근에는 마트의 상품 가격이 저렴하게 느껴지지 않는 것이다.

[이마트 식품 매장]

[이마트 비식품 매장]

이런 와중에 콘텐츠와 IT 기술을 바탕으로 리테일 운영 비용을 최소화한 온라인 쇼핑몰이 등장하였다. 위탁 판매 개념을 도입해 상품 수수료를 10%대로 획기적으로 낮춰 PC 화면이나 모바일의 가상 매장에서 제품을 판매하는 방식이다. 독자들도 느끼겠지만, 이 같은 리테일 마진 차이는 고스란히 상품 가격에 반영되어, 마트 대비 엄청난 가격 경쟁력을 무기로 무장한 이커머스는 오프라인 유통을 압도하며 크게 성장하고 있는 것이다. 여기에 네이버 쇼핑의 스마트 스토어는 제로 수수료를 채택하면서도 경쟁 오픈마켓과 동등한 서비스를 제공하는 마케팅 전략을 구사하고 있다.

두 번째 전략은 네이버의 가장 강력한 무기인 포털과 검색 노출 연계 전략이다. 대한민국 국민 80% 가까이 이용하는 검색 엔진에서 상품, 서비스 검색 시 타 쇼핑몰과 함께 가격 비교 노출을 하게 만들어 소비자 유입량을 끌어 올렸다. 위에서 언급하였다시피 10% 이상의 수수료를 받는 타 쇼핑몰에 비해 금융 수수료 3%만 받는 스마트 스토어

[구글, 자료 출처 : 구글]

[야후, 자료 출처 : 야후]

가 가격 우위를 점하는 것은 당연한 일이다. 결국 네이버로 검색해 스마트 스토어에서 사게 하는 강력한 전략이다.

세 번째 전략은 네이버 서비스와의 연계 전략이다. 네이버의 블로그, 지식IN, 밴드, 쇼핑과 연계하여 네이버의 다른 서비스와 동시에 성장하는 시스템으로 시너지를 내고 있다. 네이버가 앞서 몰락한 라이코스나 한국 야후와 다르게 한국에서 꾸준히 성장하는 이유를 뽑자면 지속적인 고객 혁신 서비스의 개발이라고 할 수 있다.

저자가 네이버 스마트 스토어의 팀장을 만났을 때, 상품 노출과 관련해 광고 이외에 노출을 높이는 방법이 무엇인가를 물은 적이 있다.

대답은 의외로 블로그라는 이야기를 들었다. 네이버가 가장 중점을 두면서 성장시키는 서비스가 블로그이며, 이는 네이버의 핵심 전략이다. 한편으로 생각하면 현재처럼 블로그가 지속적인 시장 장악과 유지를 위해서는 네이버 쇼핑과 연계를 해서 꾸준히 블로그 콘텐츠를 확보하는 게 당연한 것이라 할 수 있다.

네이버 쇼핑은 그 누구도 따라올 수 없는 강력한 네이버 콘텐츠를 바탕으로 국내 이커머스 시장을 장악해 가고 있다. 사용자 편의성과 수익성을 위한 서비스 제공을 통해 엄청난 수의 셀러와 국내 1위의 거래액을 만들어 그 어떤 경쟁 리테일도 따라 올 수 없는 거대 온라인 쇼핑몰을 만들고 있다.

네이버 쇼핑은 국내 오프라인 리테일 홈플러스와 GS 리테일과 제휴해 식품 배송 서비스인 네이버 마트를 오픈했다. 최근에는 네이버 포털의 색깔을 벗고 이커머스 기업으로서 최근 업계 이슈인 식품배송에 뛰어들며, 경쟁사인 쿠팡, 이마트, 이베이와의 경쟁에 적극적인 모습을 보이고 있다.

[네이버 쇼핑의 경쟁사인 쿠팡, 이마트, 이베이]

3) 네이버 쇼핑의 오픈마켓 스마트 스토어

네이버 스마트 스토어의 전신은 네이버 스토어 팜으로 2018년 2월 1일부터 네이버 스마트 스토어로 개편되었다. 스마트 스토어는 쇼핑몰과 블로그의 장점을 결합한 블로그 형 원스톱 쇼핑몰 솔루션이다.

네이버의 다양한 판매 영역과 검색 결과에 상품을 노출할 수 있어서 이용자를 빠르게 만나고, 네이버 페이 결제 수수료를 제외한 추가 운영비가 없어 안정적이고 합리적이다. 스마트 스토어의 상품 구매는 일반 결제와 네이버 페이를 통해 이루어지며, 회원가입 절차상의 이탈을 줄이고 신뢰도를 높이며, 네이버 페이 포인트를 적립해 마케팅 툴로도 활용이 가능하다.

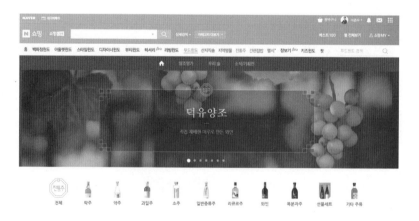

[네이버 쇼핑 푸드 윈도, 자료 출처 : 네이버 쇼핑]

네이버 스마트 스토어 플랫폼의 장점은 크게 3가지로 볼 수 있다. 먼저, 입점이 쉽다는 점이다. 스마트 스토어는 누구나 쉽게 쇼핑몰을 구축할 수 있는 솔루션이다. 다양한 스킨과 배너가 무료로 제공되어 디자인에 익숙하지 않은 초보 판매자도 쉽게 쇼핑몰을 만들 수 있으며, 스마트 스토어 이름과 도메인의 설정이 가능해 손쉬운 브랜딩도 가능하다.

다음으로는 편리하고 신뢰할 수 있는 시스템이다. 네이버 스마트 스토어에서는 네이버 페이를 이용할 수 있으며, 이는 네이버의 자체 기술로 마련된 간편한 보안 결제 시스템을 이용할 수 있다는 것을 의미한다. 이를 통해 고객이 간편하고 안심할 수 있는 쇼핑 환경을 제공한다. 동시에 네이버 페이가 보유한 안전성은 판매자가 운영하는 스마트 스토어의 신뢰도와 고객 만족도를 높이는데도 영향을 미친다. 네이버 쇼핑과 네이버의 다양한 서비스를 통해 차곡차곡 모인 네이버 페이 포인트는 스마트 스토어의 구매에도 적용할 수 있다. 특히, 간편 결제로 구매할 경우 주어지는 추가적인 적립 혜택은 판매자가 별도의 비용을 부담하지 않고, 프로모션 효과를 배가 시켜준다. 이 외에도 다양한 네이버 페이의 이벤트를 통해 구매 전환율을 높일 수 있다.

마지막으로 다양한 채널과 연동한 마케팅이 가능하다는 점이다. 스마트 스토어는 입점 및 판매 수수료가 없는 무료 오픈마켓 플랫폼이며, 동시에 네이버의 여러 서비스와의 연동을 통해 다양한 마케팅이 가능하다는 장점을 가지고 있다.

스마트 스토어로 네이버 쇼핑에 입점하게 되면, 이용자가 상품 검색을 할 때 네이버 페이의 영역 내 판매자의 상품과 판매 상점의 정보가 노출된다. 네이버 쇼핑의 경우, 이용자의 80%가 구매를 목적으로 방문하기 때문에 이를 활용하면 구매로의 효과적인 연동이 가능하다. 스마트 스토어 판매 회원의 경우, 별도 심사 없이 네이버 쇼핑 광고주 입점이 가능하다. 스마트 스토어 회원의 경우 매출 연동 수수료는 2%로 일괄 과금 된다.

수많은 소비자가 제품 서칭을 위해 네이버 검색 포털을 이용한다. 그렇기 때문에 키워드를 활용한 검색 광고에 등록하면, 효과적인 노출을 통해 더 많은 소비자의 유입을 기대할 수 있다. 네이버의 검색 광고 서비스에는 특정 키워드에 대한 광고 등록 시 해당 키워드 검색 결과 페이지에 노출되는 광고와 해당 키워드에 관심 있는 구매자에게만 노출되는 타깃형 광고가 있다.

블로그, 카페, 밴드와 같은 네이버 서비스와의 링크도 가능해, 모바일 메신저와 SNS를 통해 쇼핑 정보를 공유하는 것 또한 가능하다. 이는 주 타깃이 되는 고객을 획득하는 동시에 자연스레 잠재 고객과 만나는 연결고리가 될 수 있다. 판매자는 이를 통해 스마트 스토어의 상품을 홍보하고, SNS 마케팅의 수단으로 활용할 수 있다.

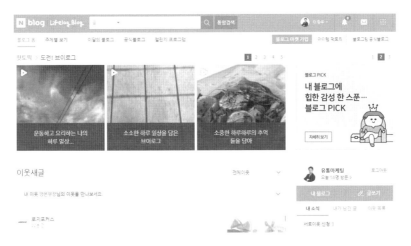

[네이버 블로그, 자료 출처 : 네이버 블로그]

4) 오프라인 유통 기업과 협업 네이버 마트

　그동안 상품 검색 서비스와 오픈마켓 위주였던 네이버 쇼핑이 이제 네이버 마트로 신선 식품 장보기 시장에 진출하였다. 국내 유통업계는 네이버의 신선 식품 사업 진출을 태풍의 눈으로 꼽으며, 온오프라인 리테일 모든 영역에서 예의 주시하고 있는 상태이다. 이미 스마트 스토어로 막대한 판매자를 모집한 상황에서 오프라인 유통 대기업이 주도하고 있는 마트와 슈퍼마켓 식품 사업에까지 뛰어 드는 상황은 국내 유통업계에 커다란 지각 변동이 일어날 것이라는 것을 의미한다.

[네이버와 제휴한 국내 식품 유통업계]

국내 1위. 거래 온라인 쇼핑몰인 네이버가 대형마트와 슈퍼마켓을 쇼핑몰에 입점 시켰다. 국내 대형마트 3위 업체 홈플러스와 편의점 1위 GS 리테일, 하나로 마트가 네이버 장보기 서비스에 입점하였다. 모두 농산, 수산, 축산물 등 식품 비중이 높은 유통 기업들이다. 편리한 접근성에 네이버 페이와 연계한 높은 포인트 혜택으로 소비자를 유인하고, 네이버는 제휴 유통업체가 구축해온 물류 인프라와 노하우를 통해 빠른 당일배송 등의 서비스를 활용할 수 있다. 네이버는 코로나19 팬데믹 이후 가장 이슈가 되고 있는 신선식품 사업에 진출할 수 있고, 아직 온라인 유통에서는 후발주자인 이들 오프라인 유통업체들은 네이버의 4천만 회원에게 접근할 수 있어 이 제휴는 네이버와 제휴사 서로에게 '윈윈(Win-Win)' 할 수 있는 전략인 셈이다.

네이버 사용자는 장보기 서비스에 입점한 오프라인 유통업체에 별도로 가입이나 로그인할 필요 없이 이용할 수 있다. 네이버 장보기에서는 신선, 가공 식품을 비롯해 생활용품, 가전, 패션 잡화 등 홈플러스가 온라인에서 판매하는 전 상품 2만여 가지를 살 수 있다. 소비자가 네이버를 통해 주문하면, 소비자가 받고자 하는 곳에서 가장 가까운 점포에서 당일 배송을 해준다. 배송 시간도 원하는 시간으로 선택할 수 있다. GS 리테일도 자사 온라인 쇼핑몰 GS 프레시 몰에서 파는 모든 상품과 당일 배송과 새벽 배송의 기존 서비스를 그대로 네이버 장보기에서 이용할 수 있게 했다. 국내 대표 농식품 마트 하나로 마트도 농협 몰을 통째로 입점 시켰다. 이들은 네이버에 매출 연동 방식의 수수료를 지급하게 된다.

대형 오프라인 유통업체가 이커머스와 손을 잡은 게 처음은 아니다. 홈플러스는 영국 테스코가 최대 주주이던 2014, 2015년 11번가와 G마켓, 옥션에 연이어 입점했고, 이마트 몰도 2020년 4월 11번가에 들어갔다. 하지만 네이버 쇼핑 입점은 기존 이커머스 업체와의 협업과는 차원이 다르다는 분석이다. 네이버는 단순히 이커머스 리테일 기업이 아닌 강력한 포털 플랫폼 경쟁력을 갖추고 있기 때문이다. 검색 서비스나 콘텐츠 이용, 뉴스 기사 검색, 블로그, 밴드 등으로 묶인 사용자를 잠재 고객으로 확보할 수 있다.

수년째 대형마트는 내리막길을 걷고 있다. 오프라인을 대표하는 마트, 슈퍼마켓, 백화점 마켓 쉐어는 하락하고, 모바일과 PC의 온라인 쇼핑몰의 매출은 상대적으로 지속적으로 성장하고 있다. 이런 온라인 성장 트렌드에서 오프라인 이탈 고객들이 구체적으로 어느 쇼핑몰

뉴스 | 연예 | 스포츠

정치 경제 사회 IT 생활 세계 랭킹

랭킹뉴스   언론사별   팩트체크

질병청, 추석 만남 감염 3건 확인…"잠복
도달하면 더 늘어나"(종합)
뉴시스 ⓒ 6분전

이철 "이동재에 공포, 한동훈에 패닉" 주장
…제보자X는 불출석
머니투데이 ⓒ 8분전

아마존 열대우림 40% 풀만 자라는 초원
로 바뀔 위기
연합뉴스 ⓒ 9분전

[네이버 뉴스, 자료 출처 : 네이버]

로 이동했는지를 확인해 보았다. 각 온라인 쇼핑몰에 매출 자료를 받
기 어려워 국내 대표 카드사에 조사를 의뢰해 확인한 결과, 최근 가장
높은 성장세를 보이는 쿠팡도 국내 온라인 쇼핑몰의 최강자 이베이
코리아도 젊은 고객을 타깃으로 신선한 이미지로 급부상하는 오픈마
켓 11번가도 아닌, 놀랍게도 네이버로 확인됐다. 대형마트를 떠나 온
라인으로 이동한 이용자의 50% 이상이 네이버를 찾았고, 쿠팡과 마
켓 컬리로 이동한 이용자를 다 합쳐도 25% 수준에 그쳤다.

  결국 국내 이커머스 시장에서 최후의 승자는 신선식품 비즈니스를

장악하는 온라인 쇼핑몰에게 돌아갈 것이다. 식품은 소비자 라이프에서 가장 중요한 카테고리이며, 구매 주기가 짧고, 다른 상품과 연계 판매 비율이 높은 핵심 카테고리이기 때문이다. 마트 1위인 이마트도 온라인 흐름에서도 이마트의 식품 경쟁력을 지키려는 노력을 계속하고 있다. 이미 홈플러스가 11번가 등 기존 온라인 쇼핑몰에 입점한 적이 있긴 있지만, 이번엔 네이버이기 때문에 더 많은 주목을 받고 있다. 신선식품으로 경쟁 이커머스와의 차별화를 모색해 온 이마트와 롯데마트 등 기존 오프라인 대형마트 강자들 뿐 아니라, 신선 식품을 강화하는 추세였던 쿠팡과 마켓 컬리 모두 긴장하고 있다.

5) 네이버 콘텐츠의 핵심 블로그 연계

1980년대 음식점에 배달을 시키려 하거나, 필요한 제품이 매장에 있는지 알아보려면, 당연히 전화번호부를 뒤지거나 주변에 묻는 수밖에 없었다. 그 당시에는 전화번호부는 집집마다 없어서는 안 되는 생필품 같은 것이었다. 최근에는 어떻게 배달 음식점 정보와 판매 쇼핑몰의 정보를 찾을까? 바로 온라인 쇼핑몰이나 오프라인 매장에 방문하는 경우도 있지만, 대부분의 사람들은 네이버 같은 포털 사이트에 들어가 블로그를 검색해 다른 일반 소비자가 이용한 후기를 보게 된다. 이같은 현상은 광고가 아닌 개인 소비자가 올린 리뷰를 통해 사실적인 사용 후기를 보기 원해서이다. 이렇듯 네이버의 블로그는 1980년 전화

번호부와 같이 상품과 서비스 이용 전에 검증하는 돋보기 같은 존재
가 되어 버렸다.

　수년간 운영한 네이버 블로그는 엄청난 양의 개인과 기업이 올린 콘
텐츠가 올라가 있다. 블로그에는 이미지뿐만 아니라 영상도 올릴 수
있어, 대리 체험을 할 수 있게 해준다. 이런 블로그와 네이버 쇼핑을
연계한 정책은 경쟁 온라인 쇼핑몰의 상품 구입 리뷰보다 더 막강한
파괴력을 가지고 있다.

블로그　　리뷰

블로그　1-10 / 230,241건

고급스럽던 수원 맛집 리스트　2020.09.19.
얼마 전에 지인에게 한 끼 대접해야 할 일이 생겨 수원 맛집을 방문했어요.... 자아내던 수
원 맛집이었죠. 옆쪽으로는 미경산 한우에 대한 내용이 적혀 있었어요....
기억, 추억, 생각 sodam3826.blog.me/22...　　블로그 내 검색　　🔲 약도 ▾

또 가고 싶은 수원 맛집 LIST　2020.09.24.
1: 수원 맛집 계판 저희가 다녀온 수원 계판은 화성행궁에서 차를 타고 5분만에... 인기 맛
집답게 벽면엔 연예인들의 사인 행력이 가득했어요 유명인도 자주 다녀갈 만큼...
브로컬리의세상　blog.naver.com/colli...　　블로그 내 검색　　🔲 약도 ▾

잊을 수 없는 수원 맛집 리스트　2020.09.13.
얼마전 가족들과 외식으로 미리 알아두었던 수원 맛집에 다녀왔어요. 고퀄리티... 그리고
수원 맛집에서는 우리가 먹을 대게와 킹크랩을 직접 고를 수 있는 시스템이라...
딸기맛그린티의 일상으로의...　blog.naver.com/purit...　　블로그 내 검색　　🔲 약도 ▾

미식가 마음을 사로잡은 수원 맛집 모아!　2020.08.28.
광교 맛집 실내 서비스가 출중하기로 소문난 수원 식당은 어두컴컴한 조명에 운치가 살아 있
었는데요. 계단을 통해 올라가는 독특한 구조가 수원 맛집만의 개성을...
작지만 확실한 행복 :D　blog.naver.com/accen...　　블로그 내 검색　　🔲 약도 ▾

[블로그 맛집 검색, 자료 출처 : 네이버]

6) 네이버의 차별화 무기 네이버 포인트와 네이버 페이

• 네이버 포인트

저자는 네이버의 마케팅 전략 중 포인트 적립이 가장 강력한 것이라고 본다. 기본적으로 상품을 구입 후, 구매를 확정을 하면 포인트를 주고, 거기에 일반 댓글이나 이미지 댓글을 달면, 더 높은 포인트를 적립을 해주며 댓글을 유도한다. 네이버 쇼핑은 여기에 그치지 않고, 네이버 페이로 결제하면, 1% 적립, 네이버 플러스 멤버십이면 4% 적립, 네이버 통장으로 충전 후 결제하면 2% 적립, 여기다 MY단골과 라이브 커머스 등을 추가하면, 2 ~ 4%까지 혜택이 늘어나 적립금이 10%에 가까이 올라가게 된다. 이런 리워드 보상 마케팅은 고객들로 하여금 연계 서비스를 하는 강한 동기부여가 되고, 긍극적으로 포인트 사용을 위해 재방문을 유도하는 결정적인 역할을 하고 있다.

[네이버 포인트, 자료 출처 : 네이버]

- **네이버 페이**

　네이버는 원클릭 간편 결제 서비스인 네이버 페이를 시작했다. 국민 중 대부분은 네이버 아이디를 가지고 있다. 이 네이버 아이디 하나만으로 편리하고 안전하게 결제가 가능하도록 한 서비스이다. 네이버 페이는 본인이 주로 사용하는 카드 및 계좌정보를 한번만 등록해 놓으면, 가맹점에서 로그인이나 회원가입 없이 네이버 아이디만으로 간편 결제가 가능하다. 여기에 결제 이후 배송 현황, 반품, 교환, 포인트 관리까지 가능해 이용자들의 편의성을 향상시켰다. 또 결제뿐만 아니라 은행과의 직접 제휴를 통해 송금 기능도 함께 제공한다. 본인 계좌 정보만 등록해 놓으면, 송금 대상의 계좌번호를 모르더라도 네이버 아이디만으로 누구나 자유롭게 송금 할 수 있다.

　플랫폼 기업답게 네이버에서 간편 결제 서비스를 도입할 때, 가장

[네이버 페이, 자료 출처 : 네이버]

신경 쓴 부분은 안전성이다. 네이버 페이는 카드번호를 저장하지 않고, 네이버 아이디와 매핑(Mapping)된 가상 카드번호 방식을 채택하여, 도용을 통한 부정거래를 사전에 방지하였다. 본인 인증을 통해 설정한 네이버 페이 비밀번호로 안전하게 결제를 지원하고, 결제 이상 징후를 탐지해 발견 즉시 대응하는 실시간 모니터링 시스템을 운영해 사이버사고를 미연에 방지하고 있다. 또한 혹시 도용사고가 발생하면, 네이버가 손해 금액을 전액 보상하는 정책을 시행하여, 안전성에 자신감을 보이고 있다.

여기에 네이버 페이로 간편 결제를 할 때마다 쌓이는 네이버 포인트가 카드 혜택과 별개로 적립되면서, 네이버 페이 사용을 더욱 부추기고 있다. 이런 적극적인 네이버 정책에 네이버 페이 누적 이용자수는 2019년 기준 이미 1천 6백만 명을 넘었으며, 누적 결제 건도 6천 5백만 건을 넘어 상당한 성과를 보이고 있다.

7) 국내 1위 포털 네이버의 미래

대한민국 국민 중 모르는 사람이 없는 네이버가 운영하는 네이버 쇼핑의 급성장은 어쩌면 당연한 결과라고 할 수 있다. 대부분의 사람들이 스마트폰이나 PC를 이용할 때 네이버 포털로 먼저 들어가는 습관이 있을 정도이다.

하지만 네이버는 포털 서비스 기업이지 리테일 기업은 아니다. 저자는 이런 포털 유입량에 따른 성장이 언제까지 갈 수 있을까? 라는 의문이 든다. 최근에는 쿠팡이나 이마트, 쓱(SSG)은 새벽 배송이나 당일 배송을 통해 고객의 편의성을 증대하기 위해 '풀필먼트' 물류센터 등에 엄청난 투자를 하고 있다. 네이버 쇼핑도 얼마 전부터 홈플러스나 GS 리테일과 연계해 당일 배송을 진행 중이지만, 네이버가 직접 하는 것이 아니라 제휴 방식이기 때문에 분명 한계가 있을 것이다. 포털의 막대한 이용자 수 때문에 네이버 쇼핑이 당장 이용자가 줄지는 않겠지만, 이런 고객 서비스에서 점점 격차가 커진다면, 분명 고객 로열티는 감소할 것이다. 서비스 혁신이 필요한 온라인 쇼핑몰 시장에서 '네이버가 리테일 전문기업이 아닌데 과연 얼마나 버틸 수 있을까?'라는 생각을 해 본다. 네이버가 진정 대한민국 최고의 리테일 기업으로 성장하려면, 이커머스 전문기업으로서 필요한 경쟁력을 확보하고, 사업을 전개해야 할 것이다.

STORY 5 세계적 이커머스 오픈마켓 기업 '이베이의 G마켓과 옥션'

POINT 1) 글로벌 이커머스 기업 이베이의 한국 입점
2) 이베이 코리아의 마케팅 전략
3) 오프라인 핵심 수익처 광고
4) 이베이 코리아의 풀필먼트 스마일 배송
5) 이베이 코리아의 소셜커머스형 온라인 쇼핑몰 G9
6) 국내 최초 유료 멤버십 서비스 스마일 클럽
7) 신세계 이베이 코리아의 G마켓과 옥션을 품다

1) 글로벌 이커머스 기업 이베이의 한국 입점

• 이베이 코리아 한국 진출

이베이 코리아는 대부분의 사람들에게 생소하게 들리는 기업이지만, 이베이 코리아는 대표 오픈마켓 온라인 쇼핑몰인 G마켓과 옥션을 운영했던 국내 대표 이커머스 기업이다. 국내 온라인 쇼핑몰의 효시인 옥션을 2001년에 인수하였고, 인터파크에서 운영하던 G마켓을 2009년에 인수하며, 2010년대 국내 이커머스 시장을 장악했었다.

이베이의 국내 온라인 쇼핑몰 M&A전략은 결론적으로 성공적이었다. 국내 이커머스가 발달하기 전인 2000년대는 오프라인 유통채널의 마트가 시장을 장악했던 시대이다. 국내 토종 리테일인 이마트와 롯데마트를 비롯해 영국 테스코의 지원을 받은 삼성 홈플러스, 거기에 해외 마트 브랜드인 월마트와 까르푸 등이 한국에 진출해 각축을 벌이는 상황이었다. 다들 아시다시피 이 전쟁에서 승자는 모두 토종 유통 기업들이었고, 그 중에 남은 홈플러스는 영국의 테스코에서 투자한 기업이지만, 한국 진출 시 삼성과 공동 투자를 진행한 국내기업이었다. 세계 1위 오프라인 유통기업 월마트는 국내 상황에 적응하지 못하고 2006년에 철수했고, 2위였던 프랑스 까르푸도 같은 해 한국시장에 포기를 선언하고 떠났다.

이베이는 이러한 한국 시장에서의 해외 유통기업의 실패 사례를 분

[국내 이커머스 초창기 대표 오픈마켓 쇼핑몰]

석해, 직접 시장에 뛰어들기 보다는 막강한 자금력을 바탕으로 기존 선두업체를 인수하는 전략을 구사했다. 이 같은 현지화 경영전략은 지금까지 이어져 소비자가 아직도 G마켓의 모기업이 미국기업이라는 사실을 크게 드러내지 않았다. 대표이사도 직원 출신이었던 한국인 CEO를 임명해 빠르게 변화하는 한국시장에 한국인의 감성으로 대응하고 있다. 이러한 미국식 합리적인 경영은 지금까지 이베이 코리아가 한국에 생존할 수 있는 밑거름이라 할 수 있다.

[미국 기업과 한국 기업의 마트 사업 경쟁]

2020년 이베이 코리아가 갑작스럽게 매각을 추진한다고 발표하였다. 국내 3위 이커머스 기업을 잡기 위해 신세계, 롯데 쇼핑 등 유통대기업과 IT 통신기업 SKT, 사모펀드인 MBK 까지 내로라하는 기업과 자본이 인수전에 뛰어들었다. 2021년 결국 이베이 코리아는 3조 4천 4백억원에 신세계로 넘어가며, 이제 신세계의 위상은 쓱(SSG)과 G마켓, 옥션의 시장 점유율을 합쳐서 네이버 쇼핑 다음인 2위로 올라서게 됐다. 이제 주인이 해외 기업에서 국내 유통 대기업으로 바뀜에 따라 신세계 그룹에서 운영하던 이마트, 신세계 백화점, 스타필드, 스타벅스, 쓱(SSG) 등과 다양한 시너지 효과를 기대 할 수 있다. 빅 3인 네이버 쇼핑, 신세계, 쿠팡의 경쟁은 더욱 치열해 질것이며, 중소 온라인 쇼핑몰인 티몬, GS SHOP, 롯데 온 등은 생존을 걱정할 상황에 처했다.

Focus

이베이

이베이는 1995년 미국 켈리포니아에서 옥션 웹(Auction Web)이라는 중고 경매 사이트로 시작하였다. 1997년에는 2백만 개의 상품을 경매로 올리며, 전년 대비 운영 상품을 10배나 확대시키는 경이로운 성장을 이루었다. 지금의 이베이 닷컴으로 1997년에 사이트 이름을 변경하며, 성장 속도는 더욱 빨라져 2008년에는 억대 등록 사용자와 직원 1만 5천 명의 글로벌 이커머스 기업으로 발전하였다.

이베이는 기존에 오프라인 유통이 사용했던 직매입(매입) 후 재판매라는 방식이 아닌, 상품을 등록하는 판매자가 상품을 리스팅 시와 판매 시에 수수료를 받는 위탁 판매 개념을 도입하였다. 위탁 판매 수수료는 오프라인 직매입 방식 수수료 보다 월등히 낮고, 진입 장벽도 낮기 때문에 짧은 시기에 이베이는 엄청난 수의 판매자(셀러)와 상품을 모집할 수 있었다. 이런 이베이의 위탁 판매는 전 세계 이커머스 운영 방식의 표준으로 자리 잡게 되었다.

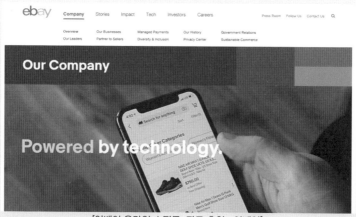

[이베이 온라인 쇼핑몰, 자료 출처 : 이베이]

이베이는 전 세계에 옥션 사이트를 진출하는 글로벌 전략을 구사하였다. 적극적인 해외 진출 사업으로 이베이는 24개국에 진출했으며, 일본과 대만에서는 로컬 중고 거래사이트에 밀려 진출에 실패했고, 중국과 인도에서는 사업을 철수한 상태이다. 최근에는 아마존과의 경쟁에서도 밀리며 고전하고 있다.

• 이베이 코리아 역사

이베이 코리아는 미국의 이베이가 2001년 옥션을 인수하며 국내에 진출하여, 최초로 이커머스 생태계를 만들고 성장시킨 기업 중 하나이다. 이베이는 미국에서 1996년 인터넷 경매로 시작한 글로벌 중개형 전자상거래 사이트이다. 이베이가 국내 기업인 옥션을 인수하며, 한국에서의 사업을 시작하였다. 옥션 인수에 무려 1천5백억 원을 투자하며 당시 한국 벤처기업 사상 최대 규모의 M&A로 기록되었다. 당시 옥션은 1998년 설립 이후 2년 만에 코스닥 상장을 이루는 등 성장성을 보이고 있었으나, 연이은 적자에서 벗어나지는 못한 상황이었다. 당시 미국의 이베이는 유럽, 아시아 시장으로의 진출을 추진하던 중 옥션에 대한 과감한 투자로 한국 시장에 진출하였으며, 이후 흑자전환을 당면과제로 삼았다. 인수 1년 후인 2002년 흑자전환에 성공하며, 동시에 외연 확장을 통한 국내 이커머스 1위 기업으로 발돋움하였다. 2009년에는 인터파크가 운영하던 G마켓을 4천 8백억 원에 인수하여 온라인, 모바일 쇼핑 점유율을 확장하였다. 당시 시장의 후발주자이던 G마켓이 이커머스 시장 점유율 1위를 기록하며, 옥션과 치열한 경쟁을 벌이던 중 인수합병을 통해 시장을 주도하는 1위 기업으로의 입지를 더욱 공고히 하는 계기가 되었다.

이베이 코리아의 2019년 기준, 매출과 영업이익 모두 전년대비 두 자릿수 성장세를 나타냈다. 15년 연속 흑자를 기록했으며, 매출은 창사 이래 최초로 수수료 기준 1조 원을 넘어섰다. 2019년 기준 이베이 코리아는 전년대비 영업이익이 전년 대비 27% 성장한 615억 원, 매출(수수료 기준)은 12% 증가한 1조 954억 원을 기록했다고 발표했다. 이베이 코리아는 G마켓이 연간 기준 흑자를 2005년에 달성한 이래 국내 이커머스 기업으로는 유일하게 15년 연속 성장과 수익성을 달성했다. 이와 같은 이베이 코리아의 성과는 다른 경쟁 이커머스 기업들의 연이은 적자와 비교할 때 더욱 두드러진다.

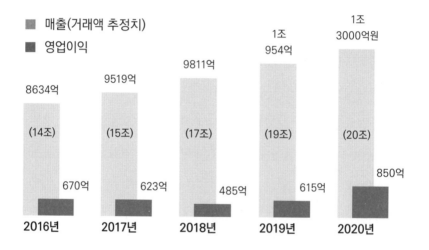

[이베이 코리아 매출 성장, 자료 출처 : 교보 증권]

이베이 코리아는 글로벌 실적에 있어서도 두각을 보이고 있다. 이베이 코리아는 글로벌 진출국 중 미국 다음으로 높은 거래액을 보이고 있으며, 이베이를 통한 국가 간 거래, G마켓 글로벌 샵(영어 및 중국어 샵)을 통해 국내 중소상인들의 해외 진출을 도와 전자상거래 수출 국내 1위를 기록한 바 있다.

이베이 코리아의 이와 같은 실적의 배경에는 고유의 고객경험 브랜드인 스마일의 성공적인 안착이 있었던 것으로 보인다. 스마일 브랜드는 결제부터 배송, 멤버십, 할인 행사 등을 포괄하는 쇼핑 경험 전반에 관련된 서비스로 브랜딩 되어 국내 이커머스 사상 최초로 유료회원 2백만 명을 넘긴 성공적인 멤버십 프로그램으로 고객 충성도를 확보하였다. 앞서 언급한 바와 같이 이른바 스마일 서비스는 결제부터 배송, 멤버십 등 전 영역을 커버하고 있으며, 각 영역마다 좋은 성과를 보여 이베이 코리아의 연이은 성공을 견인하고 있다.

2) 이베이 코리아의 마케팅 전략

이베이의 G마켓과 옥션의 인수는 신의 한 수였다. 2000년대 국내 유통업계는 마트라는 선진 유통시스템이 입점하면서, 재래시장을 경험했던 국내 소비자들에게는 깔끔하게 진열된 매장 모습은 충격과 환상을 만들어 주었다. 이걸 간파한 국내 대기업들은 해외 유통업체에 컨설팅을 받거나, 라이센스 계약을 맺고, 경쟁적으로 매장 수를 늘려 나갔다.

대형 매장을 짓기만 하면, 연간 1천억 원의 매출을 올리던 시기였기

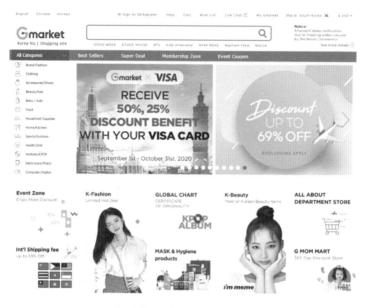

[G마켓 글로벌 샵, 출처 : G마켓]

에, 유통기업은 대형 할인점에만 집중하였고, 온라인 쇼핑몰은 스타트업이나 벤처기업이 하는 비즈니스로 간주하였다. 인터파크와 옥션은 불모지였던 국내 이커머스 시장에 이베이의 오픈마켓 모델을 모방하여 사업을 시작해 2000년대 국내 1~2위 온라인 쇼핑몰로 성장하였다. 지금으로 보면 '배달의 민족'이나 '요기요'가 얼마 전까지 이게 과연 될까? 하는 의구심이 있는 사업이었다가, 갑자기 성장해 국민 누구나 이용하는 플랫폼으로 발전하는 사례와 맥을 같이 한다. 이베이가 직접 한국 시장에 진출했더라면, 초기 사업 비용은 M&A 보다 적게 들었겠지만, 과연 이베이로 한국에서 성공할 수 있었을지는 알 수 없다.

[인터파크 온라인 쇼핑몰, 자료 출처 : 인터파크]

이렇게 시작한 G마켓과 옥션을 당연히 국내 소비자들은 한국 기업이 설립한 회사로 인식해 정서적 저항을 받지 않았고, 이커머스 유통에서의 시장 선점 효과는 다른 경쟁 쇼핑몰과의 경쟁에서 매우 유리하게 작용하였다. 이베이 코리아는 2019년에도 615억 원의 이익을 내면서 15년 연속 흑자라는 전무후무한 기록을 이어가고 있다. 이 같은 전략은 낮은 수수료로 판매자를 무수히 늘려 거래금액을 확대해 비율은 낮지만 수수료 금액을 크게 확보하고, 이렇게 입점한 수많은 셀러 간 경쟁을 유도해 광고를 장려하여 광고 수익을 극대화하였다. 실제 G마켓과 옥션에서 매출을 발생시키기 위해서 쇼핑몰 내 광고를 하지 않고 매출을 발생시키기는 매우 어려운 구조이다. 오픈마켓 2위인 11번가도 마찬가지이다.

이베이 코리아는 합리적인 경영 정책을 바탕으로 경쟁사의 과감한 도전 서비스에도 즉각적인 대응보다는 타 기업의 진행 사항과 결과를 지켜본 후 전략을 수립한다. 그 대표적인 사례가 이베이 코리아에서 운영하는 소셜커머스 G9와 스마일 배송이다. 경쟁사인 쿠팡이 파격적인 배송 서비스인 로켓배송을 앞세워 급격한 성장을 했을 때, 처음에는 다른 스타일의 온라인 쇼핑몰이라 치부하며, 별다른 대응을 하지 않다가 쿠팡의 엄청난 물량 공세에 딜 판매 방식의 G9와 G마켓, 옥션의 당일 배송 서비스인 스마일 배송 전략으로 대응하였다. 개인적으로 G9라는 소셜커머스형 쇼핑몰은 실패작으로 보고 있다. 젊은 층이 주 고객인 이커머스 시장은 이슈와 선점 마케팅이 중요한데 이미 쿠팡, 티몬, 위메프 3사가 주도한 소셜커머스와 비슷한 스타일에 쇼핑몰을 뒤늦게 만들어도 주목 받기는 쉽지 않다.

[G9 온라인 쇼핑몰, 자료 출처 : G9]

[이베이 스마일 클럽]

이베이 코리아가 선도한 마케팅 전략은 2017년에 시작한 프리미엄 유료 회원제 서비스인 스마일 클럽이다. 스마일 클럽에 가입하면 일정 금액의 적립금을 주고, 상시 적립금과 스마일 배송을 무료로 받을 수 있다. 국내에서 가장 역사가 깊은 G마켓과 옥션이 고객에게 브랜드 로열티를 높여, 타 경쟁사로 이탈을 막은 좋은 전략이다.

3) 오프라인 핵심 수익처 광고

오픈마켓은 다른 종합몰이나 전문 몰보다 상대적으로 낮은 수수료로 공격적인 마케팅 전략을 구사하고 있다. 이런 낮은 수수료를 커버하기 위해 G마켓과 11번가는 판매자의 광고 활동을 적극적으로 독려하고 있다. 많은 기업이나 개인사업자가 온라인 쇼핑몰 비즈니스를 시작할 때 낮은 수수료 때문에 자신감에 차서 이커머스에 진출을 한다. 진출 이후 경쟁 판매자와 노출을 위한 광고 싸움에 막대한 광고비를 지불해 결국 이익을 내지 못하고 이커머스에서 사업에서 철수하는 사례를 찾는 것은 어렵지 않다. 이렇듯 오픈마켓에서 이익의 핵심은 광고인 것이다.

[G마켓 광고, 파워 상품, 파워 클릭, 자료 출처 : G마켓]

2020년 들어서 오픈마켓인 G마켓과 옥션의 이베이 코리아가 광고 체계를 개편했다. 고정 단가의 광고를 줄이는 대신 고객 클릭 수에 맞춰 광고비를 받는 파워 클릭(CPC)을 확대했다. 파워 클릭은 실제 판매와 연결되는 전환율은 높지만, 클릭을 할 때마다 판매자가 비용을 지불하기 때문에, 광고 경매 가격 경쟁이 상승하고, 광고비용도 크게 나올 수 있는 위험성이 높은 광고이다. 반면, 광고 금액을 정해 놓고 일정 기간 정해진 위치에 상품을 노출하는 기간제 형식의 광고인 플러스 상품은 규모를 축소했다.

유통시장에서 고객이 동일 상품을 가지고 구입처를 선택할 때 가장 중요한 기준은 상품 판매 가격이다. 이런 판매 가격 결정의 핵심 결정

요소는 리테일의 마진 구조이다. 오프라인 마트가 온라인 대비 상품 판매 가격이 높은 이유는 직매입 시 상품의 마진을 40% 이상 확보해야 하기 때문에 12%의 수수료를 부과하는 오픈마켓보다 가격이 비싼 것이다. 하지만 많은 마케터들이 그 속에 있는 비밀을 잘 알지 못하고 있다.

마트에서 판매하는 상품 수는 약 10만 가지이고 온라인 쇼핑몰에서 판매하는 상품 수는 셀 수 없을 만큼 많다. 마트는 입점만 한다면 매장에 진열이 되기 때문에 점포에 방문한 고객이 이동을 하다가 상품을 보고 구입할 수 있다. 하지만 온라인 쇼핑몰은 무한대에 가까운 상품을 보유하기 때문에 소비자가 쇼핑몰에 런칭해도 수없이 많은 상품을 만날 확률은 매우 낮다. 온라인 쇼핑몰에서 고객을 만나기 위해서

[네이버 상품 검색, 자료 출처 : 네이버]

는 엄청나게 많은 경쟁사 제품을 물리치고 노출을 해야 하는데, 그러려면 상대적으로 가격이 저렴하거나, 광고비를 내고 노출을 하는 수밖에 없다.

이런 이유에서 수수료가 낮은 이커머스 유통 채널에서 저렴한 가격으로 상품을 팔고 있지만, 대부분의 판매자들은 막대한 광고비로 인해 결국 이익 창출을 하지 못하는 까지 경우가 많다.

4) 이베이 코리아의 풀필먼트 스마일 배송

스마일 배송은 이베이 코리아의 판매자를 위한 '풀필먼트' 물류센터 대행 서비스이다. 판매자가 일정 금액을 내고, 운영 상품의 재고를 이베이의 물류 센터에 맡기면, 보관, 주문 처리, 포장, 배송, 고객문의까지 대행해 준다.

스마일배송은 오픈마켓형 물류 배송 플랫폼으로 구매자와 판매자 모두에게 양질의 서비스를 제공한다. 구매자에게는 믿을 수 있는 배송을, 판매자에겐 재고 관리 문제 해결과 창고 이용료 등 부대비용 효율화를 제공하여 플랫폼으로서 양방향 고객의 좋은 평가를 이끌어 냈다고 판단된다.

자세히 설명하자면, 스마일 배송은 이베이 코리아와 물류 운영 대행 회사와의 계약을 통해 이루어지는 원스톱 물류 서비스로, 물류 운영 대행 회사는 이베이 코리아가 운영하는 오픈마켓 사이트인 옥션, G마켓, G9 및 이후 회사가 추가하는 전자상거래 사이트뿐만 아니라 외부사이트 및 오프라인에서 거래되는 상품의 보관, 포장 및 택배 업무를 일괄적으로 처리할 수 있는 서비스이다.

쿠팡의 로켓배송 '풀필먼트' 시스템과 가장 큰 차이점은 재고의 직매입 여부이다. 쿠팡의 '풀필먼트' 상품은 전 제품 직매입으로 쿠팡의 소유로 운영을 하지만, 이베이 코리아의 스마일 배송은 직매입과 위탁 대행 두 가지 형태로 운영한다.

[G마켓 스마일 배송, 자료 출처 : G마켓]

5) 이베이 코리아의 소셜커머스형 온라인 쇼핑몰 G9

소셜커머스 G9는 이베이 코리아가 운영하는 큐레이션 소셜커머스 쇼핑몰이다. 2013년 4월 런칭된 쇼핑몰로 미술관 큐레이터가 좋은 작품을 엄선해 전시하듯 쇼핑 큐레이터가 독특하고 트렌디한 아이템을 선별, 판매하는 컨셉이다. 별도의 회원가입 없이 G마켓 아이디로 로그인이 가능하다. G9는 기존 쇼핑몰들이 가진 한계와 문제점을 보완하는 것에서 시작되었다. 배송비 부담을 없애 무료 배송을 기본으로 하며, 다양한 쿠폰 혜택이 제공되고, 지저분하고 복잡한 UI(User Interface)에서 깔끔하고 단순한 UI 등을 특징으로 한다. 또한 타 오픈마켓의 경우 최저가 검색 시, 배송비, 선택 추가 금액 등이 포함되지 않는다는 문제를 해결하여 이와 같은 비용을 모두 포함한 가격을 기준으로 최저가 검색이 가능하게 하는 등 소비자의 편의를 중심으로

[이베이 코리아의 소셜커머스 G9, 자료 출처 : G9쇼핑]

개편된 비니지스 모델을 선보이고 있다.

최근에는 모바일 페이지와 앱 전면을 리뉴얼했는데, 이는 보다 만족스러운 구매 경험을 위한 단장이라 할 수 있다. 이번 리뉴얼의 가장 큰 특징은 젊고 세련된 디자인이다. 기존 상품 중심 디자인에서 콘텐츠 및 브랜드 중심으로 개편하였고, 보다 직관적으로 디자인되었다.

아쉬운 점은 쿠팡, 티몬, 위메프 등 소셜커머스 붐에 영향을 받아 오픈했지만, 경쟁 온라인 쇼핑몰과 다른 차별화 서비스를 고객에 제안하지 못해 성장에 한계를 보이고 있다.

6) 국내 최초 유료 멤버십 서비스 스마일 클럽

스마일 클럽은 2017년에 국내 유통업계 최초로 실시한 유료 멤버십 서비스이다. 스마일 클럽에 연회비 3만 원을 내고 가입하면, G마켓과 옥션 등에서 스마일 배송을 이용할 수 있다. 스마일 배송은 쿠팡의 로켓배송과 비슷한 개념으로 오늘 주문하면 내일 도착하는 스마일 클럽의 대표 회원 서비스를 말한다.

[스마일 클럽, 자료 출처 : G마켓]

이 외에도 스마일 클럽에서 제공되는 혜택은 다양하다. 첫째, 스마일클럽 멤버들에게 추가 쿠폰을 지급한다. 기존 회원들에게는 제공되지 않는 할인 쿠폰과 배송비 무료 쿠폰 등이 있다. 둘째, 추가적인 스마일캐시를 적립해 준다. 일반회원에 비해 3배에서 최대 5배의 스마일캐시를 적립해 준다. 일반 상품 구매 시 결제 금액의 1.5%, 스마일배송 상품의 경우 2.5%의 스마일캐시를 적립해 주며, 이는 일반 회원의 적립 비율인 0.5%의 3배~5배에 달하는 규모이다. 셋째, 스마일 클럽 전용 행사 상품을 운영한다. 이는 스마일 클럽 회원만 구입 가능한 상품을 더 좋은 가격에 제공하는 서비스로 일반 회원이 접근 불가능한 특별한 가격으로 제공된다. 넷째는 365일 스마일 클럽 콜센터를 운영해 오전 9시부터 오후 6시까지 스마일 클럽 회원만 이용 가능한 고객센터를 운영 중이다.

7) 신세계 이베이 코리아의 G마켓과 옥션을 품다

이베이 코리아가 아직도 대한민국 이커머스 유통에서 강자라는 것은 누구도 부정할 수 없다. 하지만 앞서 보았듯이 해외기업 특성상 과감한 투자 보다는 안정적인 이익 확보를 우선순위로 두고 운영하고 있다. 그 결과 최근에 신흥 경쟁사인 쿠팡이나 SSG, 마켓 컬리 등에 비해 브랜드 파워 면에서나 서비스 면에서 우위를 가지지 못하고 있다. 아직은 기존의 판매자와 이용자가 있어 큰 타격은 없겠지만, 시간이 지남에 따라 고객 이탈은 가시화 될 것으로 보인다. 2020년 보도에서도 국내 이커머스 리테일 랭킹에서 1위가 네이버쇼핑, 2위가 쿠팡, 3위가 G마켓으로 발표되어 이베이 코리아의 위상이 낮아진 것을 확인할 수 있다.

결국 국내 이커머스 시장 경쟁이 과열되었다는 판단 하에 이베이 코리아는 사업 전체를 신세계에게 판매하였다. 치열한 국내 이커머스 시장에서 살아남기 위해서는 기존처럼 노출 광고에 의존하는 단순한 전략에서 막대한 자금이 들어가는 '풀필먼트' 시스템 구축과 치열한 가격 경쟁에서 이겨야 생존할 수 있다. 이베이 코리아도 그것을 알기 때문에 매각을 결정한 것이고, 신세계가 G마켓과 옥션을 재탄생시키기 위해서는 신세계 그룹이 가진 오프라인 장점과 결합한 시너지를 내야 원하는 결과를 얻을 수 있을 것이다.

4.

상품 유통의 발전
비즈니스 모델

STORY 6 **중고용품을 보물로 만든 '당근 마켓'**

POINT   1) 남녀노소 너도 나도 당근

2) 당근의 마케팅 전략

3) 중고 마켓 경쟁 업체와 중고 시장의 미래

---

1) 남녀노소 너도 나도 당근

역 주변이나 사람들의 만남의 장소로 이용되는 곳을 가면 서성이면서 두리번거리는 사람들을 종종 볼 수 있다. 이 사람들은 남녀노소 연령도 다양하며, 누군가를 기다리다 낯선 누군가와 만나면, 생전 처음 보는 사람임에도 불구하고, 어김없이 첫 마디로 "당근이세요?"라는 말을 한다. 2020년 2월경 주변인들로부터 "당근 하세요?"라는 말을 들으면, 당근이 뭘까? 마켓 컬리 같은 식품 온라인 쇼핑몰로 착각을 했었다. 그렇게 생소했던 당근은 일상 생활어가 되며, 하루 한번은 앱을 열어 좋은 제품이 있나 아이쇼핑을 하는 필수 상점이 되었다.

2015년 카카오 출신인 김용현 대표와 김재현 대표 두 사람에 의해 당근 마켓은 탄생했다. IT기업 출신답게 국내 IT벤처기업의 중심인 판교에서 사업을 시작하였다. 두 창업자는 지역 커뮤니티에 관심을 갖고 판교를 중심으로 중고 장터 앱을 개발했다. 미국에서 성공적인 비즈니스로 자리 잡은 하이퍼 로컬 소셜 네트워킹 서비스 넥스트 도어(Next Door)라는 서비스의 영향을 받았다. 판교 장터는 지금의 당근 마켓의 모태가 됐으며, 판교와 가까운 용인과 수지로 확대 운영하다가, 2018년 1월부터는 전국 서비스를 시작했다.

당근 마켓의 의미는 "당신 근처의 마켓"이란 뜻으로 단순한 중고 거래를 넘어 이용자 근처의 지역주민의 연결을 통한 서비스 비즈니스를 컨셉으로 하고 있다. 이에 2015년 판매마켓 서비스를 시작할 때 이용자는 GPS인증을 필수 사항으로 넣어 거주지 반경 6Km이내 사람들과만 거래를 할 수 있도록 하였다. 이용 거리 제한은 서비스 확장성에서는 한계가 있지만, 동네 커뮤니티 장터로서의 기능을 공고히 하는 주요 기능이다.

2018년 1월 50만 명의 MAU(Monthly Active Users. 월간 활성 사용자)

로 전국 서비스를 시작하여, 2020년 1월에 480만 명으로 대폭 증가한 다음 2021년 1월에는 MAU가 1,420만 명에 달해 전 국민의 3분의 1이 이용하는 국내 대표 중고 거래 애플리케이션으로 성장 하였다. 당근 마켓은 2021년 7월 기준 가입자 수 2,000만 명, 주간 이용자수 1,000만 명을 돌파하며 기업 가치를 3조 원으로 인정받았다. 이러한 기업 몸값 상승에 기존 투자사인 굿워터 캐피탈, 소프트뱅크 벤처스아시아 등과 신규 투자자인 DST(Digital Sky Technologies) 글로벌, 에스펙스 매니지 먼트 등이 투자에 참여해 1천 789억 원의 시리즈 투자 유치를 완료하 였다.

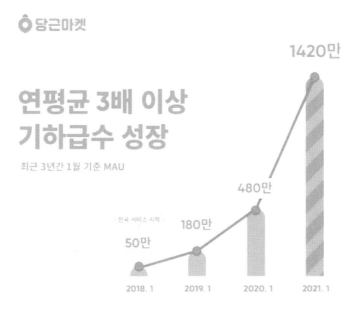

[당근 마켓 월 활성화 사용자 추이, 자료 출처 : 당근 마켓]

거액의 투자 금을 확보한 당근 마켓은 지역 커뮤니케이션 서비스에 편의성을 강화할 예정이다. 2021년 하반기에는 자체 간편 결제 시스템인 당근 페이를 오픈할 예정이다. 중고 거래 시 단순한 금융 거래뿐만 아니라 간편 결제와 송금 서비스까지 가능한 전자 금융업 비즈니스를 꿈꾸고 있다. 당근 페이는 현재 추진 중인 지역 소상공인 상점과의 연계를 통해 당근 머니 활성화를 목표로 하고 있다.

[캐나다 당근 마켓 서비스 Karrot, 자료 출처 : www.readingbang.com]

또한 당근 마켓은 현재 미국, 영국, 캐나다, 영국 4개국에서 운영 중인 해외 서비스를 더욱 확대할 예정이다. 미국의 넥스트도어와 같은 하이퍼 로컬 비즈니스는 세계적으로 생소한 서비스로 한국에의 성공을 바탕으로 세계 시장에서도 좋은 성과를 기대하고 있다.

넥스트 도어

넥스트 도어는 2008년 미국의 샌프란시스코에서 설립되었다. 니라브 토리아(Nirav Tolia) 외 3명이 공동 창업하여 2011년 10월 미국에서 최초의 커뮤니티 하이퍼 소셜 네트워킹 서비스를 시작하였다. 이곳은 지역 커뮤니티 비즈니스의 시초로 가입 시 사는 주소를 입력해야 한다. 이 서비스를 통해 지역 주민들은 지역 소식, 생활 정보, 행사 등을 소통하고, 중고 거래를 할 수 있다.

미국, 캐나다, 호주 등 11개국에서 서비스 중이며, 주간 이용자 수는 2020년 2,670만 명을 기록하였다. 최근 미국에서는 전체 가구의 3분의 1가구에서 넥스트 도어를 사용 중이며, 전 세계 26만 8천개의 커뮤니티를 보유하고 있다. 이런 빠른 성장에 힘입어, 예상 기업 가치는 약 50억 달러(6조 원) 정도로 평가 받고 있다.

넥스트 도어와 당근 마켓은 하이퍼 로컬 비즈니스라는 점에서 비즈니스 컨셉은 유사하지만, 주력 모델은 다르다. 당근 마켓은 중고 거래를 기반으로 지역 커뮤니티를 운영하지만, 넥스트 도어는 지역 기업의 광고, 부동산 중개 업체 등의 광고 수익이 주력이고, 중고 거래는 서비스의 일부일 뿐이다.

2) 당근의 마케팅 전략

2010년 중반부터 여행, 배달, 취미 등 다양한 주제의 플랫폼 서비스가 유행처럼 개발되고 있다. 2018년에 중고용품 판매 서비스를 게시한 당근 마켓도 다른 플랫폼 비즈니스처럼 그리 주목 받지 못했다. 국내 온라인 중고 사이트로 2003년부터 서비스를 시작한 중고나라가 확고한 자리를 잡고 있기 때문에 시장 진입이 쉬운 비즈니스는 아니었다.

[당근 마켓 애플리케이션, 자료 출처 : 당근 마켓]

당근 마켓의 김용현 대표와 김재현 대표 공동대표는 기존의 오픈형 사이트 연결 서비스에서 벗어나 지역 밀착형 동네 한정 서비스로 차별화를 꾀하였다. 기존의 중고 마켓 운영 방식은 전국 누구나 사이트를 통해 정보 교환을 하고, 거래자 상호간 거래 방식을 개인적으로 합의해서 거래하는 방식이다. 두 공동 창업자는 IT 개발자답게, 기존 방식을 버리고, 철저히 동네 주민들만 이용할 수 있는 지역 한정 현장 서비스 플랫폼을 개발하였다. 창업 초기 각 지역 사용자부터 시, 읍, 면 단위에서 350명이 모여야 직접 오픈 신청을 받아 개설하는 방식이었다.

경쟁 중고 마켓과 달리 동네 생활 정보 공유, 동네 맛 집 소개 등을 통해 지역 커뮤니티 서비스를 확대하여 당근 마켓에 고객이 오래 머물도록 하였다. 코로나 19 상황은 당근 마켓의 성장에 긍정적으로 작용하였다. 장기간의 코로나 19 팬데믹 상황으로 불황이 지속되면서, 소득 감소로 인해 중고 상품에 대한 선호가 높아졌고, 사회적 거리두기로 사람 간 연락이 원활하지 못했는데 당근 마켓은 간편한 연락 매체 역할을 하며 이용자의 사랑을 받았다.

그 결과 2021년 7월 기준 누적 가입자는 2,100만 명으로 국내 1가구당 약 1명의 이용자가 있게 됐다. 월간 활성 이용자인 MAU(Monthly Active Users)도 1,500만 명을 돌파했고, 이용자 월 평균 방문 횟수가 64회로 하

[당근 마켓 주요 실적, 자료 출처 : 글로벌 모바일 분석 업체]

루에 두 번은 꼭 방문하는 국민 애플리케이션으로 발전하게 되었다.

당근 마켓의 마케팅 전략을 구체적으로 보면, 첫 번째, 중고 거래 플랫폼의 이용자 신뢰 향상에 중점을 두었다. 기존 중고 거래 사이트의 가장 큰 문제는 상품 거래 사기가 빈번히 일어나고 전문 판매업자가 많아지면서 게시 글을 독과점하거나 시세를 조절하는 문제가 있었다. 당근 마켓은 중고 거래 플랫폼의 핵심은 이용자 간 거래 신뢰라고 판단하여 서비스를 가까이 사는 지역민 간의 거래로 제한했고, 거래 방식도 직접 만나서 교환하는 직거래를 추진했다. 그리고 전문 판매업자 신고 시스템을 만들어서 상업적 목적으로 플랫폼을 이용하거나, 시장을 교란하는 이용자를 퇴출하였다.

두 번째, 지역 커뮤니티 활성화와 당근 마켓의 캐릭터 활성화, 굿즈 개발로 브랜드화를 실시했다. 우선 당근 마켓은 메인 화면에 동네생활이라는 코너를 신설하였다. 이곳은 우리 동네 질문, 동네 맛집, 동네 소식, 분실/실종 센터, 동네 사건 사고, 고양이, 강아지, 건강, 살림, 인테리어, 교육/학원, 동네 사진전, 출산/육아 등 지역과 관련된 모든 소식과 소통을 위한 게시판을 만들었다. 특히 분실/실종 센터 코너는 동네 이동 중에 습득한 분실물이나 잃어버린 물건을 신속히 찾을 수 있게 하며 이용자에게 큰 인기를 끌었다. 이런 지역 커뮤니티 서비스가 인기가 있자 국내 1위 포털 기업 네이버도 '이웃'이라는 커뮤니티를 오픈하며 경쟁에 뛰어 들었다.

[당근 마켓 굿즈 당근 슬리퍼, 자료 출처 : 당근 마켓]

[지역 주민을 위한 당근 마켓의 커뮤니티 기능, 자료 출처 : 당근 마켓]

2021년 초 당근 마켓에서는 당근 가방을 추첨을 통해 나눠주었는데, 희망자가 많아 엄청난 경쟁과 인기를 끌었다. 당근 마켓은 브랜드 캐릭터를 활용하여 굿즈를 개발하거나 이모티콘을 만들며 브랜드 로열티가 높은 충성 고객 확보에도 힘을 쓰고 있다. 결국 이와 같은 브랜딩 노력은 안정적인 이용자 확보 전략의 핵심이라 할 수 있다.

세 번째로, 실제 수익을 확보할 방안으로 지역 상점 광고를 활용하고 있다. 이는 넥스트 도어와 같이 동네 상점의 상품 및 서비스 노출을 통해 직접적인 부가가치를 올리는 전략이다. 누적 가입자 수가 2,100만 명을 달하였으니, 이제 충분히 효과를 볼 수 있는 방법이다. 아직은 동네 검색 시 화면 하단에 1곳이 노출되는 정도이지만, 앞으로 광고가 확대될 것으로 예측한다.

당근 마켓은 지역 상점 홍보에도 판매 상품 및 서비스 노출을 넘어 상점이 지역민과 소통할 수 있도록 서비스를 지원해주고 있다. 비즈프로필은 상점의 소개는 물론, 소식을 지역민에게 알리고 쿠폰 등을 발행할 수 있으며, 실시간으로 고객과의 채팅도 가능하다. 이는 네이버의 네이버 쇼핑과 플레이스를 결합한 비즈니스 모델과 유사하다. 향후 비즈 프로필이 성공을 거둔다면, 지역과 상품 콘텐츠의 검색에서 네이버와의 정면대결도 일어날 것이다.

3) 중고 마켓 경쟁 업체와 중고 시장의 미래

국내 중고 거래 시장 규모는 2008년 4조 원에서 2020년 20조 원으로 5배 성장하였다. 2021년에는 20% 이상 성장하며, 약 24조 원을 기록할 것으로 보고 있다. 코로나 19로 인한 소득 감소와 합리적 소비에 대한 인식 변화로 중고시장은 앞으로도 계속 성장할 것으로 보인다. 국내 대표 기업은 중고 나라로 2020년 기준 약 5조 원의 거래액을 달성했으며, 2위는 번개 장터로 거래액이 1조 3천억 원 규모이다.

2003년 네이버 카페로 시작한 중고 나라는 폭발적인 이용자 증가로 네이버 카페 회원 수 1위를 15년째 지키고 있다. 1,500만 명의 회원과 1조 원이 넘는 거래액은 카페 운영진이 감당하기에는 벅찰 정도로 규

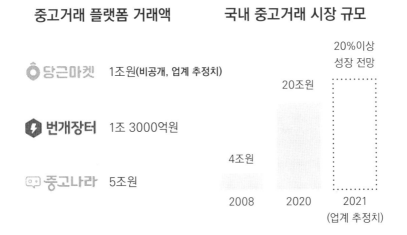

[자료 출처 : 하나 금융 경영 연구소]

모가 커져 버렸다. 2014년 중고 나라 운영진은 서비스 개선과 모바일 트랜스포메이션을 위해 외부 전문가와 협업해 큐딜리온이라는 운영 회사를 설립하여 기업화하였다. 모바일 플랫폼으로 성공적으로 전환한 중고 나라는 17년간 축적된 노하우와 1,800만 명의 회원들을 무기로 현재 국내 1위 중고 플랫폼 기업으로 자리매김하고 있다.

해외에서도 이미 중고 거래가 이커머스 시장의 핵심 분야로 여겨질 만큼 관련 기업들이 눈부시게 성장하고 있다. 한국과 마찬가지로 중고거래 플랫폼들이 시장을 주도하며 기업 공개 IPO(Initial Public Offering) 등을 통해 몸집을 키우는 곳도 나타나고 있다.

미국 중고 의류 거래 사이트인 포시마크(Poshmark)가 나스닥에 2021년 1월 상장에 성공했다. 포시마크는 당근 마켓처럼 중고 의류와 신발, 장신구 등을 온라인 플랫폼을 통해 판매자와 구매자를 연결해 준다. 1월 포시마크 시가 총액이 32억 3,650만 달러(약 3조 6천억 원)를 기록하며 주식 시장에 큰 이슈가 되었었다.

2014년 1,328억 위안에 불과했던 중국의 중고 시장은 매년 50% 이상씩 고성장 하며, 2020년 기준 1조 위안(약 172조 원) 규모로 성장했다. 이 성장 흐름을 주도하는 것은 IT 대기업들이 만든 중고 거래 애플리케이션들이다. 이베스트 투자 증권에 따르면 알리바바가 만든 셴위가 70.7%, 58.com이 20.4%의 점유율로 온라인 중고 시장의 대부분을

BRAND SPOTLIGHT

Women   Men   Kids   Home

TOP SELLING BRANDS THIS WEEK

TRENDING NOW

[포시마크 온라인 사이트, 자료 출처 : 포시마크]

점유하고 있다. 1위 앱인 셴위에는 매일 사용자 100만여 명이 총 200
만개가 넘는 중고 물품을 등록한다. 스마트폰 앱에 특성을 활용해 판
매하고 싶은 물품 사진을 쉽게 촬영해 올릴 수 있게 하여 거래 과정을
간소화한 덕에 빠르게 시장을 잠식했다.

일본은 이미 2017년에 약 2조 엔(24조 원)을 돌파하며 일본 국민들
에게 중고 시장은 하나의 필수품으로 자리 잡았다. 대표적인 기업으
로는 중고 책과 만화책을 유통하는 북 오프, 생활용품을 거래하는 하
드오프, 패션 의류와 명품을 취급하는 세컨드 스트리트 등이 있다. 이
곳은 이미 전국적인 오프라인 체인점으로 운영하고 있는 규모이다. 한
국은 온라인 플랫폼을 중심으로 중고 시장이 발달한데 반해, 일본은
오프라인 유통을 기반으로 온라인으로 전환하는 형태를 띠고 있다.

중고 시장의 성장은 세계적인 추세이다. 사람들의 소비 형태가 다양해지면서 상품의 가치를 꼭 새 상품으로만 보지 않는 인식이 커지고 있다. 여기에 환경 보호와 선진 시민 의식 등이 확산 되면서, 중고 상품 소비에 대한 생각도 바뀌고 있다. 과거 중고 시장은 가치가 적은 생활용품이나 일상용품이 중심이었지만, 최근에는 가전제품, 자동차, 명품으로까지 확대되며 시장을 키우고 있다. 스마트폰의 발달로 유통의 중심이 이커머스로 이동하며 중고 마켓 애플리케이션을 통해 쉽게 거래하고, 택배 등을 이용해 교환할 수 있어서, 앞으로 중고 시장은 더욱 커질 것으로 예상된다.

[일본 중고 콘텐츠 스토어 북오프, 자료 출처 : www.japanallover.com]

파워 온라인 전문 몰 '무신사와 지그재그'

POINT   1) 오픈마켓 전성시대, 새롭게 등장한 온라인 전문 몰
         2) 패션 대표 온라인 전문 몰 무신사와 지그재그
         3) 무신사의 마케팅 전략
         4) 지그재그의 마케팅 전략
         5) 대형 온라인 쇼핑몰과 온라인 전문 몰의 대결

1) 오픈마켓 전성시대, 새롭게 등장한 온라인 전문 몰

• 종합 쇼핑몰에 식상한 소비자, 카테고리 킬러를 찾다

1990년대 오프라인 유통에서 카테고리 킬러 업태는 돌풍을 일으켰
다. 카테고리 킬러란 하나의 카테고리에 집중하여 다양한 브랜드의
상품구색을 갖추고 대형 매장을 중심으로 운영하는 소매업을 말한
다. 장난감 카테고리 킬러인 토이저러스, 가전 카테고리 킬러인 하이
마트, 신발 카테고리 킬러인 ABC 마트 등이 그 예이다.

국내에서 2천 년대 초반은 국내외 대형 유통 기업 간의 경쟁이 치열
했던 시기이다. 국내 유통 기업인 이마트, 롯데 마트에 해외 기업인 홈
플러스와 월마트, 까르프가 진출해 시장 장악을 목표로 치열한 전쟁
을 벌이고 있었다. 2006년도에 마트 간 경쟁에 밀려 월마트와 까르프
가 한국 시장 철수를 선언하였다. 국내 유통 시장에서 이마트, 롯데

마트, 홈플러스 대표 3사간의 경쟁은 지금까지도 이어지고 있다.

　대형 종합 유통 점포는 3사가 시장을 장악했기 때문에 새로운 유통 업태가 생겨나기 시작했다. 이미 유통 선진국인 미국과 유럽에서는 가구와 가정용품 전문점인 홈 디포와 가구 유통 전문점인 이케아가 유행하고 있었다. 이에 국내에서도 소규모 매장이 대형 점포로 확장을 하거나 새로운 기업들이 카테고리 킬러 사업에 도전을 하기 시작했다. 이때 성장한 대표 기업들이 가전의 하이마트와 전자랜드, 가구의 한샘과 리바트, 인테리어와 건자재의 홈씨씨, 문구의 오피스 디포(베스트 오피스)와 알파 문구 그리고 롯데 마트는 미국의 완구 전문점 토이저러스를 도입했다.

[이케아, 자료 출처 : 이케아 홈페이지]

[토이저러스, 자료 출처 : 토이저러스 홈페이지]

마트를 통해 선진 유통 시스템을 경험한 소비자들에게 마트에서 쇼핑할 때 항상 아쉬웠던, 좀 더 전문적이고 깊이 있는 상품 구색과 고객 응대 서비스의 니즈가 늘어나기 시작했다. 제품 범위에 관심도가 높은 매니아 층에게 있던 니즈가 일반 소비자들에게로 넘어가는 계기가 되는 시기이다.

이러한 소비자의 니즈를 반영하여 여러 카테고리별로 전문점이 오픈하기 시작했다. 이런 카테고리 킬러의 오픈 붐은 그리 오래가지 못했다. 아직 오프라인 시장에서 확실한 자리를 잡지 못한 상황에서 이커머스의 성장으로 대위기가 찾아왔다. 카테고리 킬러의 장점인 깊이 있는 상품 구색이 온라인 쇼핑몰에서 손쉽게 가능해 진 것이다.

• 종합 쇼핑몰에 식상한 소비자, 다시 카테고리 킬러를 찾다

2000년대 초반에는 오픈마켓, 종합 몰, 소셜커머스 등 10여개 온라인쇼핑몰이 경함을 벌였었다. 2019년 오프라인 매출을 넘어서는 온라인 유통은 오프라인 유통에서 그랬던 것처럼 상위 3개 업체인 빅3를 중심으로 시장이 재편되고 있다. 앞서 소개한 네이버 쇼핑, 쿠팡, 이베이의 G마켓과 옥션이 3강을 구성한 가운데 이마트의 SSG와 SK의 11번가가 도전중이다. 이마케터(E-Marketer. 미국 시장 조사 업체)에 따르면 한국의 이커머스 점유율은 2021년 기준 28.9%로 세계 2위를 차지하고 있다. 전 세계 글로벌 온라인 유통 구성비 평균이 12%인 점을 감안하면 세계적으로도 빠르게 온라인 유통으로 전환되고 있다.

현재는 카테고리 킬러가 오픈마켓 중심으로 운영되고 있지만, 이커머스 시장에서도 속속 카테고리 전문 몰이 존재감을 드러내기 시작하고 있다. 주목해볼 점은 오프라인의 카테고리 킬러는 가구나 가전 등 주로 주거 생활용품이 중심이었다면, 온라인 유통에서는 패션을 중심으로 한 패션 전문 몰들이 각광을 받고 있다. 온오프라인 유통에서 시작 카테고리가 다른 이유는 핵심 이용고객에서 그 답을 얻을 수 있

다. 오프라인 유통의 주요 고객은 40대 ~ 50대 중년층으로 생활용품과 가전에 관심이 있는 반면, 온라인유통은 20대 ~ 30대 젊은 고객으로 집 보다는 나를 꾸미는데 니즈가 높다는데 이유가 있다. 이는 패션으로 시작한 카테고리 전문 몰이 젊은 고객을 타깃으로 게임, 레져, 문화 콘텐츠 등으로 발전할 수 있다는 것을 의미한다.

2020년 온라인 유통은 대호황이었음에도 패션부문만큼은 7.5%의 성장률밖에 기록하지 못했다. 하지만 대표 패션몰인 무신사는 무려 51%의 성장 실적을 보였고, 대부분의 패션몰들이 대약진을 하였다. 주요 패션 전문 몰의 거래액 규모를 보면, 무신사는 1조 2천억 원, 지그재그는 8천 5백억 원, 에이블리는 3천 8백억 원이다.

[2020년 패션 온라인 쇼핑몰 플랫폼 거래액, 자료 출처 : 업계 추정치]

미국 증시에 상장하며, 5조원의 투자금을 확보로 국내는 물론 해외 투자도 확대하는 쿠팡과 국내 독보적인 포털기업 네이버, 거대 자본으로 이베이를 매입하며 온·오프라인 유통 모두를 집어 삼킬 것 같은 유통대기업 이마트까지 3대 거대 온라인 유통 기업이 주도하는 유통 시장에 독자적인 자생력을 가진 카테고리 전문 몰의 성장은 주목해 볼 필요가 있다. 거대 자본을 기반으로 상품 판매 셀러 확보와 당일 배송 투자, 가격 경쟁력 등으로 치열한 전쟁터가 된 이커머스 시장에서 카테고리 킬러라는 컨셉으로 특정 카테고리에서만큼은 확실한 경쟁력으로 기존 거대 쇼핑몰에 대응하는 전문 몰이 등장하며, 독자적인 고객층을 확보하며, 시장을 확대하고 있다는 점에서 향후 유통 시장 변화의 주역이 될 수 있다.

2) 패션 대표 온라인 전문 몰 무신사와 지그재그

• 남성의류 웹 매거진 무신사

무신사는 드라마나 웹툰에서나 나올법한 스토리를 가지고 있다. 무신사 조만호 대표는 신발 수집을 좋아 하는 고등학교 학생이었다. 3학년이던 시절 그 당시 인기 포털 사이트인 프리챌에 온라인 신발 동호회를 만들면서 무신사의 역사가 시작하게 되었다. '신발 사진이 무진장 많은 곳'이란 뜻으로 무신사로 이름을 지어 운영한 동호회는 회원 수가 점점 늘어나면서 2005년에 인터넷 잡지인 웹진으로 발전하게 되었다. 패션 트렌드 잡지로 인기를 끈 무신사 매거진은 차근차근 성장을 하며, 2009년에는 패션 잡지를 넘어 온라인 편집샵으로 확대하게 되었다. 2013년 처음으로 패션몰 판매 거래액이 100억 원을 돌파하였고, 2019년에는 4,500억 원까지 큰 폭으로 늘어났다. 회원수도 550만 명에 입점 브랜드는 3,500개로 국내 최대 패션 온라인 쇼핑몰로 성장하였다.

회원들이 구한 의류나 운동화를 자랑하고 정보를 나누는 온라인 커뮤니티에서 시작한 무신사는 고객과의 소통과 관계를 중시하는 경영 철학에서도 나타나고 있다. 조만호 대표는 치열한 패션 시장에서 무신사 회원들에게 신뢰할 수 있는 패션 상품 판매를 하겠다는 다짐에서 비즈니스를 시작하였다. 국내 온라인 패션몰에서는 디자인 도용이나 택갈이(Tag갈이) 등으로 소비자와 신진 디자이너들이 피해를 보는 경우가 많았다. 무신사는 이런 패션 시장에 선한 판매처 역할을 하기 위해 매거진에서 과감하게 온라인 패션 스토어로 탈바꿈하였다. 이곳은 패션을 좋아하는 젊은이라면 누구나 가입해야 하는 필수 쇼핑몰이 되었고, SNS에서 무신사 룩 키워드가 핫이슈로 떠오르며 국내 스트리트 패션 대표 쇼핑몰로 자리를 잡았다. 그리고 신진 디자이너 발굴을 위해 처음 소개한 커버낫, 디스이즈네버댓 등 신생 브랜드들은 대성공을 거두며 유행 아이템이 되었다.

무신사는 2020년 매출 1조 4,000억 원을 돌파하며, 국내 열 번째 유니콘 기업으로 성장하였고, 2019년 11월 세콰이어 캐피탈로부터 2,000억 원을 투자 받은데 이어, 2021년 3월에는 다시 세콰이어 캐피탈과 IMM 인베스트먼트로부터 1,300억 원의 투자금을 유치하였다. 무신사는 이번 투자 유치로 약 2조 5,000억 원 규모의 기업 가치를 인정받았다.

[무신사 스탠다드, 자료 출처 : 무신사]

확실한 자금을 확보한 무신사는 신진 디자이너와 브랜드 발굴 및 육성을 위해 '무신사 넥스트 제너레이션'이라는 오디션 프로그램을 시작했고, 공식 유튜브 채널인 '무신사 TV'를 오픈하며 고객과의 소통 채널을 확장하였다. 얼마 전 홍대에 오프라인 매장인 '무신사 스탠다드'를 열면서 본격적으로 국내 시장에 온오프라인 통합 판매를 시작하였다. 매장 오픈 후 사흘 만에 약 6천 5백 명의 고객이 방문하며 홍대의 새로운 핫 플레이스로 떠올랐다. 무신사 스탠다드는 무신사 브랜드를 판매하는 남성과 여성 의류 전문점으로 심플하고 무채색 중심의 중저가 상품을 판매하고 있다. 수년간 한일 문제로 의류업계 부동의 1위인 유니클로가 하락세인 상황도 무신사에게는 큰 기회 요인이 되었다.

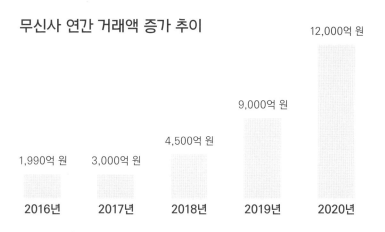

무신사 연간 거래액 증가 추이

1,990억 원 — 2016년
3,000억 원 — 2017년
4,500억 원 — 2018년
9,000억 원 — 2019년
12,000억 원 — 2020년

• **여성 의류 패션 포털 플랫폼 지그재그**

지그재그는 서정훈 대표가 프로그램 개발자로 시작해 여러 서비스 플랫폼을 시도한 끝에 완성한 작품이다. 앞서 무신사는 조만호대표의 개인적 취향으로 시작한 기업이라면, 지그재그는 플랫폼 개발자인 서정훈 대표가 차근차근 성장하며, 소비자의 편의성에 방점을 둔 IT 서비스 기업이다.

이곳도 네이버나 다음카카오처럼 성공한 IT기업의 엔지니어 오너가 사업을 시작을 하였다. 서정훈 대표는 물리학과를 다니며, 컴퓨터 프로그램과 디자인을 좋아하는 학생이었다. 부족한 콘텐츠 실력을 메우고자 대학원에서 미디어 콘텐츠를 전공한 후, 병역 특례 업체인 휴대폰 소프트웨어 개발 업체, 디지털 아리아에 입사를 하였다. 회사 내에서 인정도 받고, 적성에 맞다고 판단한 서정훈 대표는 병역 특례 기간이 끝난 후에도 회사에 남아 직장 생활을 이어갔다. 디지털 아리아에서 실력을 인정받아 자회사인 라일락의 주요 보직으로 이동했다가 개발자에서 관리자로 또 관리자에서 대표로까지 승진하게 되었다. 라일락은 직원 50명에 누적 매출 100억 원을 달성하며 승승장구했다. 이런 히스토리를 보면, 서정훈 대표는 책임감과 조직에 대한 의리가 뛰어난 사람으로 보여진다.

하지만 이런 성공 가도 속에서도 고비가 찾아오는 법, 라일락의 주업은 피처폰(Feature Phone)의 UI(User Interface) 제작으로 2010년대부터 스마트폰이 나오면서 기업경쟁력이 떨어지는 위기를 맞이한다. 2021년 서정훈 대표는 오랫동안 다니던 회사를 과감히 퇴사해 IT 플랫폼 개발 기업 크로키 닷컴을 창업한다. 이때 창업 멤버는 디지털 아리아 출신의 윤상민 CTO(Chief Technology Officer)와 단 둘이었다.

크로키 닷컴이 처음 선보인 비즈니스는 축구 동아리 클럽 일정관리 서비스 '팀 에이블(Team Able)'이었다. 역시 팀 에이블의 아이디어는 축구를 좋아하던 서정훈 대표의 생각이었다. 서비스를 오픈했지만 회원 수 확보와 홍보에 실패하며 부진한 상황에, 나이키 코리아에서 플랫폼 활용 제휴를 맺어 앱 서비스를 이어갈 수 있었다. 두 번째 비즈니스는 영어단어 관리 서비스 '쿠키 단어장'이었다. 신속한 단어 번역과 편의성을 강조한 간단한 컨셉이었기에 단 3일 만에 앱 개발이 완료됐다. 이 앱은 소비자에게 좋은 반응을 보이며 알려지기 시작해 '쿠키 단어장'에 마케팅적 감각을 가미한 '비스켓'으로 개명해 글로벌 시장 진출을 추진했다. 2013년에 미국 에버노트 개발 대회에서 3위에 올랐고, 정부의 '글로벌 K 스타트업'에서 대상을 받으며, 매출 10억을 달성

[크로키 닷컴의 영어 단어 관리 서비스 '비스켓', 자료 출처 : 크로키 닷컴]

하였다. 크로키 닷컴의 비즈니스는 소비자의 편리성에 중점을 두고 있으며, 이것은 추후 지그재그를 만드는데 중요한 컨셉으로 작용한다.

이런 대성공에도 또 다시 크로키 닷컴에 위기가 찾아온다. 비스켓 성공 후 이런 저런 신규 서비스에 도전을 하였지만, 연속된 실패로 내부 직원들이 대부분 떠나고 창업 멤버 두 명만 다시 남게 되었다. 2015년 힘든 시기에 서정훈 대표는 마지막 도전이라는 생각으로 동대문 보세의류 패션 쇼핑몰 큐레이션 서비스를 오픈하게 된다. 국내에 굉장히 많은 수의 여성 의류 사이트가 있지만, 여기를 한 번에 검색하고 관리해 주는 플랫폼이 없다는 사실을 알게 됐다. 그때만 해도 본인이 자주 이용하거나 좋아하는 사이트를 즐겨찾기에 추가해 이용하는 상황이었다. 서정훈 대표는 불편한 여성 의류 쇼핑몰 검색을 개선해 모바일형 패션 의류 플랫폼을 개발하였다.

의류 검색 서비스 플랫폼은 소비자 니즈에 정확히 부합하여 첫 한 달간 1천명 테스트 때 잔존율 70%라는 전무후무한 실적을 나타내며 가능성을 보였다. 서비스 개시 후 2016년에는 알토스 벤처스에서 30억원을 투자 받았고, 앱 오픈 후 1년 만에 다운로드 수 400만회를 돌파하며 핫 앱으로 등극하게 되었다. 이러한 성공 가도에 투자는 이어졌으며, 2017년에도 70억을 투자받았다.

크로키 닷컴은 2021년 카카오에 인수되었다. 카카오에서 인적 분할

된 스타일 사업부문에 자회사로 편입되며, 7월 1일에 합병 회사인 카카오스타일로 공식 출범하였다. 카카오 스타일은 카카오로부터 1천억 원의 자금을 확보했으며, 카카오 스타일은 서정훈 대표가 이끌기로 했다. IT 대기업 카카오의 인수로 카카오 계열사들과 지그재그는 시너지 효과를 내며 공격적인 전략을 펼칠 것으로 보인다.

파페치 FATFETCH

파페치는 2007년 포르투갈의 호세 네베스가 설립했다. 본사는 런던에 있고 미국, 일본, 중국, 포르투갈, 두바이 등에 지점을 운영하고 있다. 설립자 호세 네베스는 1996년에 플랫폼 개발자로 가업으로 내려온 수제 구두 브랜드 '스웨어' 온라인 쇼핑몰을 오픈했다. 스웨어가 성공하면서 사모 펀드로부터 투자를 받아, 명품 온라인 쇼핑몰인 지금의 파페치를 설립하였다.

파페치는 플랫폼 개발자인 호세 네베스의 스타일에 맞게 기존의 백화점이 보여 주지 못한, 소비자 맞춤형 큐레이팅이 최대 무기이다. 직접 개발한 주문 출하 시스템으로 소비자와 브랜드를 다이렉트로 연결해 오프라인 매장이 가진 재고 부담과 주문 시 결품을 없애며 고객들에게 큰 호응을 얻었다. 명품 주 소비층이 젊은 고객으로 확대되면서 이커머스를 이용한 명품 소비가 활성화되며, 파페치의 성장에 가속이 붙었다. 주목할 점은 거대 온라인 쇼핑몰인 아마존에 대응하기 위해 구찌, 까르띠에 등 브랜드를 소유한 명품 기업이 파페치에 투자를 한 것이다. 명품 기업 입장에서 아마존 같은 오픈마켓형 이커머스 기업의 독주는 명품의 주도권을 뺏길 수 있다는 두려움이 있는 만큼 다른 명품 기업들도 파페치에 합류하는 상황이다. 주요 명품 기업의 투자로 중국 진출을 위한 자금 확보와 유통 시장 내 명품 브랜드 운영에 대한 신뢰를 심어주는 효과를 거두고 있다.

2018년 9월 뉴욕 증권 거래소에 58억 달러 이상의 가치 평가를 받으며 성공적인 상장을 하였다. 현재 190여개 국가에 3,500여 명품 브랜드를 이커머스를 통해 판매 중이다. 2020년 매출은 전년 대비 64% 증가한 17억 달러를 기록하였다. 파페치는 2019년 패션 브랜드 오프 화이트와 마르셀로 불론 등을 운영하는 뉴가즈 그룹을 인수하여 자사 패션 브랜드를 운영하며 경쟁력을 더 높이려 하고 있다.

[파페치 온라인 쇼핑몰, 자료 출처 : 파페치]

3) 무신사의 마케팅 전략

무신사의 성장을 보면, 기초부터 단단하게 골조를 새우고 한 층 한 층 철근 콘크리트를 올린 건물처럼 오랜 역사와 성장 속에서 견고함이 있는 온라인 쇼핑몰이다. 창업자인 조만호 대표는 본인이 좋아하는 신발 콜렉션을 시작으로 지금까지 무신사와 함께 했기에 무신사 자체라고 할 수 있다. 2001년 19세였던 조만호 대표는 어느덧 40대에 접어들고 있지만, 동호회로 시작해 인터넷 매거진을 거쳐 온라인 쇼핑몰로 발전하면서 20년간 쌓아온 고객과의 소통은 무신사의 가장 큰 자신이라 할 수 있다.

무신사는 지금까지도 타깃 고객은 10대 ~ 30대 젊은 층이다. 이들은 90%의 비중을 차지하며, 여성 회원의 비중이 46%이긴 하지만, 무신사를 이끄는 것은 남성 매니아 고객들이다. 이런 매니아 중심의 플랫폼 운영은 회원의 재 구매율이 무려 80%라는 놀라운 성과를 만들고 있다.

80년 ~ 90년대 패션 매니아들은 서점에서 판매하는 패션 잡지를 보거나 일본 등의 해외 잡지를 보면서 패션 스타일링에 대한 정보를 찾았다. 2천 년 대 이후 인터넷이 발달하면서 개개인이 본인의 일상과 패션을 다른 사람과 공유하는 SNS가 생겨나면서, 잡지는 예전만큼의 영향력을 갖지 못하게 되었다. 현대의 젊은 층들은 패션 스타일링 정보를 스마트폰을 통해 인스타나 페이스북, 블로그 등을 통해 수집을 하는데, 여기에 무신사 웹진의 풍부하고 깊이 있는 콘텐츠는 젊은 층의 놀이터가 되었다.

무신사의 마케팅 전략에서 가장 큰 자산은 수십 년간 쌓아온 패션 콘텐츠라 할 수 있다. 여기서는 길거리 패션, 스타일링, 브랜드 뉴스, 오리지널 영상 등 패션과 관련한 모든 자료를 제공한다. 무신사 닷컴에 들어가 보면 다른 온라인쇼핑몰은 상품이나 브랜드 판매 배너가 메인으로 자리를 잡고 있는데 그에 반해 이곳은 중앙에 뉴스, 매거진, TV, 룩북 같은 패션 콘텐츠 리뷰가 자리를 차지하고 있다. 무신사의 비즈니스 컨셉은 패션상품 판매보다는 고객 스타일링을 제안하는 것에 중점을 두고 있다. 결국 젊은 고객들을 매일 사이트로 불러들여 최신 유행이나 스타일 정보를 보면서 자기만의 스타일을 찾고 결국 무신사에서 자연스럽게 상품을 구입하게 만드는 것이다.

[무신사 닷컴, 자료 출처 : 무신사]

무신사의 두 번째 마케팅 전략은 브랜드 단독 상품과 한정 상품을 기획하여 무신사만의 특별한 가치를 창출하는 것이다. 무신사가 지금처럼 성장하기 전에는 주요 메인 브랜드에서 한정판이나 특별판 제품들을 무신사에 제공하지 않았다. 그럼에도 조만호 대표는 가능성 있는 브랜드를 찾아내 성장 잠재력이 있는 브랜드를 무신사 시스템 안에서 인큐베이팅하고, 마케팅 지원을 해주었다. 그 결과 커버낫, 디스이즈네버댓 등 국내 1세대 스트리트 브랜드가 무신사를 통해 성공하는 첫 사례가 되었다. 이런 이슈 덕분에 최근에는 국내외 글로벌 브랜드에서 한정판 상품과 신상품 런칭 행사를 무신사를 통해서 진행하는 것이 유행이 되었다.

[무신사 커버낫과 디스이즈네버댓, 자료 출처 : 무신사]

세 번째 마케팅 전략은 고객 참여형 커뮤니티의 활성화로 충성 고객을 만들어내는 것이다. 무신사의 성공 요인을 한마디로 요약하면 인터랙션, 즉 상호작용이다. 동호회 기반의 무신사는 프리챌 시절부터 커뮤니티 회원 간의 친밀한 상호 작용을 만들기 위해 여러 가지 활동을 전개해왔다. 회원들을 대상으로 게임 대회를 열거나 클럽 파티를 개최하기도 하였다. 지금이야 이런 커뮤니티 활동이 일반화 되었지만, 무신사는 20년 전부터 쌓아온 소통이 강력한 브랜드 로얄티를 만든 밑거름이 되었다.

[무신사 킥스 클럽 파티 포스터, 자료 출처 : 무신사]

4) 지그재그의 마케팅 전략

지그재그를 한 마디로 표현하면, 쇼핑몰과 고객을 연결하는 플랫폼이다. 기존에 우리가 아는 의류 쇼핑몰은 쿠팡이나 G마켓과 같은 상품 판매형 UI를 채택했지만, 지그재그는 네이버처럼 의류 쇼핑몰을 고객에게 의류 브랜드를 소개하는 포털형 UI를 사용하는 것이 특징이다. 플랫폼 개발자인 신정훈 대표의 스타일답게 지그재그는 상품 판매 쇼핑몰과는 차별화되는 고객 편의성 중심의 패션 연결 플랫폼 컨셉을 가지고 있다.

[지그재그 브랜드 랭킹 의류와 슈즈, 자료 출처 : 지그재그]

플래폼의 기반은 동대문 여성 패션 쇼핑몰로 국내 수천 개의 여성 의류 브랜드 쇼핑몰의 소개에 그치지 않고, 고객 빅데이터 분석을 통해 고객과 쇼핑몰 특성에 맞게 큐레이팅과 필터링을 할 수 있다. 결국 쇼핑몰과 고객을 효과적으로 연결하기 위해 지그재그는 쇼핑몰인 셀러와 고객 모두를 만족시키는 정책을 운영하고 있다. 쇼핑몰을 위한 대표적인 정책은 판매 수수료 무료정책이 있으며, 고객을 위한 정책으로는 즐겨찾기 기능, 쇼핑몰 랭킹, 맞춤 검색 등 다양한 편의성이 있다. 최근에는 의류 온라인 쇼핑에 도입하기 난해 했던 직진 배송이라는 '풀필먼트' 기능을 도입했다. 대표 마케팅 전략을 세부적으로 살펴보자.

첫째, 판매 수수료 제로 정책을 실시하면서 이를 보완하기 위해 Z결제를 만들었다. 지그재그가 계속 무료였던 것은 아니다. 사이트 오픈 1년 후 앱 다운로드 수가 400만회를 넘고 의류 셀러가 1천개로 늘어나면서 지그재그는 과감히 서비스 유료화를 선언했었다. 고객이 상품을 구입하면 5%의 수수료를 받는 정책이었다. 하지만 유료화 소식에 동대문 의료 업체들 중 절반 이상이 재계약을 거부하는 사태가 발생하며 서정훈 대표는 서비스 유료화 정책을 철회하게 되었다.

유료화에 실패한 지그재그는 다행히 추가 투자를 계속 유치하면서 기업 운영을 이어갈 수 있었다. 수익 확보는 계속되는 숙제였는데, 지그재그는 이를 통합 장바구니 결재 서비스인 Z결제로 해결하였다. 기존에는 지그재그에서 각 의류 쇼핑몰로 들어가서 개별로 일일이 결재를 했었는데, 이러한 불편함을 해결하고자 통합 결제 서비스인 Z결제를 만들며, Z결제 입점 수수료로 판매건당 5.5%를 책정했다. 이 편리한 서비스에 고객들은 몰렸고, 지그재그 쇼핑몰의 필수 서비스로 자리를 잡게 됐다. Z결제는 고객 결제 편리성을 높이는 것은 물론 지그재그에 수익을 가져다주는 주요 정책이다. 1년 2개월 만에 이용자 200만 명을 달성했고, 쇼핑몰 거래액 중 90%를 차지하며, 지그재그의 대표 서비스로 자리 잡게 됐다.

[지그재그 Z결제 이용자수 변화, 자료 출처 : 지그재그]

둘째, 고객 사용자 편의성을 위해 다양한 여성 의류 브랜드 검색 서비스를 도입하였다. 국내 여성 의류 브랜드 인터넷 쇼핑몰은 1만여 개 가까이 있다. 과거에는 소비자가 옷을 구입하려면, 본인이 주로 이용하는 쇼핑몰을 PC나 스마트폰에 즐겨찾기를 해놓고, 사이트를 재방문하여 구입하였다. 이 불편함을 서정훈 대표는 간파하였고, 지그재그에 가장 먼저 즐겨찾기 기능을 넣었다. 고객이 자주 가는 쇼핑몰만 따로 모아서 바로 가거나 해당 몰 신상품을 가장 빨리 보게 하는 기능이다. 얼핏 보면 별게 아닐 것이라고 생각하겠지만, 그 당시에는 일일이 쇼핑몰을 검색해 들어가던 수고를 없애며, 고객들에게 큰 호응을 얻었다. 지금이야 4천여 개의 쇼핑몰이 입점해 있지만, 사업 초기 신생 몰에 1천여 개의 쇼핑몰을 입점 시키기까지의 노력은 실로 대단했을 것이다.

다음으로 도입한 기능은 내 스타일에 맞는 상품 검색 기능으로 수많은 쇼핑몰에서 나에게 맞는 조건을 검색하면, 스타일을 찾아주는 서비스이다. 프로그램 개발자 출신의 서정훈 대표이었기에 가능한 서비스라 생각한다. 이외에도 내 상품, 내 상품 폴더 기능, 쇼핑몰 가입 도우미 등 플랫폼 사용자를 위한 아기자기한 서비스들로 무장하고 있다. 섬세한 여성 소비자를 잘 이해하고 전략적 마케팅 커뮤니케이션을 하고 있다.

지그재그는 또한 쇼핑몰이 납득 가능한 셀러 중심의 광고 서비스를 운영한다. 지그재그에서 광고는 Z결제와 더불어 주요 수익원이다. 앞서 수수료 사태가 있었기 때문에 서정훈 대표는 광고 수수료 도입을 2017년 12월에 조심스럽게 시작하였다. 다행히 광고는 이전의 판매수수료 유료화 때보다 입점 브랜드의 저항이 크지 않았다. 이미 네이버쇼핑, G마켓, 11번가 등 주요 오픈마켓에서 광고 서비스를 운영하고

[지그재그의 즐겨찾기와 브랜드 랭킹, 자료 출처 : 지그재그]

있어서 광고는 유료라는 인식이 있었고, 또한 광고는 해당 브랜드가 광고를 하지 않으면 비용청구가 되지 않기 때문에 합리적이라고 받아들여졌다.

지그재그는 광고도 기존의 사이트와 다른 기준을 적용했다. 기존 온라인 쇼핑몰들의 경매형 광고는 많은 금액을 내면 좋은 위치를 선점하고 여러 번 노출되는데, 지그재그에서는 돈을 많이 낸다고 더 많이 노출해 주지 않았다. 지그재그 쇼핑몰 메인 배너에 경매 방식을 사용하지 않고, 어떤 브랜드든 광고비는 노출건당 금액으로 평등하게 과금하였다. 이런 공정한 방식은 신생 쇼핑몰도 과감히 지그재그에 입점하는 안전장치로 작용해 쇼핑몰 입점 수 확대에 큰 기여를 하였다.

　　그리고 지그재그는 의류 쇼핑몰의 선두주자답게 과감하게 '풀필먼
트' 서비스를 시작했다. 직진 배송이라고 이름 붙여진 이 서비스는 전
일 밤 9시 전까지 주문하면, 다음 날 제품을 받는 물류 서비스이다.
이미 쿠팡의 로켓 배송과 SSG의 쓱배송으로 국내 소비자들에게 당일
배송 서비스가 일반화된 지금, 배송 서비스는 필수 경쟁 요소이다. 의
류 브랜드 업체는 대부분 중소 규모와 영세 업체여서 물류에 인프라
투자를 하거나, 대형 택배 기업과 협력하기에 어려움이 많으므로 지
그재그의 '풀필먼트' 서비스는 중소업체들이 선호하는 서비스가 될
것이다. 이런 셀러들을 위한 노력들은 향후 누구도 따라올 수 없는 지
그재그의 경쟁력이 될 것이다.

[지그재그 애플리케이션, 자료 출처 : 지그재그]

5) 대형 온라인 쇼핑몰과 온라인 전문 몰의 대결

　전문 몰의 발전은 이커머스 유통의 성장으로 인해 자연스럽게 발생하는 현상이다. 네이버, 쿠팡, SSG 3강 체제로 재편된 가운데 온라인 유통의 카테고리 킬러는 기존 체제에 위협이 되고 있다. 오프라인 유통에서도 대형 마트가 성장한 후 카테고리 킬러 매장이 발달하였듯이 특정 분야의 카테고리 전문성을 무기로 식품에서는 마켓 컬리, 패션에서는 무신사와 지그재그, 인테리어에서는 오늘의 집과 같은 성공 사례가 나타나고 있다. 앞으로 타 카테고리에서도 전문 몰들이 나타날 것이라 예상되며, 이 분야가 성공 가능성이 큰 사업이라고 판단된다.

　하지만 앞서 성공한 카테고리 킬러 쇼핑몰을 보면, 카테고리 전문성으로 승부하기 보다는 기존 온라인 쇼핑몰이 가지지 못한 혁신성이 핵심 성공요인이었다. 식품 최초로 시작한 마켓 컬리의 샛별 배송, 방대한 패션 콘텐츠로 무장한 무신사, 동대문 쇼핑몰에 편의성을 가미한 지그재그, 소비자 인테리어 콘텐츠를 보유한 오늘의 집 등이 대표적이다. 전문 몰은 기존의 대형 온라인 쇼핑몰과 정면 대결을 해서는 자본, 인력, 인프라 어느 곳에서도 이기기 힘들다. 온라인 쇼핑몰 빅3와 차별적으로 경쟁하고, 각 카테고리에서 선도 전문 몰로 자리 잡기 위해서는 카테고리 상품을 판매하는데 그치지 않고, 셀러와 소비자의 마음을 얻을 무기가 꼭 필요하다.

결국 국내 이커머스 시장은 전문 몰의 확대로 대형 온라인 쇼핑몰의 입지가 줄어들 것이다. 차별화가 부족한 대형 온라인 쇼핑몰 간 경쟁에서 결국 1개 또는 2개가 시장을 장악하고, 나머지는 중소형화가 불가피 할 것으로 생각한다.

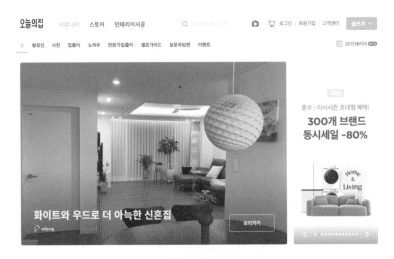

[홈인테리어 전문 온라인 플랫폼 오늘의 집, 자료 출처 : 오늘의 집]

STORY 8 한정판 리세일 플랫폼 아웃오브스탁과 크림

POINT   1) 한정판 상품도 정식 플랫폼에서 거래 시작

2) 국내 1호 한정판 거래사이트 아웃오브스탁

3) 네이버의 한정판 플랫폼 크림

4) 리세일 플랫폼의 미래

1) 한정판 상품도 정식 플랫폼에서 거래 시작

　최근 글로벌적으로 리세일 비즈니스가 고속 성장을 하고 있다. 리세일(Resale)이란 다시 판다라는 뜻으로 소비자가 소매점에서 구입한 상품을 다시 판다는 의미이다. 비즈니스 관점에서 구분해 보면 중고품을 파는 것과 한정판을 판매하는 비즈니스 2가지로 볼 수 있다. 리세일 시장의 성장은 합리적이고 가치소비를 중시하는 MZ세대가 그 중심에 있다. 이들은 기후변화와 환경오염 등에 관심이 높아 상품의 지속성을 중시하고, 명품과 같이 다른 상품과 확실히 차별화 되고 선택된 소수만이 가질 수 있는 한정판에 가치 투자를 하기 시작했다.

[나이키X오프화이트 덩크로우더50, 출처 : 신세계 정부회장 인스타그램]

한정판 상품에 MZ가 가장 큰 매력을 느끼는 것은 구입 후 자신이 이용하면서 느끼는 만족 보다는 재판매를 통해 큰 수익을 거둘 수 있다는데 더 큰 요인이 있다. 얼마 전 롯데 백화점에서 오프화이트 한정판 스니커즈를 팔았을 당시, 백 명에 가까운 고객들이 전날부터 밤새 기다려 선착순으로 한정판 상품을 사는 진풍경이 벌어졌다. 이들은 10만 원대 스니커즈를 구입해 5배 정도의 100만 원 정도에 재판매를 할 수 있기에 이 같은 밤샘 줄서기를 마다하지 않고 있다. 리세일은 투자라는 인식이 확산되기 때문에 리세일 시장의 성장은 더 밝다고 할 수 있다.

미국 패스트패션과 리세일 시장규모 비교 및 예상

(단위: 십억 달러)

자료 : thredUP, 2020 Resale Report

세계 최대 리세일 플랫폼 스레드업에 따르면, 10년 안에 미국에서 리세일 시장 규모가 SPA(패스트 패션)를 추월할 것이라 예상했다. 2008년에는 리세일 시장 규모가 90억 달러 정도였지만, 2018년에는

240억 달러, 2028년에는 640억 달러로 SPA의 440억 달러를 추월할 것이라 예상했다. 그리고 패션 시장 성장률을 보면, 2020년에 전체 소매 시장은 −27%로 역성장 했지만, 온라인 리세일 시장은 27%가 성장하며 패션 시장에 전환점이 되고 있다.

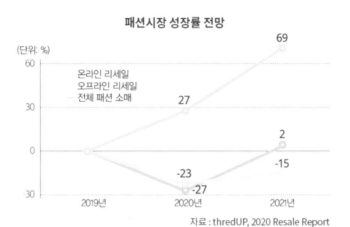

패션시장 성장률 전망

자료 : thredUP, 2020 Resale Report

이런 변화에 스레드업과 같은 리세일 전문 플랫폼뿐만 아니라, 기존의 글로벌 패션기업들도 리세일 시장에 속속 진출을 하고 있다. 영국 럭셔리 브랜드 버버리는 미국의 명품 리세일 플랫폼 더리얼리얼과 제휴 협약을 체결하였고, 패밀리 패션브랜드 갭 또한 스레드업과 2020년에 파트너쉽을 체결하였다. 국내 또한 2018년 4월 아웃오브스탁이 리세일 사업을 최초로 시작해, 2018년 12월에는 프로그가 2020년 3월에는 네이버 자회사 스노우가 운영하는 크림이 서비스를 개시 했고, 패션 플랫폼 무신사가 7월에 솔드아웃을 런칭했다. 이렇듯 리세일 한정판 비즈니스는 패션업체 핵심이 되며 리세일 플랫폼과 패션기업 모두에 핫비즈니스로 성장하고 있다.

쓰레드업(ThredUP)

쓰레드업은 2009년에 제임스 라인하트(James Reinhart), 크리스 호머 (Chris Homer), 올리버 루빈(Oliver Lubin)이 미국의 메사추세츠주에서 공동으로 설립하여, 현재는 센프란시스코에 본부가 위치해 있다. 소비자가 자신이 사용한 중고 의류를 온라인 플랫폼을 통해 사고 팔수 있게 한 재판매 웹사이트 비즈니스로 시작 하였다. 처음에는 남성복과 여성복 중심으로 운영했지만 시장에서 크게 호응을 얻지 못하다가, 2010년에 아동복을 추가하며 성장을 시작했다.

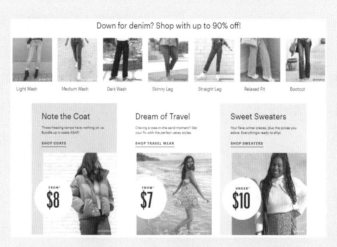

[전세계 1위 리세일 온라인 쇼핑몰 쓰레드업, 자료 출처 : 쓰레드업]

2021년 3월에 쓰레드업은 나스닥에 상장했는데, 공모 시작가 14달러에서 거래 종료 시점에는 43%가 상승한 20달러를 기록하였다. 현재 쓰레드업은 3만 5천개의 브랜드 상품이 입점해 있으며 약 240만여 상품을 판매 중에 있다. 2020년에는 전년대기 14%가 증가한 1억 8천 6백만 달러의 매출을 기록 중이다.

2) 국내 1호 한정판 거래 사이트 아웃오브스탁

2018년 4월 국내 최초로 한정판 리세일 플랫폼 아웃오브스탁이 설립되었다. 운영 카테고리는 신발(Footwears)과 의류(Clothes)로 오픈 당시부터 지금까지 카테고리는 변함이 없다. 아웃오브스탁의 가장 큰 특징은 가품 없는 안전한 거래를 지향 하는데 있다. 플랫폼에 시스템적으로 진품 여부를 확인하기 위해 아시아 최고의 검수 기업인 IVA와 전략적 제휴를 맺어 검수를 하고 있다. IVA는 일본 도쿄에 위치한 아시아 최대 글로벌 검수 기업으로 월 1만 5천 건 이상의 한정판 제품을 검수하며, 일본에서는 온라인 기업 라쿠텐의 검수도 담당하고 있다. 이런 정책에 힘입어 아웃오브스탁에서 거래된 상품 중 가품 발생율은 제로라고 한다.

아웃오브스탁의 기본 비즈니스 방식은 판매자에게 한정판을 구입해 수수료 12%를 받아 즉시 구매나 경매 입찰 방식으로 부담해 거래하는 방식이며, 구매자에게는 택배비 3천원을 부담하게 하고 있다. 네이버의 크림과 무신사의 솔드아웃이 공격적인 마케팅을 진행하며 쫓아오고, 아웃오브스탁도 플랫폼에서 이용자 간 중고 거래 서비스를 최근에 도입 하였다. 판매자와 구매자간 직접 거래에서도 검수를 거쳐 진품을 확인하며 거래 수수료를 0% 가까이 낮춰 경쟁사에 대응하고 있다.

[아웃오브스탁 온라인 쇼핑몰, 자료 출처 : 아웃오브스탁]

2020년에는 롯데 백화점과 제휴를 맺어 아웃오브스탁 한정판 스니커즈를 판매하는 오프라인 매장을 오픈했다. 본 매장의 특징은 한정판 신발 거래뿐만 아니라, 리셀 플랫폼에서 거래중인 스니커즈 시세도 현장에서 확인이 가능하다. 매장에는 지드래곤 스니커즈인 '나이키 X 피스마이너스 원 에어포스 1' 등 시중에 구하기 어려운 스니커즈가 진열 되어 매니아들에게 큰 호응을 얻었다.

아웃오브스탁은 최초의 리셀 플랫폼답게 이용 고객들에게 가장 큰 고민이었던 가품 사기 문제를 검수 기업과 제휴를 통해 해결했고, 롯데 백화점과 협업해 O2O 전략으로 실제 제품과 스니커즈 시세를 현장에서 확인할 수 있는 오프라인 매장을 오픈하며, 리세일 시장을 선두하고 있다.

3) 네이버의 한정판 플랫폼 크림

네이버의 자회사인 스노우가 2020년 3월에 한정판 스니커즈 거래 플랫폼 크림(Kream)을 오픈했다. 리세일 시장 성장이 전 세계적인 트렌드가 되면서, 국내 포털 사이트 1위 네이버에서도 이 시장에 진입을 하였다.

크림은 후발주자인 만큼 안선 아웃오브스탁 등의 선두 기업 장점을 벤치마킹 하였다. 한정판 거래에서 가장 예민한 사안인 진품여부에 대해 품질을 보증할 전문 검수 팀을 운영해 안정 장치를 마련하였다. 크림은 IT 플랫폼 기업답게 증강현실(AR)을 이용한 콘텐츠를 제공해 이용자들로부터 큰 인기를 끌었다. 이런 공격적인 마케팅에 서비스 출시 6개월 만에 국내 1위 한정판 리세일 플랫폼으로 성장하게 되었다.

사실 그 이면에는 네이버 포털 사이트의 확실한 지원과 판매자 수수료 0%라는 파격적인 혜택이 있어 가능한 일이다.

이에 크림은 시장에 확실한 1위 자리를 굳히기 위해 100만 회원을 보유하고 있는 네이버 카페의 나이키 매니아와 독점 광고 계약을 맺어 스니커즈 매니아 이용자를 단숨에 확보하게 되었다. 공격적인 마케팅은 여기서 그치지 않고, 2020년 7월에 홍대 상수동에 총 4층 규모의 쇼룸을 리뉴얼 오픈했다. 이 같은 성장에 2021년 3월에 소프트 뱅크 벤처스 등 투자회사로부터 4백억 원의 투자를 받으며, 시장에 선두기업으로 공격적인 투자를 이어갈 것이라 예상하고 있다.

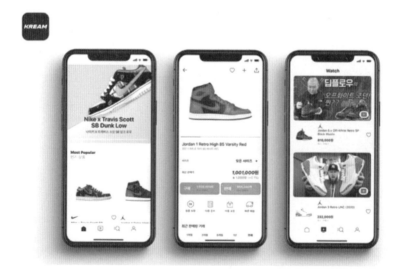

[네이버 한정판 리세일 플랫폼 크림, 자료 출처 : 네이버]

[크림의 홍대 상수동 쇼룸, 자료 출처 : 크림]

4) 리세일 플랫폼의 미래

국내 한정판 리세일 시장의 성장세가 보이면서 아웃오브스탁이 독점해 오던 리세일 시장이 네이버의 크림과 무신사의 솔드아웃의 참전으로 경쟁이 치열해 지고 있는 상황이다. 후발인 크림과 솔드아웃은 수수료, 검수비, 배송비를 제로로 하는 파격적인 마케팅으로 시장 점유율 싸움을 하고 있다. 이건 누가 봐도 3사간 시장에서 승자가 되기 위한 출혈 경쟁으로 오랫동안 지속된다면, 3사 모두 적자로 인해 기업의 생존을 위협할 수 있다. 마치 국내 이커머스 시장에서 쿠팡이 로켓배송으로 쏘아 올린 출혈 경쟁과 닮은꼴 같다.

[무신사의 한정판 리세일 플랫폼 솔드 아웃, 자료 출처 : 솔드 아웃]

앞서 리세일 시장은 SPA시장 보다 향후 성장할 것이라 언급 했지만, 엄연히 한정판 리세일은 재판매이고, 한정판 상품의 수가 많지 않아 시장 확대에는 한계가 있는 것이 분명하다. 상대적으로 작은 시장에서 이 같은 출혈 경쟁을 한다는 것은 기업 경영과 미래에 상당한 리스크를 갖는다 할 수 있다. 이런 출혈 경쟁 보다는 서비스 개선, 선진 시스템 도입 등을 통해 국내 소비자에게 인정을 받아 향후 글로벌로 시장을 확대하는 전략은 어떤지 의견을 내 본다.

5

오프라인 유통과
제조업체의 반격

아마존이 성공을 거두며, 오프라인 유통 경쟁사인 월마트가 망할 것이라고 대부분 예상했었다. 하지만 위기의 월마트는 O2O 마케팅 전략으로 기사회생했다. 월마트는 기존의 오프라인 점포 판매 방식을 장점으로 유지하는 동시에, 디지털에 익숙한 소비자를 위해 월마트 쇼핑 애플리케이션을 개발해 신규 이커머스 고객을 창출함과 동시에 기존 매장 고객들에게도 편리한 모바일 쇼핑을 제안하였다.

중국의 허마셴셩은 온라인 쇼핑몰이 하지 못하는 즉시 배송 시스템을 개발해 전 세계 리테일 기업들을 놀라게 했다. 아무리 이커머스가 발달해도 상품을 직접 보고 쇼핑을 하거나, 동행자나 가족과 함께 매장 체험을 하면서 상품을 구입하기를 원하는 고객은 언제나 존재할 것이다. 세계적인 기업 월마트와 알리바바의 허마센셩의 사례를 통해 O2O 리테일의 개념을 소개한다.

유통 명가의 부활 '월마트'

POINT   1) 세계 1위 리테일 기업 월마트

2) 월마트의 마케팅 전략

3) 오프라인 대형 마트의 위기

4) 월마트의 이커머스 대응 전략

5) 역시 월마트는 강하다

1) 세계 1위 리테일 기업 월마트

1962년에 샘 월튼은 미국의 아칸소주에서 작은 잡화점을 연 것으로 시작한 월마트는 현재 전 세계 27개국에 220만 명의 종업원을 거느리고 1만 개 점포를 운영하는 리테일 기업이다. 우리나라 소비자 입장에서는 한국에 들어왔다가 국내업체인 이마트와 롯데 마트를 이기지 못하고 철수한 실력 없는 마트로 기억하지만, 엄연히 월마트는 세계 1위 유통 기업이다.

창업 시기에 미국에서 많은 기업들이 할인점 창업 붐이 일고 있었

다. 월마트는 도심이 아닌 도시 외곽에 자리를 잡고 저렴한 가격을 무기로 빠르게 성장하고 있었다. 1969년에 아칸소와 미주리 주에 18개로 매장을 확대했고, 1976년에 주식시장에 상장하였다. 1980년대에는 시어스와 케이마트에 이어 세 번째 규모의 기업으로 성장하였고, 1991년에 멕시코로 진출하면서 28개국으로 사업 확장을 하였다. 주요 나라에서는 대부분 성공을 거두었으나, 독일, 영국, 한국에서는 현지화에 실패하며 글로벌 사업에 한계를 보였다.

[월마트 홈페이지, 자료 출처 : 월마트]

90년대 들어 시어스를 제치고 2위로 올라간 월마트는 초대형 슈퍼마켓인 월마트 슈퍼센터, 창고형 할인점인 샘스클럽 등으로 매장 형태를 다각화하며, 전 세계 업종 중 매출액 1위의 자리를 지키고 있다.

2) 월마트의 마케팅 전략

월마트가 세계 1위 유통기업이 가능하게 만든 전략은 첫 번째는 EDLP(Every Day Low Price)라 불리는 최저가 정책이고, 두 번째는 고객 접근 입지 전략이다. 세 번째는 직원을 파트너로 생각하는 직원 우대 정책이다. 네 번째는 리테일 운영비용의 철저한 통제다.

EDLP는 월마트를 대표하는 단어이다. 소비자 입장에서 상시 저가 판매라는 키워드는 리테일을 대표하는 확실한 메시지이다. 최근 유통 트렌드가 변화함에 따라 프리미엄 상품 개발이 붐이지만, 월마트는 아직도 EDLP 전략을 포기하지 않고 있다. 그러기에 철저하게 월마트는 비용절감 정책을 실시해 지가가 싼 교외 지역에 입점했고, IT 기술을 이용한 물류 시스템으로 재고를 효율화하였고, 상품 마진은 15% 이하로 저마진 정책을 실시했다.

월마트는 기존 경쟁사인 케이 마트처럼 도심이 아닌 도시 외곽을 입지로 선택하였다. 미국은 넓은 국토로 인해 인구가 흩어져 살고 있다. 도심에는 주로 중산층이 살고, 인구가 많은 하층민은 교외 지역에 거주한다. 케이 마트는 고객 당 구매 금액인 객 단가가 높은 도심을 선택했고, 월마트는 고객 수가 많은 외곽을 선택했다. '이 선택은 어떤 결과를 가져왔을까?' 월마트는 외곽에 매장을 내면서 낮은 지가 때문에 매장 크기를 케이 마트 보다 크게 건설할 수 있었고, EDLP 정책으

[케이 마트, 자료 출처 : 케이 마트]

로 상품 가격도 저렴하게 판매를 하였다. 그 결과 월마트 주변에 사는 하층민 고객뿐만 아니라 월마트의 소식을 들은 중산층까지도 도심에서 차를 몰고 월마트로 쇼핑을 하러오는 현상이 발생하게 되었다. 월마트의 선택은 승리를 가져왔다.

월마트는 기업의 최종적인 수익 창출은 바로 회사를 구성하는 사람들로부터 만들어진다고 믿는다. 그래서 월마트는 그들이 직원들을 우대하고 있다는 점을 느낄 수 있도록 하는데 노력을 기울인다. 월마트는 모든 지원들을 동료라고 부른다. 최고 경영자부터 매장의 말단 계산원까지 월마트에 있는 모든 사람들은 동료이다. 월마트는 매장의 식품부터 전자 제품까지 여러 부서원에게 다른 많은 회사에서 일반 직원에게 결코 공개하지 않는 주요 경영 정보들을 보여주고 있다. 동시에 각 매장은 목표 이윤을 정하고 그것이 달성된 후 초과 이윤에 대해서는 직원들과 분배한다. 결국 직원이 아닌 동업자로서 월마트의 동료들은 열심히 일하고, 회사 운영에 깊숙이 관여하고, 회사의 실적이 좋다면 보상을 나눈다. 이 같은 파트너십의 기업 철학은 월마트 기업문화에 깊숙이 뿌리 내리고 있다. 그 결과 월마트는 포춘지가 선정하는 일하기 좋은 100대 기업에 할인점으로는 유일하게 4번이나 선정되었다. 월마트의 직원 파트너 정책은 높은 직무 만족으로 나타났으며, 이는 자연스레 고객들에게 더 큰 만족으로 전달되었다

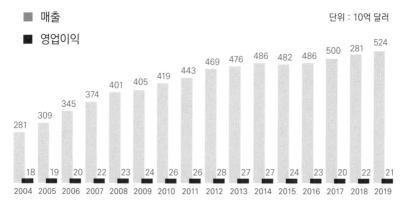

[월마트 매출 성장, 자료 출처 : 월마트]

고객과 직원들에게는 따뜻한 월마트이지만, 공급업체에게는 냉정하고 인색한 유통 기계라는 말이 나올 정도로 냉정한 모습을 보이고 있다. 상품 공급업체의 담당자는 월마트 구매 담당자에게 친절과 환영을 기대하기 어렵다. 오직 테이블에 앉아 가격을 낮추기 위해 혈안이 되어 있는 사람을 예상해야 한다. 1980년대 들어 월마트는 거래 비용을 줄이기 위해 제조업체와 직접 거래하는 핵심 전략을 도입하였다. 그 결과 많은 제조업체와 공급업체는 매출의 상당 부분을 월마트에 의존하게 되며, 이는 월마트의 강력한 바잉파워를 만들어 막강한 협상력을 가질 수 있는 바탕이 되었다.

3) 오프라인 대형마트의 위기

대한민국에서 이커머스 매출은 2019년 100조 원을 돌파하면서 오프라인 유통과 동급, 아니 그 이상으로 성장하였다. 하지만 국토가 넓은 미국에서는 2018년 기준 이커머스 매출 비중은 10%, 2022년에는 15%까지 상승할 것으로 예측되고 있다. 아직은 큰 비중은 아니지만, 이커머스는 저렴한 가격과 언제 어느 곳에서나 할 수 있는 쇼핑 환경을 무기로 빠르게 성장하고 있다. 현재 월마트에게 가장 강력한 경쟁 상대는 아마존이다. 미국 이커머스 시장에서 아마존의 비중은 2018년 기준 49%를 기록하면서 질주하고 있다.

월마트는 중산층과 서민층을 기반으로 성장한 반면, 디지털 유통인 아마존은 밀레니얼 세대와 상류층의 지지를 받으며 성장해 대조를 이루고 있다. 앞서 쿠팡 편에서 이야기 했듯이 아마존은 거점 물류센터를 개발해 제품 배송 속도를 단축하면서 월마트를 위협하고 있다.

[아마존 프리미엄 서비스 아마존 프라임, 자료 출처 : 아마존]

4) 월마트의 이커머스 대응 전략

위기의 월마트가 가장 먼저 대응한 것은 거대한 자금력을 바탕으로 이커머스 리테일 기업인 제트닷컴(Jet.com)을 인수해 온라인 쇼핑몰로 사업을 확대하면서 새로운 비즈니스 모델을 고안하였다. 월마트가 가진 오프라인 유통 역량에 새로운 방식을 결합해 대응하는 O2O(Online to Offline. 온라인과 오프라인을 연결한 마케팅) 전략을 채택했다.

첫 번째 전략은 온오프라인 공동 매장 운영이다. 고령의 고객일수록 제품을 직접 눈으로 보고 물건을 선택하려고 한다. 월마트 매장에 있는 상품을 월마트 온라인 쇼핑몰에도 그대로 올려 매장에 와서 상품을 보고 온라인 쇼핑몰로 구매를 하는 방식이다.

두 번째 전략은 고객 맞춤 배송 서비스 전략이다. 소비자마다 쇼핑 시간과 장소도 다르지만, 제품을 받는 방식과 시간도 다르다. 이에 착안해 월마트는 다양한 형태의 제품 수령 방식을 개발하였다. 월마트 온라인 쇼핑몰에서 상품을 주문하면, 고객이 원하는 시간에 매장에 가서 상품을 받아 올 수 있다. 또 직접 매장 안으로 들어가지 않고, 드라이브 쓰루를 통해 상품을 전달 받을 수도 있다. 그리고 직접 매장에 오지 못하는 고객을 위해 월마트 직원이 퇴근하면서 집 근처 고객에서 상품을 전달하기도 한다.

[월 마트 고객 픽업, 자료 출처 : 월 마트]

5) 역시 월마트는 강하다

2019년 2월 이마트의 정용진 부회장이 월마트의 CEO를 만나, 이커머스 시대 월마트의 위기 극복 성공 사례를 듣고 왔다고 한다. 온라인 유통이 오프라인 유통을 압도하는 것은 세계적인 흐름인 것은 당연하다. 이런 상황에 월마트는 오프라인 매장의 장점을 살리면서, 최근 소비자 니즈에 맞는 다양한 플랫폼을 개발해 대응하면서 다시 살아나고 있다.

저자가 보기에 지금이야 온라인과 오프라인 유통으로 나눠 기업과 쇼핑몰을 구분하겠지만, 수년 뒤 2030년대가 되면 온오프라인 경계가 허물어지면서 대부분의 쇼핑은 모바일이나 사물인터넷(IoT. Internet of Things)을 통해 이루어지고, 제품 배송은 소비자가 원하는 시간과 장소에 실시간으로 받을 수 있게 될 것이다.

[월 마트 배송 서비스, 자료 출처 : 월 마트]

글로벌 O2O 서비스의 표준 허마셴셩

POINT   1) 알리바바의 미래 프리미엄 슈퍼마켓 허마셴셩
             2) 중국 최대 온라인 쇼핑몰 알리바바
             3) 허마셴셩의 마케팅 전략
             4) 중국 소비자의 대표 간편 결제 서비스 알리페이
             5) 혁신 O2O 서비스 허마셴셩

1) 알리바바의 미래 프리미엄 슈퍼마켓 허마셴셩

　허마셴셩이라는 리테일 기업은 국내에 잘 알려져 있지 않다. 중국의 리테일 업체다 보니 포털에 정보가 적고, 상해를 중심으로 최근 급성장 하면서 국내에 있는 사람 중 방문해본 경험이 많지 않아서인 것 같다. 저자가 보는 이 시대 리테일의 표준이 되는 곳이 바로 허마셴셩이다.

　허마셴셩은 2015년 알리바바 그룹이 설립하여, 2016년에 상해에 첫 매장을 오픈하면서 사업을 시작하였다. 상해 도심에 위치해 있으며, 약 500평 규모의 대형 슈퍼마켓 형태를 띠고 있다. 허마셴셩이 처음에 내건 컨셉은 5km 이내의 고객들에게 애플리케이션이나 매장에서 주문한 상품을 30분 안에 배송한다는 것이었다. 30분 안에 배송을 위해서는 신속한 주문 상품 준비뿐만 아니라, 배달 차량이나 오토바이가

항시 대기해야 가능한 서비스이다.

'허마셴성의 혁신적인 배달 서비스가 정말 가능할까?' 중국이 타 국가 대비 인건비가 비교적 낮기는 하지만, 서비스를 원활히 구현하기 위해서는 디테일한 시스템이 필요하다.

[허마셴성 매장]

하지만 중국 최대 이커머스 온라인 쇼핑몰을 운영하는 알리바바는 달랐다. 이 사업은 대 성공을 거두며, 2020년 14개 도시에서 64개점을 운영 중이다. 지금은 3km의 거리의 곳까지 30분 안에 배송하는 형태로 변경해 운영 중이다. 이 때문에 '허마 에어리어'라는 말이 생기면서 허마셴성 주변 3km의 집값이 크게 올랐다고 한다.

롯데 마트 바로 배송

허머센셩은 국내외 대부분의 오프라인 리테일 기업이 모방하여 속속 비슷한 형태의 서비스를 도입하고 있다. 국내 대기업 유통기업인 롯데 마트는 바로 배송이라는 점포 주변 배송 서비스를 2020년 4월에 시작하였다.

2020년 8월 기준 롯데 대표 매장인 서울 중계점과 수원 광교점에서 시범 운영 중이다. 바로 배송은 고객이 온라인 주문을 하면 상품 준비와 포장까지를 30분 안에 실시해, 배송까지 2시간 안에 완료하는 서비스이다. 본 서비스는 '고객의 냉장고가 되어 드립니다.'라는 슬로건으로 즉시 필요한 신석신품의 배송에 최적화되어 있다. 바로 배송을 시범 운영한 결과 전년 대비 175%의 매출 신장을 거두었다.

운영 방식에는 스마트 스토어와 다크 스토어 두 가지 방식이 있다. 스마트 스토어는 허마센셩처럼 매장에 피킹 스테이션(리프트)과 컨베이어 벨트, 후방 자동화 패킹 설비가 들어가 있어, 매장에서 상품을 준비해 후방으로 보내 배송하는 방식이다. 다크 스토어는 직원이 손수 매장에서 제품을 챙겨 후방 자동화 패킹 설비에서 배송하는 반자동 시스템이다.

[롯데 마트 바로 배송, 자료 출처 : 롯데 마트]

저자는 2020년 1월 허마셴성을 연구하기 위해 직접 상해를 찾았다. 대형 슈퍼마켓은 도시 외곽에 있을 것이라는 생각과는 다르게 도심 중심 빌딩 안에 위치해 있었다. 첫 인상은 여기 중국의 마트와는 다르게, 깔끔한 LED 아치형 입구가 맞이하고 있었다.

매장을 들어가 바로 보이는 것은 고객센터이고, 옆에는 키오스크 형태의 셀프 계산대 여러 대가 설치되어 있다. 중국의 여느 마트와 마찬가지로 선어 매장과 대형 수족관이 매장 초입에 상당한 크기로 설치되어 있었다. 다음으로 이어지는 것은 델리코너. 보통 신선 식품이 나오는데 최근 소비 트렌드를 반영하듯, 즉석 식품과 푸드 코트가 위치해 있었다.

[허마셴성 입구]

상품은 신선 식품, 델리, 가공 식품 위주로 구성했으며, 상품을 깔끔하게 소분하고, 소포장 단위로 포장되어 구입하기 편하게 진열되어 있었다. 도심의 맞벌이 가정이나 중산층 고객을 타깃으로 상품 컨셉을 잡았다. 매장을 둘러보며 놀란 것은 상품의 가격이 한국 수준으로 비쌌고, 고객들도 중산층 이상으로 보였으며, 발 디딜 틈 없이 사람들이 많았다. 마트보다 상대적으로 작은 매장임에도 곳곳에 시식코너가 위치하여 판촉 활동을 적극적으로 펼치고 있었다.

가장 궁금했던 부분은 매장 내 배송 컨베이어 벨트 시스템이었다. 담당 직원은 PDA(Personal Digital Assistants. 개인 휴대 정보 단말기)를 가지고 매장을 다니며, 주문 상품을 챙겨 패브릭 가방에 넣고 있었다. 매장 크기가 마트만큼 크지 않기 때문에 상품을 찾는데 크게 무리가 없어 보였다. 상품을 다 챙기면 천정으로 올라가는 컨베이어 벨트에 가방을 걸어 레버를 당기면 '휙'하고 컨베이어를 타고 후방에 있는 배송 팀이 대기하는 곳으로 이동하였다. 그리고 기다리고 있던 오토바이 배달원이 가방을 받아 고객에게 30분 안에 달려갈 것이다.

마지막으로 매장을 나오면서 상품 구입 테스트를 진행했는데, 알리 페이가 없어 구입할 수가 없었다. 프리미엄 슈퍼마켓을 이용하기 위해서는 알리 페이가 필수인 것이다. 결국 한번 방문한 고객은 배송서비스와 알리 페이의 편리성 때문에 알리바바의 브랜드에 스며들 것이다.

[허마셴셩 신선 식품 소포장 코너]

2) 중국 최대 온라인 쇼핑몰 알리바바

알리바바는 작은 거인이라 불리는 마윈이 1999년 알리바바닷컴을 개설하는 것을 시작으로 성장해, 중국 전자상거래 시장에서 80% 수준의 점유율을 차지하고 있는 중국 최대 전자상거래 기업이다.

최초 개설된 알리바바닷컴은 중국 제조업체와 국외 구매 기업들을 연결하는 B2B 기업이었으나, 이후 전자상거래, 온라인 결제, B2C 서비스, 클라우드 컴퓨팅, 모바일 운영체제 등 다양한 사업을 진행 중이

[타오바오, 자료 출처 : 알리바바]

다. 이 가운데에서도 핵심 사업은 단연 전자상거래이다. 전자상거래
와 관련하여 타오바오 마켓 플레이스, 티몰닷컴, 이타오(eTao), 알리바
바닷컴 인터내셔널, 알리바바닷컴 차이나, 알리익스프레스 등 다양한
계열사를 거느리고 있다.

알리바바의 유통 사업 영역은 크게 기업 대상 서비스(B2B)와 소비
자 대상 서비스(B2C)로 구분되며, 기업의 모태가 되는 알리바바닷컴
을 중심으로 B2B 서비스를 운영 중이며, 개인 소비자를 타겟한 알리
익스프레스, 타오바오 마켓 플레이스 등을 통해 B2C 사업을 운영 중
이다. 이 외에도 안전한 결제를 위한 알리 페이, 종합 쇼핑 검색엔진

이타오, 금융 상품인 위어바오 등 사업 영역은 꾸준히 확장되고 있다.

2019년 11월 11일에 열린 알리바바 광군제(중국에서 11월 11일, 싱글들을 위한 날) 행사에는 무려 2천 6백 8십 4위안(44조 6천억 원)의 판매 거래액을 기록하였다. 전날 0시부터 자정까지 24시간 동안 열리는 행사로 타오바오, 티몰, 알리 익스프레스 등이 참여해 진행한다. 2018년 광군제 보다 25.7% 성장한 매출 실적으로, 참여한 기업 중 84개 브랜드가 1억 위안(166억 원)의 매출을 올렸다. 이로써 1일 단기간 매출로 세계 최대 규모의 온라인 쇼핑몰 기업으로 등극하였다.

3) 허마센셩의 마케팅 전략

허마센셩의 상품 슬로건은 신선한 식품 먹거리다. 이를 위해 비즈니스를 3가지 방안으로 구분 한다. 첫째는 온라인과 오프라인을 결합한 O2O 비즈니스, 둘째는 점포의 물류센터 활용, 셋째는 슈퍼마켓과 레스토랑의 결합이다. 이 3가지를 결합하여 온오프라인 O2O 서비스를 통해 혁신적 서비스를 원하는 옴니 채널 고객을 공략하였고, 온라인의 약점인 신선한 식품 배송을 해결해 온라인 고객을 끌어들였다. 마지막으로 직접 운영하는 농장을 통해 선도에 민감한 오프라인 고객까지 흡수하는 종합적인 마케팅 전략을 구사하고 있다.

[허마셴셩 과일 매장]

다음 전략은 전매특허인 3km 이내 30분 배송 서비스이다. 전용 어플리케이션을 통해 어느 장소에서든 주문을 하면 지정한 곳에 30분 안에 도착을 한다. 심지어 매장에서 상품을 구입해 바구니에 담아두면 자동으로 배송을 실시한다.

모기업인 알리바바답게 모든 운영 시스템을 디지털화시켰다. 매장 상품에 QR코드가 부착되어 있어, 상품 정보를 매장에서 스마트폰으로 바로 확인 할 수 있고, 알리 페이를 이용하여 간편 결제를 시행하고 있다.

허마셴셩은 단순하게 매장과 상품을 고급화하는 것에 그치는 것이 아니라, 배송, 결제, 상품 정보에 걸쳐 IT 기술을 활용해 고객 편의 서비스를 제공하고 있다. 과거 월마트가 인공위성을 이용한 재고 관리 시스템으로 재고 일수를 현저히 줄여 상품 재고 경비를 줄임으로써 세계 1위 리테일 기업으로 성장 할 수 있었던 것처럼, 알리바바는 단순히 브랜드 인지도를 이용하는 것이 아니라, 혁신적인 서비스로 고객 니즈를 해결하며 세계 리테일 시장을 선도 하고 있다.

4) 중국 소비자의 대표 간편 결제 서비스 알리 페이

중국은 국가적 특성상 신용카드의 사용이 적고, 일반인들에게 보편화 되어 있지 않다. 그 이유는 은행이 신용카드를 잘 발급해 주지 않고, 사용자 입장에서도 혜택이 많지 않아 현금을 선호하고 있다. 스마트폰이 발달하면서 이런 간편한 신용카드 역할을 대신하는 사이버 페이가 생겨나고 있다. 그 중 대표적인 것이 알리 페이와 위챗 페이다.

중국의 대표적인 온라인 모바일 지불 방식의 하나인 알리 페이는 2004년 2월 중국 항저우에서 알리바바 그룹에 의해 만들어졌다. 알리 페이는 2013년에 세계 최대의 모바일 지급 플랫폼인 페이팔을 따라잡았다. 2016년 4분기에 알리 페이는 중국의 모바일 지급 시장 중 54%를 점유하여, 지금까지 세계에서 가장 큰 비율을 자랑하고 있다.

오프라인 소매점 대부분에서 사용이 가능하며, 스마트폰에 QR코드를 이용하여 결제를 한다. 이제는 중국에서 알리바바의 간편 결제 서비스를 넘어 개인 은행으로까지 발전하고 있다.

알리바바가 타오바오, 티몰, 허마셴셩 등의 리테일 비즈니스에서 알리 페이를 적극 활용함으로, 고객이 지속적으로 알리바바 유통채널을 이용하도록 하고, 결론적으로 수많은 이용자들의 결제 서비스를 기반으로 금융 기업까지 발전을 기대하고 있다.

[알리 페이]

5) 혁신 O2O 서비스 허마셴셩

저자가 생각하는 미래의 쇼핑 모습은 언제 어디서나 모든 사물을 이용해 쇼핑이 가능한 시대다. IT 기술의 급격한 발달로 스마트폰 뿐만 아니라 자동차, 시계, 매장 앞 디스플레이, 자판기 등을 통해 외부, 내부 어디서나 상품을 구입하고, 가장 가까운 주변 매장이나 도심 물류센터에서 고객에게 즉시 배송되는 사물인터넷 리테일 시대를 기대한다. 최근에도 상품 배송이 당일로 빨라지면서 이런 변화에 놀라고 있지만, 미래에는 빅데이터와 AI 기술을 통해 배달 시간은 더욱 빨라지고, 배달 경쟁은 분단위로까지 확대될 것으로 예상된다.

허마셴셩은 이러한 미래 리테일로의 진화를 보여주는 대표적 사례이다. 과거 신용카드, 스마트폰, 카카오톡 등 편리함이 사람의 일상을 바꾸는 사례는 많다. 이미 오프라인과 온라인 리테일 기업 간 경계가 허물어지고 있는 상황에서, 쇼핑은 모바일 커머스로, 상품 배송은 당일 배송과 현장 픽업이 자리 잡아가고 있다.

허마셴셩이 중국기업이기 때문에 분명 글로벌 확장에는 한계가 있을 것으로 보인다. 하지만 알리바바가 이 문제를 해결 한다면, 월마트를 넘어 온오프라인 세계 최대 리테일 기업으로 성장할 것이다.

[IoT 쇼핑, 자료 출처 : Insideretail]

국내 대표 오프라인 소매업의 O2O 전략
GS25, 올리브영, 롯데 하이마트

POINT　　1) 오프라인 유통의 반격 O2O 서비스

　　　　　2) GS25 편의점, 디지털 포메이션에 투자

　　　　　3) 올리브영, 디지털 서비스로 MZ세대와 소통

　　　　　4) 롯데 하이마트, 기업의 생사를 건 디지털 전환

1) 오프라인 유통의 반격 O2O 서비스

　코로나 19 팬데믹은 유통 산업에서 이커머스를 유통의 중심으로 만들었다. 시대 변화에 무심했던 기존의 오프라인 유통 기업들은 이제 생존을 위한 전략 수립에 부심하고 있다. 오프라인 유통기업의 대표적인 대응 방안은 O2O 비즈니스 전략이다.

　O2O(Online to Offline)를 쉽게 설명하면, 오프라인 유통을 온라인으로 연결한다는 것이다. 오프라인 유통기업들이 주로 사용하는 전략으로는 온라인 쇼핑몰을 통해 주문을 받고 제품을 오프라인으로 받게 하는 서비스가 보편적이다. 최근 오프라인 중심기업의 이러한 움직임에 대응하기 위해 온라인 유통 기업들은 온라인을 오프라인으로 연결하는 O4O(Online for Offline) 전략을 구사하고 있다. 국내 대표 중고책 거래 이커머스 기업인 알라딘은 지역 번화가에 오프라인 중고 서점

[알라딘 중고서점 강서 홈플러스점, 자료 출처 : 알라딘]

을 오픈하며 O4O 비즈니스 전략을 성공적으로 구사하였다.

O2O 비즈니스는 의외로 온라인 유통 초창기부터 시작되었다. 1990년대 국내 이커머스에서 거래되는 제품은 컴퓨터 관련 용품이 주를 이루었다. 그러다 여행사 대리점과 영화관, 공연장에서 현장 판매의 단점을 극복하고자 온라인 쇼핑몰에서 티켓 판매를 시작하였다. 오프라인 유통이 중심이었던 시절, 티켓과 같은 무형 상품 유통은 O2O 비즈니스의 시발점이 되었다. 그 당시 무점포 소매에서의 무형 상품의 판매는 약 35%로 소매 업태 중 매출 1위를 차지하며, 온라인 쇼핑이 거래의 중심이 되었다.

그 후 O2O 비즈니스에 이렇다 할 변화가 없다가, 소셜커머스라는 유통 시장을 흔드는 새로운 비즈니스가 생겨 소셜커머스는 오프라인의 요식업과 서비스업이 PC나 스마트폰 화면에 광고를 하고, 일정수의 고객이 모이면 할인 쿠폰을 제공하는 공동구매 플랫폼이다. 2010년대에 스마트폰 보급이 늘어나고, 합리적 소비가 확산되면서 젊은 층을 중심으로 소셜커머스 이용이 급증하게 되었다. 이때 설립한 쿠팡은 오픈마켓으로 성장하며 세계적 이커머스 기업으로 성장했다. 이 또한 오프라인 점포와 온라인을 연결하는 O2O 비즈니스의 대표적인 사례라고 할 수 있다.

최근에는 O2O 서비스가 많은 분야에서 일반화되고 있다. 가장 대표적인 것은 배달의 민족에서 치킨이나 피자를 시키면, 라이더가 집으로 음식을 배달해 주는 것이다. 과거 택시를 부를 때는 전화를 걸었으나, 요즘은 카카오 택시를 통해 택시를 부르면 요금과 거리를 사진에 확인할 수 있고, 언제 도착하는지도 실시간으로 볼 수 있다. 또 과거에는 집이나 사무실을 구하거나 매매하기 위해서는 그 지역에 위치한 부동산을 찾아 갔었다. 하지만 이제는 직접 부동산을 방문할 필요 없이, 스마트폰으로 '다방'이라는 부동산 앱을 접속하면, 간단히 지역별 매물과 시세를 검색하여, 자신에게 맞는 집을 구할 수 있다.

이커머스 유통의 대세는 이제 거스를 수 없는 대세이다. 오프라인 유통 기업은 저 마다 IT기술과 편의성을 결합하며, 다양한 서비스를 제공하고 있다.

[카카오택시, 출처 : 카카오]

이제 O2O 전략을 구사하는 국내 오프라인 기업의 사례를 살펴보자.

2) GS25 편의점, 디지털 포메이션에 투자

오프라인 유통에서 O2O 비즈니스에 가장 적극적인 곳은 편의점이다. 편의점 주요 3사는 경쟁적으로 디지털 트랜스포메이션에 다양한 플랫폼 서비스를 접목하고 있다. 산업통상자원부의 발표한 2020년 주요 유통 업체 매출 보도 자료에 따르면, 유통 채널별 매출 구성비에서 대형 마트는 17.9%, 편의점은 16.6%로 편의점이 1위인 마트에 근접한 매출 규모를 보이고 있다.

편의점이 유독 O2O 비즈니스에 관심을 보이는 것은 주 고객이 젊은 층이기 때문에 디지털 경험에 민감할 수밖에 없다는 점이다. 편의점 협회에 따르면, 이용 고객 중 20대와 30대 비중은 35%와 27%로 이를 합하면 62%에 해당한다. 국내 편의점 점포수는 최근 급격히 증가해 지난해 기준 4만 7,884개를 달하며, 올해 5만개 돌파를 눈앞에 보고 있다. 일본과 비교해 보면 일본은 인구 2280당 1개 점포인 반면, 한국은 1천 명당 1개 점포로 포화상태가 되고 있다. 이러한 편의점 간 경쟁 심화는 편의점 업계가 O2O 비즈니스 확대에 더 매진하게 하는 원동력이 되고 있다.

[국내 편의점 점포수와 매출 규모 추이, 자료 출처 : 통계청]

편의점 3사 중 GS25가 O2O 사업에 가장 적극적이어서 2011년에 '나만의 냉장고'라는 서비스로 O2O 서비스를 시작하였다. '나만의 냉장고'는 GS25에서 고객이 '1+1', '2+1' 등 행사 상품을 구입 후 남은 증정품을 구입 편의점에 맡기고, 앱에 재고를 체크해 놨다가, GS 25 다른 지점에서도 원하는 시기에 가져갈 수 있는 보관 서비스이다. 10년이 지난 지금 누적 회원 수 700만 명을 돌파하며, 편의점 필수 앱으로 자리를 잡았다. GS25 점포와 고객의 상품 재고를 나만의 냉장고 앱으로 연결한 대표적인 O2O 비즈니스라 할 수 있다.

[GS25 와인25 플러스 GS SHOP로 확대, 자료 출처 : GS25]

2020년 7월부터는 편의점 대표 상품으로 확실히 자리를 잡은 와인을 앱으로 구입 후 픽업 서비스를 하는 '와인25 플러스' 서비스를 시작하였다. 2021년 7월 1년이 지난 후 시행 초기보다 매출이 13배 가까이 증가하였다. GS 리테일은 GS SHOP에도 와인25 플러스를 런칭해 시너지 효과를 기대하고 있다. 취급 주류 종류도 기존 1,000 SKU(Stock Keeping Unit. 재고 보관 단위)에서 약 2,500SKU로 늘리며, 국내 와인 시장 공략을 확대하고 있다. GS 리테일의 디지털 트랜스포메이션 전략은 여기에 그치지 않고, 국내 배달 플랫폼 2위 기업인 요기요를 전격적으로 인수 하였다.

[GS25 배달서비스 "부르면 간다!", 자료 출처 : GS25]

편의점 근거리 배송 서비스인 퀵 커머스는 GS25 뿐만 아니라, CU, 세븐 일레븐에서도 경쟁적으로 진행 중인 서비스이다. 그런데 요기요가 편의점 배달 부문 중 약 80%를 차지하는 메인 배달 업체인 점에서 경쟁사들의 충격은 크다. 편의점은 특성상 주거 및 사무실 밀집 지역에 위치해 있어, 근거리 배송 서비스가 효과적인가에 의문을 갖겠지만, 서비스 실시 후 세븐 일레븐의 경우 1년 만에 1,090%나 사용율이 증가했다고 한다. 코로나 19 사회적 거리두기 시행으로 인한 외출 자재와 편의점 주 고객인 MZ세대들의 라이프 스타일이 반영된 결과라 할 수 있다.

위에서 설명한 GS25의 서비스는 경쟁사들도 이제 대부분 시행하고 있다. 결국 포화 상태인 편의점 시장에서의 생존을 위해서 O2O 서비스 확대를 통해, 점포를 방문하지 않더라도 매출을 올리는 비대면 소비와 방문 전 앱을 활용해 소비자 편의성을 늘리는 서비스에 총력을 기울이고 있다. 향후 편의점 경쟁에 디지털 포메이션은 성패의 중요 요소가 될 것이다.

3) 올리브영, 디지털 서비스로 MZ세대와 소통

지금의 올리브 영은 젊은 여성 고객들에게 놀이터가 되었지만, 올리브 영과 같은 H&B 유통의 성장 스토리에는 우여곡절과 고비가 많았다. 초창기에는 H&B가 아닌 해외 용어를 사용해 드럭 스토어라 불렀다. 미국과 일본에서 다양한 약과 화장품, 미용 용품으로 인기를 끈 드럭 스토어의 성공은 국내 유통 기업의 신업태 도전을 불러 일으켰다.

GS 리테일은 홍콩의 유명 드럭 스토어인 왓슨스를 도입해 GS 왓슨스를 개점하였고, CJ도 올리브 영을 개점하였다. 드럭 스토어란 이름에서 의미하듯이 약을 중심으로 헬스케어와 주로 중저가 화장품, 헬스 케어 제품을 함께 파는 미국에서 시작한 유통 채널이다. 일본과 홍콩을 거쳐 한국에 들어왔을 때 국내 사정을 관가한 것이 있는데, 바로 약사법이다. 국내에서는 약국 이외에는 약을 판매하는 것을 철저히 불법화하고 있다. 이런 상황에서 드럭 스토어 사업을 시작한 GS 왓슨스와 올리브 영은 어떤 전략을 펴야 할지 방향을 찾지 못하고 있었다. 약 판매뿐만 아니라 화장품에서도 성인을 타깃으로 하는 중고가 화장품은 국내 주요 기업인 태평양, LG 생활건강이 독자 유통망이나 백화점, 마트 등을 통해 유통하고 있었고, 젊은 층을 타깃으로 하는 중저가 화장품인 미샤, 더 페이스 샵, 스킨 푸드, 이니스프리 등은 독자 대리점망을 가지고 있었으므로 상품을 소싱하는데 어려움을 겪고 있었다.

올리브영의 역사가
대한민국 헬스 앤 뷰티 스토어의 역사입니다.

1999년부터 현재까지 올리브영과 함께하는 최초, 최고, 차별화의 수식어는
상생과 나눔의 기업 철학, 새로운 가치 창출이라는 처음의 목표를 한결같이 지키고 실현해온 결과입니다.

[올리브 영 점포, 자료 출처 : 올리브 영]

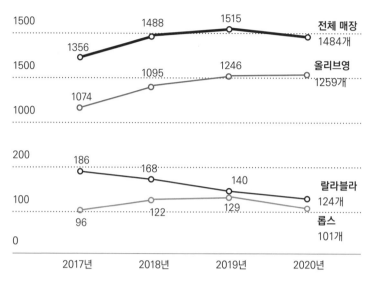

[국내 헬스앤뷰티 매장 추이, 자료 출처 : 각 사 홈페이지]

올리브 영은 과감한 결단을 내린다. 점포의 타깃을 젊은 여성으로 확실히 정하여, 콧대 높은 국내 브랜드 대신 국내에 잘 알려지지 않은 해외 브랜드 유치에 집중한 것이다. 인지도가 낮은 해외 화장품 브랜드와 소비자간 커뮤니케이션 방법으로 인플루언서 SNS를 활용하면서 젊은 여성 고객들에게 큰 인기를 끌게 되었다. 이 전략이 적중하면서 올리브 영은 국내 중저가 화장품 대리점을 밀어내고, 오프라인 화장품 시장의 핵심으로 자리 잡게 되고 드럭 스토어가 아닌 H&B(Health & Beauty)라는 새로운 유통 업태를 창조하였다.

올리브 영은 고성장에 힘입어 보다 더 다양한 해외 고급 브랜드를 런칭함과 동시에 가성비가 높은 자체 PB(Private Brand)의 상품까지 가

세하면서 2010년대에 전성기를 맞게 된다. 올리브 영에 입점만 되면, 그 제품은 중국, 동남아 등에 즉시 수출이 확정이 될 정도로 유통 대기업을 넘어서는 막강한 위력을 보였다. 그에 반해 홍콩의 왓슨스와 결별한 GS 리테일은 랄라블라를 신규 런칭하며 반전을 노렸지만, 2020년 기준 점포수가 124개까지 줄어들면서 사업 철수 설까지 나오고 있다. 롯데 쇼핑에서도 롭스로 H&B 시장에 도전을 하였으나, 101개 점포 수준으로 국내 시장에서 영향력이 미비한 수준이다.

승승장구 하던 올리브영도 코로나 19 영향으로 주춤한 모습을 보였다. 올리브영은 위기 상황에 주 고객층인 20대 ~ 30대 젊은 층과 디지털 커뮤니케이션을 강화하는 O2O 비즈니스 전략을 과감히 선보였다. 먼저 2017년 런칭한 온라인 쇼핑몰 서비스 확대에 집중하였다. 젊은 감각에 맞게 모바일 선물하기 서비스를 통해 지인에게 클릭 한번으로 간편하게 선물을 할 수 있게 한 이 서비스는 고객의 큰 호응을 얻었다. 코로나 19로 인해 매장에 오래 머무는 것을 주저하는 고객들을 위해 온라인 쇼핑몰이나 모바일 앱에서 주문한 상품을 가까운 매장에서 포장 및 배송해 주는 오늘 드림 서비스 또한 대성공을 거두었다.

과감한 O2O 비즈니스로 덕에 온라인 쇼핑몰 매출을 4년 만에 누적 거래액 1조원을 달성 했다. 오프라인 기반에 중형 유통 소매점으로서는 획기적인 수치이다. 2021년에는 온라인 쇼핑몰 매출 5천억 원을 목표로 뷰티 전문가 라이브커머스 방송을 런칭하며 성장하고 있다.

[올리브영 온라인 쇼핑몰, 자료 출처 : 올리브영]

4) 롯데 하이마트, 기업의 생사를 건 디지털 전환

유통업계에서 가장 먼저 O2O전략을 시작한 곳은 의외로 오프라인의 강자인 롯데이다. 2014년 신동빈 회장이 옴니 채널 전략을 지시하면서 전 그룹사의 온라인과 오프라인 유통을 통합하는 비즈니스 전략을 개시하였다. 롯데가 태동한 일본에서는 2010년대 중반부터 옴니 채널에 대한 기업들의 관심이 높았었다. 글로벌 기업답게 향후 유통시장이 이커머스로 변화할 것을 예측하고 선제적인 대응을 잘 한 사례이다. 하지만 독자들이 느끼겠지만, 아쉽게도 O2O 비즈니스에서 롯데 쇼핑이 두드러지게 성공한 것은 거의 없다. '나 혼자 산다.'라는 TV 프로그램에 나오는 연예인들이 CF에 나와 옴니 쇼핑을 설명했던 영상이 어렴풋이 기억날 정도이다. 온오프라인 통합 전략으로 정책 방향은 잘 잡았으나, 과다한 서류 보고와 늦은 결정 등 특유의 일본식 관료주의 조직 문화로 인해 실무 현장까지는 변화를 주지 못했다.

[롯데 쇼핑 슬로건 "옴니로 산다.", 자료 출처 : 롯데 쇼핑]

롯데는 엎친 데 덮친 격으로 일본 제품 불매와 코로나 19로 최악의 상황에 처하면서 오프라인 중심의 롯데 쇼핑 상황은 점점 어려워지고 있다. 롯데 쇼핑의 현재의 모습은 2006년 당시 공모가 40만원이던 주가가 2021년 10만원 수준으로 떨어진 것이 이를 대변해 준다.

옴니 채널이란 소비자가 과거에는 온라인 또는 오프라인 유통 채널한 곳만을 이용하는 경향이 강했던 반면, 최근 소비자는 온라인과 오프라인 모든 유통 채널을 이용한다는 중요한 의미이다. O2O는 온라인과 오프라인의 비즈니스를 연결하는 개념이라고 볼 때, O2O 비즈니스에서 옴니 채널은 중요한 기반이 된다. 이런 중요한 전략을 롯데는 국

내 유통사 최초로 도입했음에도 불구하고, 아직 정착시키지 못한 것
에 대해 저자는 아쉬움이 크다.

　다행히 롯데 쇼핑은 2018년 신동빈 회장 석방 이후, 실적이 부진한
오프라인 유통 그룹사의 구조 조정과 이커머스 집중 정책을 추진하고
있다. 롯데 쇼핑은 우선 그룹사 전체 온라인 쇼핑몰을 묶는 통합 온라
인 쇼핑몰 오픈에 사활을 걸고 있다. 2020년 야심차게 롯데 온을 출범
했는데 아쉽게도 오픈 첫날부터 서버가 다운되며, 롯데 쇼핑의 한계를
보였었다. 결국 롯데 쇼핑 온라인 사업은 거래액 7조 6천억 원으로 전
년대비 7.0% 성장에 그쳐, 전체 온라인 유통 성장률 18.4%에 한참 못
미치는 부진한 실적을 기록했다. 신세계는 SSG의 당일 배송 시스템을
확립하고, 이베이 코리아를 인수하며, 기업 체질을 디지털 중심으로

가전 양판점 실적							단위: 원
기업	매출			영업이익			영업이익률	
	2020년	2019년	증가율	2020년	2019년	증가율	2020년	증가율
롯데하이마트	4조 517억	4조 265억	0.6%	1611억	1099억	46.6%	4.0%	2.7%
삼성전자판매	3조 2977억	2조 7629억	19.4%	109억	-79억	흑자전환	0.3%	적자
하이프라자	2조 8905억	2조 8280억	2.2%	95억	87억	9.3%	0.3%	0.3%
에스와이리테일	8504억	7795억	9.1%	66억	52억	28.3%	0.8%	0.7%
계	11조 904억	10조 3968억	6.7%	1881억	1158억	62.4%	1.7%	1.1%

[국내 가전 양판점 매출과 영업 이익, 자료 출처 : 전자공지시스템]

변화시키고 있는 상황에서 향후 롯데 쇼핑의 고민이 깊어 질 것 같다.

롯데 쇼핑의 온라인 사업의 실패 속에서 오프라인 유통인 가전 양판점의 실적 선방에 주목 할 필요가 있다. 롯데 하이마트는 2020년 매출 4조 517억 원으로 전년대비 증가율 0.6%을 기록하며, 코로나 19 상황을 감안할 때 탁월한 실적을 기록했다. 국내 가전 시장은 쿠팡이나 네이버 쇼핑 등의 온라인 쇼핑도, 마트와 백화점 등의 종합 소매점도 아닌 가전 양판점이 주도하고 있다. 롯데 하이마트는 전국 440개점을 운영하며, 국내 가전 양판점 1위를 지키고 있으며, 4위인 전자랜드와는 4배 이상의 매출 격차를 보이고 있다.

롯데 하이마트의 성공의 배경에는 온라인 쇼핑몰 강화와 매장 프리미엄 전략이 있다. 가전 양판점은 내점한 고객을 대상으로 판매사원의 영업을 통해 고가 가전제품을 판매하는 방식이 일반적이다. 고객 응대와 판매 스킬에 따라 매출 차이가 나기 때문에, 매장 내에서의 고객 설득이 매우 중요하다. 점포에 있는 판매 사원은 직영과 파견으로 나눠지고, 판매 매출액에 대한 인센티브 비중이 높기 때문에 타 유통의 가격 변화에 예민한 업태다. 이런 특성 때문에 온라인 쇼핑몰 활성화에 미온적이었던 롯데 하이마트가 과감하게 O2O 전략을 채택하면서 하이마트 몰 성장에 집중하기 시작한 것은 탁월한 선택이었다. 하이마트 몰의 운영은 앱을 이용한 젊은 고객을 매장으로 유인하는 매개체가 되었고, 하이마트 바잉 파워를 활용한 기획 상품도 큰 호응을 얻게 되었다.

[롯데 하이마트 메가 스토어, 출처 : 롯데하이마트]

또 다른 성공 요인은 가전제품 체험형 매장과 가전 연계 상품 도입으로 프리미엄 라이프 스타일의 메가 스토어를 오픈한 것이다. 눈높이가 높아진 국내 소비자들은 매장을 방문해 직접 체험해 보고 응대 서비스를 받으며, 고가 가전제품을 메가 스토어에서 구입을 하게 되었다. 볼거리와 즐길 거리가 많은 매장은 기존의 40대 이상의 고객중심에서 20대와 30대도 찾는 점포로 변화하였다.

롯데 하이마트의 두 가지 전략은 시기적으로 중요한 의미를 갖는다. 전 유통 채널에 걸쳐 네이버 쇼핑과 쿠팡과 같은 거대 이커머스 기업이 약진하고 있는 상황에서 이커머스가 갖지 못한 오프라인 매장과 온라인을 활용한 O2O전략으로 점유율을 방어했다는데 중요한 시사점이 있다.

6

언택트 시대에
새로운 유통 서비스

코로나 19는 우리 생활에 커다란 변화를 가져왔다. 팬데믹 상황은 문명사적 사건으로 이로 인한 활동의 제한은 유통의 중심이 이커머스로 이동하는 시대에 더욱 획기적인 아이디어 창조의 원동력이 된다. '위기는 기회다'라는 말처럼 하락하는 매출 실적을 만회하기 위해 소매업과 제조업체들은 다양한 방식의 유통 서비스를 고안해내고 있다. 한 사람의 고객이라도 더 잡아야 한다는 생각으로 온라인 쇼핑몰은 고객과의 커뮤니케이션 방법으로 이미지 콘텐츠를 넘어 생방송 영상을 이용하고 있다.

미국에 주유소 옆 프랜차이즈 햄버거 가게에서나 이용하던 드라이브 쓰루는 코로나 19 K방역의 히트 키워드로 전 세계에 알려졌다. 정부의 사회적 거리두기의 영향으로 외부 활동이 감소하고, 재택 활동이 증가하면서 '홈 앳 마켓' 시장이 새롭게 떠오르고 있다. 사회적 거리두기의 영향으로 가장 많이 늘어난 행동은 집에서 시간 보내기와 식사하기이다. 넷플릭스의 영화보기나 다함께 찬찬찬의 반찬 배달서비스는 이런 고객 니즈에 맞춰 구독 서비스라는 새로운 유통 서비스를 유행시키고 있다.

언택트 시대에 새로운 유통 서비스를 살펴보면서, 또 다른 유통 서비스는 어떤 것이 등장할지를 생각해 보자.

STORY 12 실시간 생방송 온라인 판매 '라이브 커머스'

POINT   1) 이커머스 뉴 패러다임 라이브 커머스

2) 라이브 커머스의 마케팅 전략

3) 네이버 쇼핑 라이브

4) 세계 최대 콘텐츠 플랫폼 유튜브도 라이브 커머스에 관심

5) 국내 최초 라이브 커머스 그립

6) 기대에 못 미치는 라이브 커머스 현실

---

1) 이커머스 뉴 패러다임 라이브 커머스

• 이커머스 뉴 콘텐츠 라이브 커머스

스마트폰을 통해 TV홈쇼핑을 보면서 상품을 구입하는 라이브 커머

스는 아직 우리에게는 익숙하지 않다. 쇼 호스트의 설명을 들으면서 제품을 구입하는 것은 당연히 TV 홈쇼핑이라는 생각이 앞선다. 라이브 커머스는 셀러가 생방송이나 녹화 방송으로 상품이나 서비스 판매 영상을 스트리밍해 판매하는 새로운 유통 형태이다. 기본은 생방송이나, 과거 녹화된 영상을 사용하기도 한다.

라이브 커머스는 2016년 중국의 알리바바에 의해 타오바오 라이브라는 방송으로 최초로 시작되었다. 타오바오 즈보와 도우인, 핀둬둬 등의 다양한 플랫폼이 히트하면서 중국에서 또 다른 유통 채널로 자리를 잡고 있다. 2017년 190억 위안의 시장 규모는, 2019년 4,338억 위안, 2020년 약 5배가 성장한 9,610억 위안을 예상하며, 유통의 주요 트렌드가 되고 있다. 알리바바에 뒤질세라 아마존은 아마존 라이브라는 라이브 커머스 플랫폼을 2019년에 선보였다.

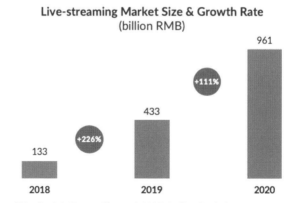

[중국 라이브 커머스 시장 규모 추이]

타오바오 라이브

타오바오 라이브 방송은 중국의 대표적인 라이브 커머스이며, 2020년 현재, 전 세계적으로 많은 이용자들의 관심을 받고 있는 유튜브 라이브, 트위치 스트리밍 서비스 등과 같이 1인 크리에이터가 활동하는 플랫폼이다. 타오바오는 이전에도 중국 내 라이브 방송 플랫폼인 메이파이, 이즐보, 요쿠 등이 있었으나, 후발주자인 타오바오는 여러 타오바오 내 상점의 제품을 소개하거나 판매하는 방식으로 판매액 기준 수수료를 받거나, 판매자와의 계약을 통해 일정 비용을 받는 등 다양한 방법의 마케팅 활동이 이루어지고 있다.

중국 내 라이브 커머스 이용자 수는 5억 명이 넘었으며, 중국의 시장조사 업체 즈옌에 따르면 2020년 중국의 라이브 커머스 시장 규모는 약 9,610억 위안(한화 165조 원)에 달할 것으로 전망되고 있다. 기존의 TV 홈쇼핑에 비해 소비자가 궁금한 점을 실시간으로 소통할 수 있다는 점에서 시장의 좋은 반응을 얻고 있으며, 세계적으로 주목받기 시작했다.

[알리바바 라이브 커머스, 자료 출처 : 알리바바 뉴스]

타오바오 라이브는 라이브 커머스의 효시가 되었다. 최근 사례로는 2020년 5월 중국의 파워 인플루언서인 왕홍인 리자치가 한국 유자차 판매 모바일 생방송을 진행해, 1분 20초 만에 6억 3천만 원 어치의 유자차 5만 병 이상을 판매한 적이 있다. 당시 생방송 동시 접속자는 약 3천만 명에 달한 것으로 알려져 있다. 또한 한국산 유제품을 생방송에서 5분 만에 2십만 개 매진시키며, 5억 5천만 원의 매출을 기록한 바도 있다.

한국은 기대보다 라이브 커머스 비즈니스의 시작이 늦었다. 2020년부터 카카오톡, 네이버, 티몬 등 누가 먼저랄 것이 없이 다양한 형태의 기업들이 경쟁적으로 뛰어 들고 있다. 온라인 쇼핑몰, 브랜드 기업, 정부와 지자체, 심지어 카페나 음식점까지 제품 판매에 모든 주체들이 들어오고 있다. 라이브 커머스의 발달은 노출 매체 방식 또한 다양한 곳으로 확대하고 있다.

라이브 커머스를 시작한 기업의 업태도 다양하다. 첫 번째 유형은 라이브 커머스 전문 기업이다. 국내 최초 라이브 커머스 플랫폼 개발 업체는 그립이고, 소스 라이브도 활발히 활동 중이다. 두 번째 유형은 IT플랫폼 기업이다. 네이버가 2019년 셀렉티브 베타 서비스를 시작했다가 2020년 6월부터 정식 서비스로 전환하였다. 카카오톡에서는 쇼핑 라이브를 운영 중인데, 아직은 시장에 안착하지 못하였다. 세 번째 유형은 대형 온오프라인 기업이다. 롯데 백화점의 100 라이브, 티몬,

11번가, 인터파크, 쿠팡 등 온오프라인 유통 대부분의 업체에서 서비스를 진행하거나 준비 중이다.

[롯데 백화점 100 라이브 촬영 현장]

여기에 세계 최대 SNS 기업인 유튜브와 인스타그램에서도 라이브 커머스 비즈니스를 준비 중이어서, 전선은 국내에서 글로벌로 확대될 전망이다. 기존에 유튜브와 인스타그램은 셀러에게 라이브 방송 기능만 제공하여, 상품 판매는 대부분 네이버 스마트스토어나 자사 몰을 통해 이루어졌었다. 이를 지켜보던 양사는 경쟁사들의 라이브 커머스 진입에 판매 기능을 추가하며, 고객 이탈을 막을 계획이다. 누가 알려준 것도 아닌데, 라이브 커머스라는 공통 출발선에 국내 유수의 기업들이 모여 달리기를 시작했다.

[티몬 라이브 커머스, 자료 출처 : 티몬]

　IT 기술이 발달하면서 쇼핑 콘텐츠의 질과 속도는 비약적으로 발전하였다. 전자상거래 초창기에는 상품을 이미지가 아닌 텍스트 형식의 설명으로 판매를 시작하다가, 랜선을 이용한 인터넷이 도입되면서 상품의 이미지를 다양하게 올려 상품 정보를 제공하였다. 그러다 초고속 인터넷과 3G가 개발되면서 유무선 인터넷 속도는 광속으로 빨라져, PC와 스마트폰을 이용해 이미지를 넘어, 짧은 동영상을 통해 상품을 설명할 수 있게 되었다. 이제 5G 시대를 맞이하여, 데이터 처리 속도는 상상할 수 없는 정도로 빨라져, 스마트폰을 이용한 개인별 생방송까지 가능하게 된 것이다.

이는 라이브 커머스라는 플랫폼이 PC 온라인 쇼핑을 넘어 스마트폰 온라인 쇼핑으로 바뀌는 것을 의미한다. 결국 라이브 커머스에 우위를 점하는 기업이 국내 이커머스 시장을 장악할 것이기에 리테일과 IT 플랫폼 기업들이 사활을 걸고, 이 분야에 뛰어들고 있는 것이다.

2) 라이브 커머스의 마케팅 전략

라이브 커머스의 가장 큰 장점은 공간과 시간 제약이 없는 스마트폰의 플랫폼을 통해 생방송으로 상품을 소개해 판매한다는 것이다. 요즘은 스마트폰으로 방송을 하긴 하지만, 기존에 TV 홈쇼핑은 기본적으로 TV를 통해 상품 소개 콘텐츠를 제공하기 때문에 공간 제약이 많았다. 온라인 쇼핑몰의 상세페이지 콘텐츠는 이미 제작된 내용이기 때문에, 시간이 지남에 따라 정보의 적시성이 떨어지고, 이미지 형태는 상품 설명을 하는데 한계가 있다.

라이브 커머스의 또 다른 묘미는 판매자에게 공간 제약이 없다는 점이다. 예를 들어 제주산 귤을 판다고 가정하면, 직접 셀러가 제주도에 내려가 귤 농장에서 귤나무와 열매를 보여주면서 진행이 가능하다. 홈쇼핑의 제한된 스튜디오를 벗어나, 주방, 오피스, 야외, 생산처 등 어디에서든 현장감 있는 방송을 진행할 수 있다.

앞서 언급했듯이 다양한 업태의 기업들이 본인의 장점을 살리면서 라이브 커머스에 참여하고 있다. 네이버는 대한민국 포털 1위라는 접근성과 기존 오픈마켓인 스마트 스토어를 연계한 막강한 파워로 이 시장에 진입하고 있다. 카카오는 카카오톡이라는 국민 메신저를 이용해 방송 알림을 최대화하도록 전략을 꾸미고 있다. 라이브 커머스 전문 기업들은 전문 쇼 호스트와 인플루언서를 고용해 방송 전문성을 바탕으로 기업형 구조로 운영 중이다. 마지막으로 리테일 기업은 기존 쇼핑페이지에 라이브 콘텐츠를 접목하는 방식을 구사하고 있다.

기존 유통 채널의 주 고객은 집에 머무는 시간이 많은 50대 이상의 주부인 반면, 라이브 커머스는 스마트폰을 잘 이용하고, 쌍방향 소통을 좋아하는 20대 ~ 30대 고객이 주 타깃이다.

이런 현장성과 시간 효율 등에 장점에도 불구하고 라이브 커머스가 가진 약점도 존재한다. 우선 운영비용이 적다는 장점 때문에 시장 진입이 쉬워 동시간대 방송 상품수가 너무 많다. 고객이 스마트폰으로 쉽게 접속할 수 있는 만큼 그와 반대로 쉽게 이탈할 수 있는 리스크가 있다. 작은 화면에서 고객에게 몰입감을 주지 못한다면, 아마 수 초안에 다른 화면으로 이동할 것이다. 판매 수량 확대를 위해선 스튜디오나 현장 촬영 준비가 중요하다. 이는 콘텐츠 제작비용과 즉시 연계되며, 아직 매출 규모가 작은 라이브 커머스 방송에서 큰 부담을 주고 있다. 라이브 커머스의 성공은 방송 송출 매체, 타깃 고객 접속 시간대, 쇼 호스트에 언변, 차별화된 시연 스킬, 마지막으로 가장 중요한 것은 경쟁력 있는 상품을 가지고 이 모든 것을 얼마나 조화롭게 구현했느냐 하는 것이다.

3) 네이버 쇼핑 라이브

네이버 셀렉티브는 네이버가 2020년 3월부터 스마트 스토어 판매자들이 라이브 영상과 실시간 채팅을 통해 상품을 직접 소개하는 라이브 커머스 기능을 제공하기 위해 출시한 애플리케이션이다. 별도의 촬영 장비와 설비 없이 스마트폰 하나로 간편하게 진행할 수 있어, 판매자들이 현장감 있는 영상을 송출할 수 있으며, 소비자들은 상품에 대한 궁금증을 실시간으로 확인할 수 있다.

2020년 7월 네이버는 기존의 셀렉티브 서비스를 대체할 네이버 쇼핑라이브를 출시하였다. 비대면 환경이 일상화 되면서 라이브 쇼핑에 대한 수요가 꾸준히 증가하고 있고, 다수의 성공 사례가 나타나면서,

네이버의 라이브 커머스 경쟁력을 강화하는 전략으로 보인다. 또한 소상공인들이 온라인으로 전환하는 도구로써 라이브 커머스가 활발히 이용되고 있다는 점에 착안한 전략 변화이기도 하다.

[네이버 쇼핑 라이브, 자료 출처 : 네이버 쇼핑]

큰 변화는 실시간 인기 콘텐츠를 모아서 소개하고, 라이브 챌린지, 인플루언서, 해외직구, 키즈 등 다양한 카테고리를 구분하여, 고객 편의성 제고를 도모하였다. 이밖에도 라이브 일정을 미리 확인할 수 있는 '라이브 캘린더' 알림 신청, 개인별 시청 및 관심 상품 내역 등을 노출하는 새로운 기능을 추가하여, 더욱 편리한 쇼핑 환경을 제공하고 있다.

4) 세계 최대 콘텐츠 플랫폼 유튜브도 라이브 커머스에 관심

유튜브는 2020년 5월 새로운 수익 사업을 공개하며, 라이브 커머스 비즈니스에 본격적으로 뛰어들었다. 유튜브 라이브 커머스의 명칭은 쇼핑 익스텐션이다. 기존 유튜브 서비스에 쇼핑 기능을 추가한 사업 모델이다. 구글 코리아에 따르면, 쇼핑 익스텐션은 유튜브 광고 영상 하단에 'SHOP NOW' 버튼을 넣어 시청자가 클릭하면, 해당 광고 상품 정보와 가격이 적힌 카탈로그형 페이지로 연계하는 기능이다. 원하는 상품을 클릭하면 판매 페이지로 이동한다.

유튜브가 유통업계로 진출한 것은 전통의 유통업계는 물론 네이버와 같은 신규 이커머스 강자들에게도 주목해야 할 위협적인 움직임으로 평가받고 있다. 그 이유는 2020년 5월 기준 유튜브의 월 국내 사용자 수(안드로이드 기준)는 3천 3백만 명으로 1위를 차지했으며, 2위가 3천만 명의 네이버라는 점이다. 이처럼 어마어마한 사용자는 잠재적

쇼핑 고객이며, 이로 인한 파급력이 엄청나기 때문이다. 유튜브의 쇼핑 익스텐션 서비스는 현재 미국에서 우선 운영 중이며, 한국에서는 일부 광고주에 한해 시범 서비스를 제공 중인 것으로 알려져 있다.

유튜브 쇼핑 익스텐션의 광고 방식은 크게 세 단계로 구분된다. 우선, 쇼핑 익스텐션을 적용한 유튜브 동영상 하단에 상품의 사진, 가격, 구매링크가 노출된다. 관심 있는 시청자가 링크를 클릭하면 구매가 가능한 페이지로 연결되고, 유튜브는 그 대가로 광고주로부터 일정한 수수료를 받는다. 사실 아주 복잡한 방식은 아니며, 이미 유튜브에서는 영상 시작 전, 혹은 중간 광고를 운영하고 있으므로 특별한 방식은 아니다. 그러나 기존 광고에 대해서는 영상의 흐름을 끊는다는 등 고객들의 반발이 있었으나, 쇼핑 익스텐션의 광고는 영상이 재생되는 중에 꾸준히 노출된다는 점에서 차이를 보이고 있고, 이 방식이 효과가 더 클 것으로 기대된다.

5) 국내 최초 라이브 커머스 그립

국내 최초 라이브 커머스는 네이버도 카카오도 아닌 그립이 시작하였다. 2019년 2월 그립컴퍼니의 김한나 대표가 라이브 커머스 전문 플랫폼 서비스를 오픈했다. 김한나 대표는 네이버를 포함한 글로벌 마케팅 분야에서 15년 정도의 경력을 가졌으며, 특히 라이브 퀴즈쇼를 서비스한 잼 라이브와 스노우 등을 총괄한 바 있어, 모바일 라이브 방송과 시장에 대한 높은 이해가 있는 것으로 볼 수 있다.

그립은 코로나 19 이전부터 성장의 움직임을 보이던 언택트 소비 트렌드에 상응한 라이브 커머스 시장에 진출한 국내에 선도 업체로서 코로나 19 이후 기대 이상의 성장을 보이고 있다. 2020년 7월 기준, 전년대비 거래액이 122배 성장했으며, 입점업체 수도 4,000곳 이상이 되었다. 최근 방송 수가 일일 200개 이상으로 국내 라이브 커머스 플랫폼 중에서도 최대 규모를 자랑한다. 그 결과 투자업계에서도 좋은 평가를 받고 있으며, 2020년 8월 80억 원 추가 투자를 포함하여 누적 투자 120억 원을 유치하였다. 이와 같은 높은 평가의 배경에는 라이브 커머스 시장의 성장, 그립의 매우 낮은 교환과 반품률, 동종업계 대비 높은 구매 전환율 등이 거론되고 있다.

그립이 가지고 있는 가장 큰 특징은 그리퍼(Gripper)이다. 그리퍼란 그립을 통해 판매를 하는 사람을 지칭하는 용어로 유통 서비스의 쇼 호스트와 비슷한 개념이다. 그리퍼는 기존에 존재하던 두 가지 개념인 인플루언서(Influencer)와 쇼 호스트가 혼재된 개념으로 이해하면 된다. 상품을 공급하는 판매자가 직접 그리퍼가 될 수도 있으며, 라이브 방송에 어려움이 있는 경우, 그립 자체 소속의 전문 그리퍼를 통해 판매도 가능하다. 판매자는 그립 전속 그리퍼 혹은 인플루언서를 통해서도 판매가 가능하다. 동시에 판매할 아이템이 없는 경우에도 그립을 통해 전속 그리퍼가 될 수 있으니, 앞서 말한 인플루언서와 쇼호스트의 개념과 유사한 부분이다.

6) 기대에 못 미치는 라이브 커머스 현실

현시점에서 리테일 컨셉 중 미래 이커머스의 핵심은 라이브 커머스 리테일이다. 유통 기업들은 이 시장을 장악하기 위한 치열한 싸움을 벌일 것이다. 몇 년 후 우리는 당연하다는 듯이 이미지가 아닌 동영상을 보면서 쇼핑을 하고 있을 것이다. 이런 쇼핑 방식의 변화는 상품과 고객의 연결을 더욱 쉽고 다양하게 연결해 줄 것이다. 이커머스 기업들은 라이브 커머스 시장을 선점하기 위해 뛰어 들고 있다. 네이버 쇼핑 라이브의 독점 속에 카카오와 쿠팡도 뒤처지지 않기 위해 라방 시장에 참전 하였다.

카카오는 메신저를 활용한 카카오 TV 라이브에 적극적인 투자를 하고 있다. 카카오는 네이버와의 차별화를 위해 카카오 라이브 커머스 스튜디오에서 전문가를 활용하며, 홈쇼핑 수준의 퀄리티 높은 라이브 커머스 서비스를 하고 있다. 하지만 이런 제작 방식은 송출 라방 방송 수가 절대적으로 적고, 수수료 또한 높아서, 시장 점유율을 높이는 데에는 한계가 있다. 2020년 1월 카카오는 과감히 그립에 1800억 원을 투자하고, 지분 48.8%를 확보하며, 네이버 라이브 쇼핑과 같은 개방형 라이브 커머스를 운영할 준비를 하고 있다.

　이런 분위기 속에 국내 온라인 쇼핑 2위의 쿠팡도 라이브 커머스 시장에 뛰어들었다. 쿠팡 라이브는 기존의 판매자 중심이 아닌, 라이브 커머스 크리에이터(제작자)가 대신 상품을 판매하는 방식을 채택하고 있다. 판매자가 상품을 등록해 놓으면, 라이브 커머스를 운영하는 크리에이터가 일정부분 수수료를 받아 상품을 선정해 판매하는 방식이다. 이 또한 시장 확대에 한계가 있어서, 2022년에는 개방형 라이브 커머스로 전환할 예정이다. 온라인 패션 플랫폼 무신사는 무신사 라이브를 통해 의류 상품 판매를 시작했고, 배달 플랫폼 1위 배달의 민족도 배민 쇼핑 라이브를 통해 음식 중심으로 라이브 방송을 오픈 했다.

　라이브 커머스는 초기 기대와 달리 실제 유통 비즈니스 현장에서는 새로운 것이니 하기는 해야겠는데, 해보면 기대와 다르게 매출이 안 나온다는 이야기를 많이 듣는다. 그 이유는 네이버, 카카오 같은 대기업부터 중소기업 제조사까지 너무나 많은 업체들이 진입하였기 때문이다. 그리고 성공한 중국은 라이브 커머스 시장을 팬덤과 전문성이 높은 인플루언서가 주도하는데, 한국은 전문성 보다는 자금력과 규모가 큰 대형 플랫폼 기업들이 장악하고 있어서, 방송 실력 보다는 매체 노출 정도나 사전 광고 규모가 성패를 좌우하고 있다. 이렇다 보니, 노출도가 낮은 매체에서 방송을 하면 고객 유입량이 적어 일정 수준에 판매를 할 수 없는 상황에 놓인 것이다.

이러한 사실에 저자는 국내의 라이브 커머스 흐름은 서비스가 시작되는 초기에는 인플루언서나 쇼 호스트 같은 전문가들이 주류를 이루다가, 라이브 커머스가 일상화되면, 지금의 네이버 쇼핑의 스마트 스토어처럼 일반 판매자들도 쉽게 이용할 것이라 예상했었다. 하지만 이러한 생각은 오판이 되었고, 중소 규모에 셀러가 자금력이 없이는 성공하기 어려운 유통 형태로 가고 있어 아쉬움이 크게 남았다.

그러다 보니 자극적인 콘텐츠로 판매를 늘리기 위해 벌써부터 과대 광고나 부적절한 방송 용어 등으로 문제를 일으키고 있다. 영상과 음성이 들어간 동영상은 타의에 의해 시청이 가능하기 때문에, 자의에 의해 접촉하는 이미지의 콘텐츠 보다는 파괴력이 크다. 소비자 보호와 그 외의 사고를 방지하기 위해서는 현재 유통 서비스의 방송심의와 같은 라이브 커머스 관련 방송심의가 필요할 것이다.

STORY 13 코로나 19가 재활성화한 전통적 판매 방식 '드라이브 쓰루'

POINT 1) 코로나 19가 만든 히트 플랫폼 드라이브 쓰루
　　　　2) 드라이브 쓰루의 마케팅 전략
　　　　3) 프랜차이즈의 드라이브 쓰루 전략
　　　　4) 리테일의 드라이브 쓰루 미래

1) 코로나 19가 만든 히트 플랫폼 드라이브 쓰루

코로나 19가 발생한 이후 '드라이브 쓰루(Drive Through)'라는 새로운 키워드가 사회적 이슈가 되고 있다. 드라이브 쓰루 선별진료소는 한국이 최초로 개발하였고, 현재는 전 세계에서 이를 벤치마킹하고 있다. 기본적으로 의료 서비스는 의료 전문가가 환자를 직접 대면한 상태에서 증상을 관찰하고 진단해 치료나 처방한다. 하지만 코로나 19는 감염성이 매우 높은 전염병으로 의료인도 환자와 짧은 접촉만으로도 감염되기가 쉽다. 감염 병 검사 시에 의료진이 코로나에 노출되기 때문에 환자와의 접촉을 최소화 하는 게 중요하다. 따라서 의심 환자가 자동차를 타고 선별 진료소에 들어와 차에서 내리지 않고, 차 안에서 코로나 감염 검사를 받는 드라이브 쓰루와 같은 아이디어가 나온 것이다.

[코로나 19 검사 드라이브 쓰루]

알버트 하이인Albert Hejin

유통업체에서 드라이브 쓰루 형태의 판매는 1940년대 헤롤드 월리스가 달걀 판매를 하면서 시도하기 시작했다. 몇몇의 슈퍼마켓 체인이 식품의 드라이브 쓰루 판매에 도전을 했지만, 큰 성공을 거두지는 못했다. 그러던 중 네덜란드의 슈퍼마켓 체인 알버트 하이인은 2012년에 픽업 포인트(Pick-Up Point)라는 드라이드 쓰루 시스템을 개발해 현재까지 성공적으로 운영하고 있다. 알버트 하이인은 네덜란드에 98개의 매장을 가지고 있는 대형 슈퍼마켓 리테일 기업이다.

[Albert Hejin, 출처 : https://www.ah.nl]

드라이브 쓰루는 애초에 미국의 시스템으로 한국에는 잘 맞지 않는 방식이다. 미국은 넓은 국토 때문에 이동 시 자동차 이용이 많아 프랜차이즈 음식점을 중심으로 드라이브 쓰루가 발달하기에 알맞은 환경이다. 은행에서도 인기가 많은 이유는 범죄율이 높아 돈을 찾고 나올 때 안전하게 귀가를 하기 위한 방안이었다고 한다. 미국과 환경이 다른 한국에서도 몇 번의 시도는 있었으나, 계속된 실패로 자리를 잡지 못하다가 맥도날드가 대대적으로 드라이브 쓰루 점포를 오픈하면서, 드라이브 쓰루도 하나의 판매 방식으로 자리를 잡기 시작했다. 맥도날드와 같은 프랜차이즈 레스토랑에서는 드라이브 쓰루를 잘 운영하고 있지만, 리테일에서는 사례를 찾아보기가 쉽지 않다. 그 이유는 고객이 주문을 하면, 매장 직원이 상품 하나하나를 일일이 찾아서 포장을 해야 하기 때문에 막대한 인건비와 긴 준비시간으로 효율적이지 못하기 때문이다. 하지만 이런 부적합한 상황에도 세계적인 리테일 기업들은 드라이브 쓰루에 도전하였고, 월마트와 같이 성공적으로 운영하는 기업도 있다.

2) 드라이브 쓰루의 마케팅 전략

드라이브 쓰루 판매 방식은 차량을 가진 고객만을 대상으로 한다는 제약이 있기 때문에, 기존 매장 대비 타깃 층이 좁아진다. 그리고 차량으로 고객이 직접 제품을 받으러 가기 때문에 목적 구매가 강하다. 결국 이 방식이 좋아서 방문하기 보다는 브랜드나 제품이 확실한 경쟁력을 가져야 성공할 수가 있다. 실제로 스타벅스는 'My DT PASS'를 서비스하며 대히트를 쳤지만, 맥도날드를 쫓아가기 급급한 몇몇 버거 브랜드들은 신통치 못한 실적을 보이고 있다.

[스타벅스 드라이브 쓰루, 자료 출처: 스타벅스]

스타벅스의 경우 사전 주문 앱인 싸이렌이 대 흥행을 하였고, 드라이브 쓰루에도 이와 유사한 'My DT PASS'를 도입해 사용자들이 급증하고 있다. 처음 스타벅스에 이걸 도입했을 때 '과연 팔릴까?'라는 의문을 많은 사람이 가졌었다. 커피 비즈니스는 공간을 파는 장사라는 개념이 정설인데, 5천 원이나 하는 고가의 커피를 테이크아웃으로 사간다니, 확실한 브랜드 충성도가 있지 않고는 불가능한 일이다.

드라이브 쓰루의 장점은 첫째, 차에서 내리지 않고 제품을 받을 수 있고, 둘째, 점원과 접촉이 최소화되기에 언택트 서비스 트렌드와 맞다. 셋째, 매장의 공간이 작아지기 때문에 적은 비용으로 비즈니스를 진행할 수 있다.

반면, 드라이브 쓰루의 단점은 첫째, 자동차 이용객만 이용할 수 있어 고객이 제한적이다. 둘째, 차 안에서 말로 주문하기 때문에 다양하거나 복잡한 제품을 구매하기 불편하다. 셋째 고객이 머무는 시간이 없고, 소통이 적다. IT의 발달로 자동차가 점점 무인화 시스템으로 변하고 있다. 결국 자동차 안에서의 시간은 운전의 노동이 아닌 즐기는 공간으로 바뀔 것이다. 그에 맞춰 당연히 드라이브 쓰루 시스템이 사회 전반에 자리를 잡을 것이라 생각한다. 미래에는 오프라인 리테일에서 드라이브 쓰루가 한 축이 될 것으로 예상된다.

유통업체와 음식점들이 앞 다투어 드라이브 쓰루를 유행처럼 도입하고 있다. 사회적 이슈 때문에 나도 한번 해보자는 생각보다는, '내 상품과 서비스가 배달 주문 대비 경쟁력이 있을까?'라는 것을 먼저 검토해 미래 자율 주행차 시장에 대비해야 할 것이다.

3) 프랜차이즈의 드라이브 쓰루 전략

• 맥도날드

1999년 한국 맥도날드는 해운대점에 업계 최초로 드라이브 쓰루를 도입했다. 맥도날드의 드라이브 쓰루 플랫폼의 정식 브랜드 명칭은 맥드라이브이며, 전국 410여 개 매장 중 250여 개 매장을 드라이브 쓰루 형태로 운영하고 있다. 또한, 2018년을 기준으로 10년간 맥 드라이브 이용 차량은 1억 7천만 대에 달하며, 2007년부터 2017년까지 맥 드라이브 이용 차량 대수는 20만 대에서 3,500만 대로 약 17.5배 이상의 성장을 보였다. 특히 2020년 1분기에만 전국 410여 개 매장에서 약 1,000만 대 이상의 차량이 이용하며, 코로나 19 이후 폭발적인 성장세를 보이고 있다.

[맥드라이브, 자료 출처: 한국 맥도날드 유튜브]

• **스타벅스**

스타벅스 코리아가 2012년 9월 처음으로 경주에 드라이브 쓰루 매장을 오픈한 이후 2017년 3월에 경북 포항에 전국에서 100번째 드라이브 쓰루 매장을 오픈했다. 2020년 9월 기준, 전체 1,460개 매장 중 약 18%에 달하는 266개를 드라이브 쓰루 형태로 운영 중이다.

2014년 6월에는 드라이브 쓰루 전용 푸드를 출시하기 시작하여,

2020년 현재까지도 드라이브 쓰루 한정 메뉴를 출시하는 등 서비스의 차별화를 꾀하고 있다. 2016년 2월에는 드라이브 쓰루 고객을 위한 사이렌 오더의 거리를 2km까지 확대하며, 미리 주문과 결제를 진행한 후 차 안에서 바로 음료와 푸드를 받아갈 수 있도록 하여 고객에게 더 큰 편의를 제공하고 있다.

[스타벅스 드라이브 쓰루, 자료 출처: 스타벅스]

4) 리테일의 드라이브 쓰루 미래

아직 국내의 리테일에서 드라이브 쓰루를 적극적으로 도입하지 않고 있지만, 미국의 월마트가 성공적으로 운영하고 있기 때문에, 곧 한국의 마트에서도 비슷한 시스템이 도입 될 것으로 예상한다. 코로나 19 이후 언택트 이슈로 오프라인 소매점의 장점을 살릴 수 있는 좋은 고객 상품 배송 방안이다.

식품 리테일에서 드라이브 쓰루가 잘 운영되기 위해서는 기존의 방식처럼 고객이 스마트폰으로 주문을 하면 상품 준비 직원이 큰 매장 곳곳을 찾아다니며 상품을 준비하는 방식으로는 준비 시간이나 높은 인건비로 인해 실패할 확률이 높다. 더 큰 문제는 매장에 실제 재고와 플랫폼상 재고가 다른 경우가 많기 때문에 고객 불만의 소지가 있다.

성공적인 리테일 드라이브 쓰루가 되기 위해서는 우선 상품 주문에서부터 상품 수집, 포장, 전달까지의 시스템화를 통해 비용과 시간을 최소화하는 것이 필요하다. 그리고 온라인 쇼핑몰과의 경쟁을 염두에 두고, 무리하게 전 상품을 구비하여 운영하기 보다는 빅데이터 판매 분석을 통해 고객이 꼭 필요로 하는 생필품 중심으로 상시 비축 재고를 구비하여 결품(여러 사유로 인해 정해진 수량에서 부족하거나 빠진 상품) 없는 상태를 유지한다면, 파괴력 있는 오프라인 점포 드라이브 쓰루가 될 수 있을 것이다.

STORY 14 이제 상품도 정기 배송시대 제품 구독 서비스

POINT   1) 새로운 소비 트렌드 구독 서비스
2) 구독 서비스의 마케팅 전략
3) 식품 구독 서비스
4) 구독 서비스의 미래

1) 새로운 소비 트렌드 구독 서비스

코로나 19 팬데믹 이후 정부의 사회적 거리 두기로 언택트 문화가 생활화 되면서, 외출 삼가와 재택근무 등 타인의 접촉이 줄어들면서, 집에 머무르는 시간이 늘어나고 있다. 이런 생활 방식의 변화로 인해 대유행을 하던, 개인이나 기업의 소유물을 타인과 함께 사용하는 공유경제가 순식간에 무너졌다. 수년 전만해도 구독 경제를 시도하는 기업들이 많았으나, 몇몇 해외 기업 이외에 국내에서는 주목받는 회사는 많지 않았다. 최근 코로나 확산으로 구독 경제가 강력한 소비 트렌드로 떠오르고 있다.

[사회적 거리 두기로 인한 재 택근무]

구독 경제(Subscription Economy)는 아주 오래전부터 우리 생활 속에서 하나의 소비 형태로 자리 잡고 있었다. 어렵게 생각할 것이 아니라, 예전에 신문이나 우유의 일일 배달 서비스가 구독 경제의 가장 대표적인 서비스이다. 이 때는 지역 재래시장과 동네 슈퍼마켓 이외에 식품이나 신문을 구입할 곳이 마땅치 않았고, 정기적으로 구매하는 제품을 성가시게 매번 구매하러 외출하지 않고, 집으로 배달하는 서비스의 인기가 높았다. 하지만 유통 산업이 발달하고, 다양한 소매점이 발달하면서 구독 서비스의 인기가 시들해졌다. 이후 구독 서비스는 정수기나 학습지를 정기적으로 배송하는 서비스로 명맥을 이어가고 있었다.

2011년부터 미국의 면도기 정기 구독 서비스 기업 달러 쉐이브 클럽(Dollar Shave Club)이 주목받기 시작하였다. 이 서비스는 1달러에서 9달러 중 원하는 단계를 선택하면, 매달 한 번씩 면도날을 2개에서 5개씩 배송해 주는 서비스이다. 면도기 세계 1위 기업 질레트의 시장 점유율을 70%에서 50%로 끌어 내리며, 그 어떤 기업도 깨지 못한 115년의 브랜드 파워를 깨부순 놀라운 실적을 올렸다. 이런 성공 사례에 이어 다양한 소모성 일회용품의 구독 서비스가 등장하기 시작했다.

달러 쉐이브 클럽 Dollar Shave Club

달러 쉐이브 클럽은 마케팅 전문가들 사이에 가장 성공한 구독 서비스 사례로 언급되고 있다. 2011년 미국 켈리포니아에서 마이클 더빈은 가장 많이 사용하는 헬스 케어 용품 중 하나인 면도날을 정기 배송하는 서비스 기업을 설립했다.

2012는 100만 달러 자금 지원과 2013년 980만 달러를 투자받기 시작하여, 매년 엄청난 금액의 투자를 지속적으로 받았다. 달러 쉐이브 클럽을 널리 알린 것은 유튜브였다. 2012년 설립자인 더빈이 직접 출연해 상품을 설명하는 간단한 영상이 대히트를 치면서 회원 수가 단기간에 320만 명으로 급증했다. 그 후에도 유튜브를 이용한 홍보는 이어졌다.

달러 쉐이브 클럽 마케팅 전략의 특징은 기존 질레트와 같은 막대한 광고를 사용하지 않고, 오로지 품질과 친환경적인 황색 박스만을 강조한 전략으로, 합리적인 소비를 하는 고객을 타깃으로 하였다는 점이다.

기업이 급성장하면서 대장암을 알리는 영상과 기부를 진행하며, CSR (Corporate Social Responsibility) 마케팅에도 적극적이었다. 이러한 성장 속에 2016년 유니 레버가 10억 달러(약 1조 1천억 원)에 인수를 하였고, 설립자 더빈은 계속 CEO로 남아 지금까지 사업을 이어가고 있다.

상품의 정기적인 배송 구독 서비스에서 차별화된 상품력과 강력한 가격 경쟁력을 갖기는 쉽지 않다. 상품의 경쟁력 확보를 위해서는 일정 수의 회원이 필요하기 때문에 기존에 자리를 잡고 있는 브랜드를 따라잡기에는 어려움이 많다. 이런 고품질의 상품 제공과 서비스 비용을 최소화 하면서 구독 경제를 하는 비즈니스가 있다.

바로 멜론이나 넷플릭스처럼 일정 금액을 지불하면, 콘텐츠를 무제한 이용하는 콘텐츠 구독 경제의 성공 사례가 여러 비즈니스에서 나오고 있다. 영화나 음악, ebook 같은 무형의 콘텐츠는 특성상 제공 상품 비용이 상대적으로 낮고, 다수 고객이 한 번에 동시 이용이 가능하기 때문에 구독자가 많아질수록 이익이 급격히 상승한다는 장점이 있다.

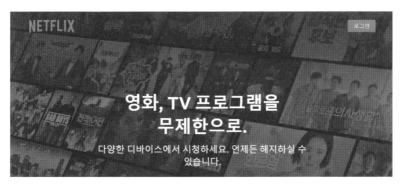

[넷플릭스, 자료 출처 : 넷플릭스]

코로나 19 팬데믹 이후 여행과 개인 간 만남이 줄어들면서, 집에서 시간을 보내는 시간이 확대되면서, 넷플릭스는 국내에서 짧은 기간에 가입자를 2배로 확대하며 대성공을 거두고 있다. 이건 한국만이 아니라 전 세계적으로 동일한 양상을 띠고 있다.

국내에서도 와이셔츠를 매주 보내주는 위클리 셔츠, 매달 3종의 양말을 제안하는 미하이 삭스, 달러 쉐이브 클럽을 벤치마킹한 와이즐리, 고객 맞춤형 책을 배송해 주는 플라이 북플러스까지 다양한 상품으로 구독 경제의 영역이 확장되고 있다. 최근에는 배송하기 쉬운 비식품을 넘어, 소비자의 까다로운 입맛까지 사로잡은 식품의 구독 서비스가 인기를 끌고 있다.

2) 구독 서비스의 마케팅 전략

구독 서비스는 크게 세 가지 형태로 나눠 볼 수 있다. 첫 번째는 상품 정기 배송 모델이다. 가장 기본적인 비즈니스 모델로 고객이 일정 기간에 걸쳐 지속적으로 필요로 하는 상품을 정기적으로 배송을 해준다. 주기적으로 상품 공급을 해주어야 하기 때문에 식품, 일상용품, 의약품 등 소모품이 일반적이다. 두 번째는 월 이용료를 지불하고, 상품을 렌탈하는 모델이다. 이 서비스는 가격이 비싸 한 번에 구입하기 어려움 제품이나, 패션 상품과 같이 유행을 타서 소유하기가 부담스러운 아이템을 주기적으로 배송하거나, 정수기처럼 한번 설치하고 이용료를 받는 모델이다. 최근 명품이나 벤츠, BMW 같은 수입차에도 적용해 마음에 드는 것을 골라 이용하다, 싫증이 나면 수시로 바꾸는 구독 서비스도 등장하였다.

[수입차 구독 서비스 카로, 자료 출처 ; 카로]

세 번째는 월 사용료를 내고 무제한으로 콘텐츠나 서비스를 이용하는 모델이다. 미국에서는 월 9.95달러를 지불하면 매일 영화관 관람을 할 수 있는 무비패스란 서비스도 있다.

구독 경제의 성공 열쇠는 무엇일까? 구독 서비스가 성공하려면, 소비자 입장에서 볼 때 기존에 본인이 직접 매장에 가거나, 온라인 쇼핑몰을 이용해 살 수 있으나, 이를 뛰어 넘어 서비스를 믿고 제안하는 상품이나 콘텐츠를 편리하게 사용할 수 있어야 한다. 그러기 위해서는 기존 오프라인 매장보다 차별화 되는 강력한 경쟁력이 필요하다. 단순하게 배송을 포인트로 둔 구독 서비스는 성공하기 어렵다. 다음은 끊임없는 고객과의 소통을 통해 상품과 서비스를 업그레이드해야 한다. 초기에 성공한다 하더라도 바로 경쟁자가 나타나 언제든 택배 회사나 배송 대행업체와 연계해 구독 서비스를 할 수 있다. 선두 업체로서 경쟁력을 유지하기 위해서는 안정된 상품 공급 시스템뿐만 아니라, 변화하는 고객의 니즈를 섬세하게 파악해 신속히 대응해야 한다.

3) 식품 구독 서비스

• 가정 간편식 & 반찬
맛있는 반찬 전문 구독 서비스, 다함께 찬찬찬

참치 통조림으로 잘 알려진 동원그룹은 종합 식품 기업인 동원 홈푸드를 통해 외식, 식자재 유통, 급식 등의 사업을 하고 있다. 동원 홈푸드에서는 560여 가지 수제 반찬을 전문으로 운영하는 반찬 전문 온라인 쇼핑몰인 더 반찬을 운영 중이다. 더 반찬은 2020년 7월부터 '다함께 찬찬찬'이라는 반찬 구독 서비스를 출시했다. '다함께 찬찬찬'은 더 반찬에서 사용 가능한 쿠폰을 정기적으로 지급하는 구독 서비스로, 월 3,900원을 내면 총 25,000원 상당의 할인쿠폰을 지급하는 방식과 2,900원을 내고 무료배송 쿠폰 3장을 지급하는 방식이 있다. 또한

[더반찬 다함께 찬찬찬 구독서비스, 자료 출처 : 더반찬]

'다함께 찬찬찬' 가입 고객은 더 반찬에서 판매하는 가정 간편식 제품을 저렴한 가격에 이용할 수 있다. 더 반찬의 회원 수는 73만 명에 달한다.

• 건강한 밥상을 제안하는, 그리팅

그리팅은 현대 백화점 그룹의 종합 식품 계열사인 현대 그린푸드에서 2020년 4월에 런칭한 맞춤형 건강 식단 정기 구독 브랜드이다. 브랜드 출시 초기 2주 만에 10만개가 팔리는 등 시장의 주목을 받았으며, 타 서비스들과의 주요한 차이점은 저염, 저당, 저칼로리를 내세우는 건강 식단이며, 고객이 지정한 요일에 새벽 배송이나 택배로 배송하는 방식이다. 1인 가구가 많아지는 추세와 건강에 대한 관심이 높아지는 소비자들의 특성을 반영하여, 집에서 요리하기 어려운 건강식들을 전자레인지로 조리할 수 있는 식품을 제공하는 서비스이다. 또한 정기 구독 외에도 현대 백화점 일부 매장에서 구입이 가능하며, 고객의 건강과 몸 상태를 토대로 맞춤형 식품을 제안하는 그리팅 영양사의 반찬가게도 운영 중이다.

[건강 식단 구독 서비스 그리팅, 자료 출처 : 그리팅]

- 베이커리, 스낵

데일리 커피와 베이커리 서비스, 파리의 아침

　국내 1위 베이커리 브랜드인 파리바게트도 구독 경제에 뛰어들었다. 2020년 7월 '파리의 아침'이라는 이름으로 커피와 샌드위치 월간 정기구독 서비스를 출시했다. '파리의 아침' 서비스는 두 가지 형태인데, 첫 번째 서비스는 19,800원으로 매일 아침 커피 1잔을 제공받는 커피 구독권이 있으며, 이 경우 원래 가격인 105,000원에서 81% 할인된 가격으로 매일 아침 커피를 마실 수 있다. 매일 마시는 커피를 660원에 구매하는 꼴이다. 다른 하나는 48,900원으로 커피와 12종의 샌드위치 세트를 매일 받는 '파리의 아침' 구독권으로 이 경우는 1,630원

[파리바게트의 파리의 아침, 자료 출처 : 파리바게트]

으로 아침 식사대용이 가능한 세트를 구매할 수 있다. 이 경우 최대 66% 할인을 제공받는 셈이다. 구독 서비스권으로 커피와 샌드위치를 구매할 수 있는 매장이 전국 30여 개 직영점으로 지정되어 있다.

• 매월 스낵 박스를 선물하는, 월간 과자

롯데 제과는 2020년 6월 과자 구독 서비스인 월간 과자를 선보였다. 월간 과자는 최초 선착순 200명으로 수량을 제한해 신청을 받았으며, 오픈 3시간 만에 선착순 마감되며 대 히트를 쳤다. 월 이용료는 9,900원이며 3개월 선 결제 방식이며, 매월 다르게 구성되는 롯데제과의 과자 박스를 배송 받는 서비스이다. 주로 인기 과자를 중심으로 구성하되, 그 달 출시된 신제품을 추가로 포함시킨다. 또한 시중에서 개별적으로 구매하는 것에 비해 할인된 가격으로 과자를 구입할 수 있다는 점에 시장이 긍정적으로 반응한 것으로 보인다.

2020년 9월에 진행된 구독권 2차 판매도 오픈 6일 만에 매진되었으며, 이와 같은 소비자 반응에 힘입어 롯데 제과는 2020년 7월 아이스크림 구독 서비스인 월간 나뚜루도 선보였다. 월간 과자는 스낵의 구독 서비스 도전이라는 새로운 비즈니스 창출의 도전적인 역할도 있지만, 신상품을 소비자에게 미리 테스트해 볼 수 있도록 한다는 점에서 마케팅적인 의미가 있다.

- **커피, 수제맥주**

매장으로 고객을 부르는 커피 구독 서비스

이마트 트레이더스는 2020년 3월부터 매장 내 T카페에서 아메리카노를 매일 제공 받을 수 있는 커피 구독 서비스를 시작하였다. 커피 전문점이 아닌 소매점에서 진행한다는 점을 주목해 볼 필요가 있다. 구독권의 가격은 삼성 카드로 결제 시 4,980원이며, 다른 결제 수단으로 결제 시에는 7,980원으로 구매할 수 있다. 매장 내 고객센터에서 구독권을 구입하면, 총 30일 동안 매일 1잔씩 커피와 교환이 가능하며, 소비자는 최대 85%의 할인을 누릴 수 있다. 이마트에 따르면 T카페 커피는 저렴한 가격으로 제공되지만, 쟈뎅, 맥심 등 맛과 품질이 보장된 대표 커피 브랜드의 원두를 사용하고 있으며, 시장 트렌드를 반영해 약 1년을 주기로 원두를 교체한다고 한다.

[트레이더스 커피 구독권]

트레이더스는 저렴한 금액에 커피를 제공하지만, 방문한 고객은 트레이더스에서 쇼핑을 하게 만드는 고객 유인 효과가 있다.

• 프리미엄 수제 맥주 구독 서비스

최근 수입 맥주와 수제 크래프트 맥주에 대한 소비자들의 관심이 커지고 있다. 과거 국내 대기업 주류 회사의 맥주가 시장을 대부분 장악했었으나, 편의점 유통의 발달로 다양한 해외 맥주와 국내 크래프트 맥주를 합리적인 가격에 손쉽게 구입할 수 있으면서, 시장이 크게 확대되고 있다.

수제 맥주 브랜드인 벨루가 브루어리는 2017년부터 월 구독료 55,000원에 수제 맥주, 야식 플래터, 사이드 스낵 등을 제공하는 구독 서비스를 시행하기도 했었다. 벨루가 브루어리의 서비스는 격주로 종류를 바꾸어 시중에서 쉽게 접하기 힘든 수제 맥주 4종을 배송해준다. 맥주 외에도 병따개, 코스터, 스티커 등 아기자기한 소품들도 함께 보내주고 있다. 아쉽게도 2019년 5월 국세청에서 선 결제 후 주류 정기 배송 사업을 불허한다고 발표하면서, 현재는 운영을 중단하였다. 법적 문제로 서비스가 중단됐지만, 전통주의 온라인 쇼핑몰 판매가 허용되었듯이 주류의 구독 서비스도 해결된다면, 다시 벨루가가 회생하리라 생각한다.

[수제 맥주 구 독서비스 벨루가 브루어리, 자료 출처 : 벨루가 브루어리]

4) 구독 서비스의 미래

어느 순간부터 구독이란 단어가 우리에게 익숙해져 있다. 우리가 매일 스마트폰을 통해 보고 있는 유튜브에서 구독이라 말을 많이 듣게 되어 그런 것일까?

최근 공유 서비스와 구독 서비스를 비교하면서 공유 서비스의 시절은 지나고, 구독 서비스가 대세라는 주장이 있다. 공유와 구독 서비스는 상반된 관계가 아니라, 공유는 하나의 제품이나 서비스를 여러명이 같이 이용하는 것이고, 구독은 제품이나 서비스를 정규 배송을받거나 일정기간 무한으로 이용하는 것이다. 팬데믹 선언 이후 사람

간 비접촉 분위기가 확산되면서, 공유 서비스는 자연스럽게 소비자들에게 멀어졌고, 집에 머무는 시간이 늘어나 반복적인 일상에 보내는 시간이 증가하면서 홈 엔터테인먼트와 집에서 먹는 식사와 관련된 구독 서비스가 증가한 탓이다.

분명 코로나 19는 언젠가는 백신과 치료제의 개발로 종식될 것이다. 외부 활동과 사람 간의 모임이 그리웠던 사람들은 사회적 욕구를 채우기 위해 대면 활동이 예전처럼 돌아갈 것은 당연하다. 구독 경제가 지속적인 서비스로 살아남기 위해서는 기존 판매 상품 대비 저렴한 가격이나 배송 서비스 등의 온라인 쇼핑몰과의 차별화가 부족한 전략만으로는 생존하기 힘들다.

'그럼 어떻게 해야 할까?' 결국 해당 카테고리에 킬러 콘텐츠 제공이 핵심이다. 구독 서비스의 존폐는 일반 소매상이 하지 못하는 전문가 코디네이터 서비스, 회원 개개인 취향에 맞는 맞춤형 상품 제안, 차별화된 온리 원(Only One) 상품을 어떻게 구비하고 운영하느냐에 따라 결정될 것이다.

7.

브랜드 제조업체의 반격
D2C(Direct To Consumer)

STORY 15 **고객과 직접 거래에 나선 '나이키'**

POINT   1) 리테일 파워에 D2C로 대응하는 브랜드 제조업체

2) 나이키의 D2C 마케팅 전략

1) 리테일 파워에 D2C로 대응하는 브랜드 제조업체

역사적으로 소매상과 제조업체간 시장을 지배하기 위한 파워 경쟁은 항상 있는 일이다. 시장 지배는 곧 더 많은 이익 확보를 의미한다. 2천 년대 전까지는 제조 기업들이 강력한 브랜드를 앞세워 시장을 지배했었다. 20세기말부터 유통 선진국에서는 소매 업체의 IT의 적극적

인 활용으로 매장의 대형화와 다점포화가 이루어지면서 파워 리테일러(Power Retailer)가 등장하였다. 이들은 강력한 구매력을 바탕으로 제조업체와의 협상에서 유리한 고지를 점하여 시장 파워가 제조업체에서 소매업체로 이전하게 된다. 2천 년대 들어 국내에도 이마트를 시작으로 유통 대기업과 해외 글로벌 기업들이 진출하여 대규모 투자로 대형 점포수를 급격하게 증가시켰다. 시장의 주도권을 놓고 브랜드 제조업체와 소매업체 간의 싸움은 브랜드 제조업의 일방적인 우위에서 거대 판매망을 확보한 파워 리테일러로 점차 기울어 가고 있었다. 이마트와 농심이 신라면의 최저 가격 문제로 농심이 이마트 전 매장에서 상품을 철수하였다가, 농심이 백기를 들며 이마트의 승리로 끝난 것은 이러한 파워의 이동을 잘 보여준다.

삼성전자, 피앤지(P&G), 애플 등 글로벌 대기업 몇몇을 제외하고는 시장 주도권이 소매업체로 넘어간 지는 오래됐다. 리테일의 강력한 파워는 온라인 유통에서도 이어져 이커머스 거대 기업인 네이버 쇼핑, 쿠팡 등이 시장을 장악하고 있다. 2020년 글로벌 기업 가치를 보면 10년 전 세계 2위였던 미국의 최대 가전 기업 제너럴 일렉트로닉스(GE)가 40위로 밀려났고, 전통적으로 브랜드 파워가 강한 나이키, 코카콜라 등도 상위권에서 10위권 이후로 밀려났다. 미국 이커머스 기업인 아마존이 전 세계 기업가치 1위인 것은 놀랍지 않은 일이다.

[코오롱 인더스트리의 코오롱 몰, 자료 출처 : www.kolonmall.com]

앞서 언급했듯이, 유통시장 주도권은 기업의 생사와 관련이 있기에 브랜드 제조 기업들은 다시 시장에서의 영향력을 높이기 위해 새로운 전략을 시도하고 있다. 오프라인 유통의 경우에는 직영점포 건설과 운영에 큰 비용이 들기 때문에 브랜드 기업이 유통에 직접 뛰어들기 어려웠으나, 온라인 유통 시장에서는 오프라인 대비 운영 경비가 적게 들어 제조사가 직접 판매에 뛰어드는 D2C(Direct to Consumer) 형태로 파워 리테일러에 맞서기 시작했다.

D2C는 '제조사가 소비자에게 직접 판매한다.'라는 의미로 브랜드기업이 네이버 쇼핑이나 쿠팡 같은 유통 플랫폼을 거치지 않고, 직접 온라인 전용 몰을 통해 소비자에게 제품을 파는 방식을 뜻한다.

D2C는 주로 대형 패션 기업과 명품을 중심으로 시작되었다. 다른

상품 카테고리에 비해 브랜드 충성도가 강하고, 온라인 쇼핑 비중이 높은 젊은 층이 이 제품 카테고리를 주로 구매하는 타깃 고객층이기 때문이다. 유통 시장에서 직접 판매를 하는 것은 제조사 입장에서 비즈니스 형태가 다르기 때문에 쉬운 일은 일이지만, 소매 플랫폼을 거치지 않고 직접 소비자에게 제품을 판매하면, 시장의 주도권을 다시 확보할 수 있는 기회이다. 또한 소비자와 직접 소통함으로써 고객 데이터를 확보할 수 있고, 리테일 기업을 거치지 않아 중간 유통 마진을 줄일 수 있어 더 큰 이익을 확보하는 장점도 있다.

[미국 D2C 시장 규모, 자료 출처 : eMarketer]

2) 나이키의 D2C 마케팅 전략

나이키는 전 세계 남녀노소 모두가 아는 스포츠 국민 브랜드이다. 나이키는 1964년에 빌 바워만(Bill Bowerman)이 블루 리본 스포츠(Blue Ribbon Sports)라는 이름의 회사로 설립했다. 빌 바워만은 대학에서 코치로 일했으며, 학생이었던 필 나이트(Phil Knight)와 함께 시작하였다. 1966년에 처음으로 스포츠 용품 판매점을 열었고, 1972년에 나이키 브랜드 운동화(스니커즈)를 출시했다. 나이키 운동화 성공에 힘입어, 1978년에 회사 이름을 나이키(Nike, Inc.)로 변경하고, 본격적인 스포츠 용품 비즈니스에 뛰어 들며 스우시(Swoosh)라는 곡선의 나이키 로고를 앞세워 전 세계로 판매를 확대 하였다.

나이키의 기본 마케팅 전략은 창업자 빌 바워만의 "신발은 세 가지가 있어야 한다. 가볍고 편안해야 하며, 멀리 갈 수 있어야 한다."라는 말에서 느낄 수 있듯이, 스포츠 신발로써 명확한 컨셉을 가지고 있다. 이는 고객이나 운동선수들에게 나이키 제품에 '자신의 몸을 믿고, 맞기며, 삶의 목표에 도전을 돕는다.'라는 메세지를 준다. 나이키의 정신은 '사람의 잠재력을 최대한 발휘할 수 있어야 한다.'를 강조하며, '하면 된다!(Just do it!)', '우리는 포기 하지 않아!(We will give up giving up!)의 캐치프레이즈를 앞세워 효과적인 스토리텔링 마케팅을 구사하며, 전 세계 1위 스포츠용품 기업의 위엄을 달성했다.

2019년 11월 세계를 놀라게 하는 뉴스가 공개 됐다. 글로벌 스포츠 패션 기업 나이키가 세계 최대 온라인 쇼핑몰인 아마존에 결별하겠다고 하는 내용이다. 대부분의 전문가들 사이에서는 나이키의 이런 정책에 거대 소매상을 상대로 무모한 싸움을 한다는 평가가 많았다. 하지만 1년이 지난 뒤 나이키의 매출은 전년보다 9% 상승하며 11억 달러, 약 12조원을 기록하며 모두의 예상을 뒤집었다. 매출 뿐 아니라 영업이익 또한 30% 상승하며, 15억 달러(1조 6천 3백억 원)를 기록했다.

[나이키 아마존에서 철수, 자료 출처 : Your money wise]

나이키가 성공할 수 있었던 이유는 유통업체를 거치지 않고, 직접 고객에게 판매하는 D2C 비즈니스를 시작했기 때문이다. D2C 매출은 43억 달러(4조 7천억 원)로 전년 대비 32% 성장하였고, 온라인 판매는 무려 84%나 증가하였다. 코로나 19 팬데믹 상황인 점을 감안하면, 온라인 판매 증가가 나이키 실적에 얼마나 큰 영향을 줬는지 짐작 할 수 있다.

Nike Direct-to-Consumer Sales Worldwide,
2010-2020
% of total revenues

13.5% 14.3% 14.1% 15.7% 17.3% 20.5% 22.9% 25.0% 28.7% 30.0% 33.1%
2010 2011 2012 2013 2014 2015 2016 2017 2018 2019 2020

Source: NIKE, Inc. company reports as cited by Statista; eMarketer calculations, Nov 10, 2020

260830   eMarketer | InsiderIntelligence.com

[나이키 글로벌 D2C 매출 추이, 자료 출처 : eMarketer]

나이키에 D2C 전략은 온라인 유통에만 그치지 않고 오프라인에서
도 활발히 전개되고 있다. 2021년 8월 중국 베이징에 이어 두 번째로
명동에 '나이키 라이즈(NIKE RISE)' 대형 매장을 오픈했다. 나이키 라
이즈는 기존의 판매 중심의 매장에서 벗어나 디지털 기술로 소비자
체험을 접목시켰다. 매장에서 관심 있는 상품을 테이블에 올려놓으
면, 신발 정보를 바로 확인 할 수 있고, 원격지에 있는 소비자가 매장
에 있는 직원과 실시간으로 맞춤형 코디네이션 서비스를 받을 수 있
게 했다. 나이키는 현재 전 세계 약 1천여 개 대리점과 멀티숍에서 주
로 오프라인 매출을 올리고 있다. 이제 D2C 전략에 따라 국내의 경우
판매 대리점을 80여개에서 20여개로 축소하며, 오프라인에서도 직접
판매에 집중할 계획이다.

나이키는 2020년 이베이 출신의 존 도나호 CEO를 영입하여, D2C 사업에 집중하기 시작했다. 나이키 온오프라인 전용 샵의 경쟁력을 높이기 위해 나이키 플러스 멤버십을 선보이며, 할인 쿠폰 제공과 회원 전용 상품 판매 등으로 고객 충성도를 높이고 있다. 나이키의 성공적인 탈 리테일 정책은 다른 브랜드 제조업체에게 벤치마킹 사례로 활용되고 있다.

Focus

펩시 Pepsi

1893년 미국의 노스캐롤라이나에서 케일럽 브래덤(Caleb Bradham)은 펩시를 설립했다. 1898년 펩시콜라로 이름을 바꾸었다가, 1961년에 지금의 이름인 펩시로 다시 바꾸었다. 펩시는 소화 불량을 개선한다는 컨셉으로 최초에는 제품을 약국에서 판매하였다. 잘 나가던 펩시는 1923년 세계 1차 대전으로 설탕 가격이 폭등해 재정적 손실을 입고 파산하였다. 여러 기업들이 펩시 인수 경쟁을 벌였고 결국 설탕 제조기업인 로프트(Loft)가 펩시를 인수하였다.

1934년 기존 펩시콜라 용량을 6.5온스에서 12온스로 늘리며, 미국에서 대성공을 거두었다. 1940년대 펩시는 미국의 기존 백인 중심의 마케팅에서 벗어나, 과감하게 흑인을 타깃으로 마케팅을 실시하였다. 영업 효율을 올리기 위해 미 전역에 흑인을 중심으로 영업팀을 꾸려 흑인을 대상으로 영업 활동을 전개하며, 백인 중심의 코카콜라와 상반된 마케팅 전략을 진행했다. 그 결과 코카콜라가 인종차별주의 기업이라는 이미지를 가짐으로써 반사 이익을 받아, 1950년대 처음으로 코카콜라의 점유율을 추월했다.

1950년대 이후 코카콜라와의 계속된 경쟁에서 2008년 기준 코카콜라는 42.7%, 펩시는 30.8%의 점유율을 보이고 있다(Beverage Digest).

만년 2등 펩시가 2020년 과감히 D2C 전략을 통해 1위 탈환을 노리고 있다. 제품 특성상 오프라인 비중이 높은 식품기업이 온라인 전용몰을 오픈한 것은 이례적 전략이다. 펩시콜라뿐만 아니라, 펩시에서 생산하는 모든 음료, 스낵을 모아 판매하는 전용몰인 '팬트리샵닷컴(PantryShop.com)'과 '스낵스닷컴(Snacks.com)'을 오픈했다. 약 1년간 실적을 보면 스낵스닷컴은 오픈 대비 수배 트래픽 상승이 있는 반면, 팬트리샵닷컴은 반으로 떨어지며, 상반된 실적을 보여 절반의 성공을 거두었다.

[펩시에서 운영중인 PantyShop, 자료 출처 : 펩시]

STORY 16   브랜드 기업 D2C 플랫폼
'쇼피파이(Shopify)'

POINT　　1) 쇼피파이의 D2C 플랫폼 전략
　　　　　2) D2C 전략과 미래

1) 쇼피파이의 D2C 플랫폼 전략

쇼피파이는 미국 뉴욕 증권 거래소에서 코로나 19 팬데믹 이전에 400달러였던 주가가 2021년 7월 1,442달러까지 급상승하며 세상에 이름을 알렸다. 코로나 시대에 큰 수혜를 받으며 2020년 1분기에 전년대비 47%나 매출이 증가했다. 아마존과 경쟁하는 유일한 이커머스 기업으로 언론에서 대서특필되며, 쇼피파이의 D2C 플랫폼 비즈니스가 주목받기 시작했다.

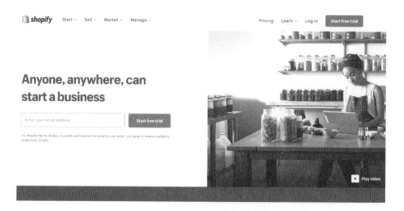

[쇼피파이, 자료 출처 : 쇼피파이 홈페이지]

기존의 쿠팡, G마켓의 서비스에 익숙한 이들이 쇼피파이의 비즈니스 모델을 이해하는 데에는 난해함이 있다. 쇼피파이의 온라인 쇼핑몰 사이트에 들어가면, 입점 브랜드나 판매 상품이 보이는 것이 아니라, 첫 메인 화면에 '누구나 어디서나 비즈니스를 시작할 수 있다.'라는 문구와 함께 메뉴에 'Start', 'Sell', 'Market', 'Manage'가 보인다. 쇼피파이의 타깃 고객은 아마존 등 소매 플랫폼 기업의 일반 소비자가 아니라, 이커머스 시장에서 상품을 판매하는 브랜드 제조 기업이다.

쇼피파이는 미국에서 아마존이 장악하고 있는, 이커머스 B2C 비즈니스에서 탈피해 브랜드 D2C 솔루션 제공 기업임을 포방하고 있으며, 브랜드 기업이 온라인 쇼핑몰을 구축하고 운영하는데 필요한 솔루션 플랫폼을 제공한다. 브랜드 쇼핑몰 제작뿐 아니라 고객 관리, 마케팅, 결제, 재고 관리 등 온라인 유통에 진입할 제조업체들은 쇼피파이를 통해 D2C에 필요한 모든 문제를 해결할 수 있다. 쇼피파이는 직접 온라인쇼핑몰 판매로 부가가치를 올리기보다는 이커머스 시장에서 유행하는 D2C 플랫폼을 제공하는 솔루션 기업이다.

쇼피파이는 2006년 캐나다에서 토비아스 루트케(Tobias Lütke)와 2명의 친구들에 의해 설립되었다. 설립 전 3명의 친구들은 온라인 쇼핑몰을 통해 스노우보드를 판매했는데, 상품 입점과 판매가 복잡하고 운영이 어렵다는 점에 아이디어를 얻어 일반 소기업이나 소상공인이 쉽게 입점할 수 있는 온라인 플랫폼 쇼피파이를 창업했다. 2009년에 운영 플랫폼을 출시하며 본격적으로 사업을 시작했으며, 2014년 약 12만 업체를 호스팅하며 성공적인 안착을 하였다. 2015년 4월, 뉴욕 증권거래소와 토론토 증권 거래소에 기업 공개를 신청해 5월에 뉴욕 증권 거래소에서 공모가 17달러 보다 60% 인상된 28달러에 거래를 시작했다. 2020년 현재 175개국 170만 브랜드가 쇼피파이 플랫폼을 사용 중이며, 한 해 동안 매출 29억 2천 9백만 달러를 기록하며, 이커머스 기업인 아마존을 위협하고 있다.

[Shopify Theme, 자료 출처 : aThemes]

쇼피파이는 브랜드 쇼핑몰 운영에 최적화된 마케팅 전략을 가지고 있다. 첫 번째는 운영자 편리성 향상을 위해 설정하는 쇼핑몰 셋팅 작업을 대부분 자동화하여 신속하고 간편하게 운영자의 의견을 반영할 수 있게 하였다. 두 번째는 SEO(Search-Engine Optimization. 검색 엔진 최적화) 분석 서비스를 제공하여 운영자가 적절한 검색 키워드와 제품페이지 등을 최적화 할 수 있도록 도와준다. 세 번째는 페이스북과 인스타그램 같은 SNS 플랫폼과 연계 판매가 가능하다. 페이스북 팔로워가 플랫폼을 사용하는 동안 스토어에서 쇼핑하도록 허용할 수 있다. 인스타그램 또한 제품 카탈로그를 업로드하며 쇼핑이 가능하다. 마지막으로 쇼피파이는 입점한 브랜드간 협업을 장려 한다. 예를 들어 패션의류 브랜드와 신발 브랜드가 협업해 공동 마케팅을 진행해 시너지 효과를 볼 수 있다.

쇼피파이의 성공 요인 중 하나는 아마존이 장악하지 못한 패션 분야의 틈새시장을 노렸다는 점이다. 소기업과 영세 기업들에게 온라인 유통으로의 진입은 전문 인력 확보와 높은 구축비용으로 인해 어려움이 많다. 쇼피파이는 이 틈새시장을 파고들어 통합 솔루션을 월 구독료 방식으로 제공하며, 170만개 고객사를 확보하는 성과를 이루었다. 앞으로 쇼피파이는 고객사 서비스를 금융 부분까지 확대해 대출을 진행할 예정이다.

2) D2C 전략과 미래

최근 제조 기업들이 앞 다퉈 브랜드 전용 몰을 오픈하고 있다. 이커머스가 확대되고 있는 상황에서 브랜드 제조업체들에게 D2C 전략은 하나의 판매 전략으로 자리 잡으며, 트렌드가 코로롱, 랄프로렌 등 패션 기업 뿐 아니라, 삼성 전자 등 가전 기업, 식품 기업들로까지 확대 중이다. 2000년대 이전, 오프라인 유통이 지배하던 시기에는 대규모 소매상에게 밀려 감히 브랜드 기업이 직접 판매를 시도하기가 어려웠다. 온라인 유통 구성비가 2020년 기준 46.5%로 유통의 중심으로 이커머스로 바뀌면서 브랜드 제조업체들이 오프라인 점포 개점에 소요되는 대규모 투자 없이도 직접 판매에 도전하는 길이 열리게 된 것이다. 사이버 공간에 디지털 브랜드 점포를 잘 차려 놓으면, 소비자는 어느 공간, 어느 시점에도 사이트에 들어올 수 있다.

[구찌 D2C 온라인 쇼핑몰, 자료 출처 : 구찌 홈페이지]

브랜드 기업의 D2C 진출은 중간 유통 제외에 따른 이익 상승과 시장 주도권 장악, 고객 데이터 확보 등 장점이 많지만, 무한 경쟁 시대에 이커머스 사업은 그리 만만하지 않다. 그리고 시장을 선점하고 있는 네이버 쇼핑, 쿠팡, 신세계 등 온라인 유통 대기업과의 경쟁을 피할 수 없다. 제조 기업들이 이커머스에서의 판매를 쉽게 생각하고, 이 분야에 뛰어들었다가 높은 광고비와 기대 이하의 실적으로 고전하는 경우가 많다. 더구나 고객에게 상품을 직접 판매하는 D2C는 고객 유입이 더 어렵기 때문에 난이도가 높은 비즈니스 이다.

　D2C 전략의 성공을 위해서는 유통 구조, 상품 전략, 가격 전략, 멤버십 관리에 주의해야 한다. 소비자에게 브랜드 전용 몰을 이용해야 하는 이유가 확실해야 트래픽을 확보해 성공할 수 있을 것이다. 결국 성공 여부는 브랜드 충성도에 있다. 글로벌 기업 또는 대기업 중심의 성공 사례도 이와 맥을 같이 한다.

꼭 알아야 할 이커머스
용어 정리 - PART I

파워 리테일러(Power Retailer)

파워 리테일러는 유통 시장에서 강력한 힘을 가진 소매 업체를 이야기 한다. 국내 1990년대 이전에는 소규모 소매상 중심으로 시장이 움직여 파워 리테일러가 없었으나, 1990년 이후에는 이마트, 홈플러스, 롯데 마트 등의 대기업의 유통 소매점이 점포와 시장 점유율을 확장하며, 강력한 힘을 가진 파워 리테일러가 되었다. 최근에는 다양한 유통 채널이 성장하며, 각 유통 채널에서도 쿠팡, GS 리테일, 현대 홈쇼핑 등 여러 파워 리테일러가 지속적으로 등장하고 있다. 농심과 삼성전자 같은 제조사 중심의 유통 시장에서 리테일 중심으로 변화하는 계기가 되었다.

NB 상품(National Brand Product)

NB 상품은 영문 뜻을 그대로 해석하면 국가 브랜드 상품이다. 본 키워드가 만들어질 당시 대부분의 상품들은 가내수공업으로 만들어져 해당 지역에서만 판매를 하던 시절이다. 산업혁명으로 교통이 발달하고, 자동화 공장이 생기면서, 상품은 제한된 지역을 넘어 국가 전체로 유통이 가능해졌다. 이처럼 전국적으로 유통이 되는 제조사 소유의 제품을 NB 상품이라 한다. 더 쉽게 생각하면, 여러분 눈앞에 흔히 보이는 삼성전자 TV, LG 냉장고, 현대 자동차 펠리세이드 등 국내에서 생산되는 대부분의 상품들은 모두 NB 상품이다. 만약에 여러분들이 창업을 해서 상품을 제조한 후, 온라인 쇼핑몰 등을 통해 판매한다면, 그것 또한 NB 상품이라 할 수 있다.

풀필먼트(Fulfillment)

물류 전문 업체가 고객의 상품 주문 이후 배송 완료시 까지 상품의 물류 전 과정을 처리하는 것을 풀필먼트라 한다. 일반적인 온라인 쇼핑몰에서 물류처리는 고객이 상품을 주문하면, 판매 기업에서 상품을 준비해 택배회사를 통해 고객에게 배송한다. 풀필먼트는 판매 기업의 상품을 미리 물류업체의 창고에 선 입고시킨 상태에서 고객이 주문을 하면 물류업체가 상품을 선별, 포장하여 배송하는 시스템이다. 여기서 중요한 포인트는 기존의 물류 방식은 판매 기업이 상품 선별과 포장에 소요되는 시간을 물류업체가 운영함으로 신속하고 전문성 있게 처리한다는 것이다. 그로 인해 쿠팡의 로켓 배송, 마켓 컬리의 샛별 배송이 가능하게 되었다.

긱 경제(Gig Economy)

긱 경제는 일에 대한 수요가 있을 때만 임시로 계약을 맺고, 일을 맡기는 경제를 의미한다. 긱(Gig)은 1920년대 미국의 재즈 클럽에서 단기적으로 연주하는 연주자들에게서 유래되었다. 최근 ICT(Information and Communications Technology. 정보 통신 기술)가 발달하면서 세계적으로 일자리 플랫폼이 속속 생겨나고 있다. 직장을 다니는 노동자 뿐만 아니라, 일자리 플랫폼을 이용해 생계를 유지하는 사람들이 전 세계적으로 늘어나고 있다. 국내에서도 크몽, 3.3 등의 일자리 플랫폼을 통해 긱 경제 규모가 점점 커지고 있다.

구독 경제(Subscription Economy)

구독 경제란 일정 기간에 일정 금액을 지불하면, 이용자가 원하는 상품 및 서비스를 주기적으로 제공하는 비즈니스 서비스를 말한다. 여러분들 가정에 집집마다 설치되있는 SK 브로드밴드, LG 유플러스 같은 IP TV를 생각하면 쉽게 이해할 것이다. 매달 월 사용료를 지불하면 초고속 인터넷망을 이용해 양방향 TV 서비스를 제공받을수 있다. 구독 경제는 정기적으로 배송을 해야 하는 점에서 장점과 단점을 동시에 가지고 있다. 그래서 배송이 간편한 왓챠나 멜론 같은 콘텐츠 구독 서비스가 먼저 발달하게 되었다. 최근에는 식품, 의류, 영양제 등의 상품으로 영역을 확대를 하고 있다.

공유 경제(Shared Economy)

공유 경제란 자산이나 서비스를 개인 간에 공유해서 사용되는 경제 시스템을 말한다. 개인이 소유하고 있는 물건이나 서비스의 혜택을 여러 명이 함께 사용하고, 그 비용을 나누어 내며, 그로인해 자원 효율성과 비용을 줄일 수 있는 경제 활동이다. 자동차를 함께 사용하는 우버나 쏘카, 방을 공유하는 에어비앤비가 대표적인 공유 경제 플랫폼이라 할 수 있다. 최근에는 개인 간에도 공유 경제 활동이 활발해지고 있으며, 넷플릭스 ID 한 개를 여러 명이 함께 사용하거나, 개인의 집을 함께 공유하는 쉐어 하우스도 나타나고 있다.

유니콘 기업(Unicorn)

유니콘은 말의 형상으로 이마에 뿔이 달린 전설 속의 동물이다. 이처럼 유니콘 기업은 이런 전설에서나 나올법한 대단한 기업을 의미한다. 구체적으로 기업 가치가 1조 원 이상이고, 창업을 한지 10년 이하의 비상장 신규 기업을 의미한다. 세계적인 유니콘 기업으로는 중국의 바이트 댄스와 디디추싱, 미국의 위워크와 스페이스 X, 한국에서는 쿠팡, 무신사, 야놀자 등이 있다. 유니콘 기업이 된다는 것은 시장에서 성장 가능성이 입증됐다는 것을 의미하며, 거액 투자를 받아 세계적 기업으로 성장할 수 있다는 점에서 창업 기업들에게는 최대의 목표이다.

PART 2

서비스 유통에 뉴 모델
애플리케이션 플랫폼

1.

서비스 비즈니스의 진화
식당에서 애플리케이션 플랫폼까지

상품은 수요에 맞춰 생산을 조절할 수 있고, 품질도 일정하게 유지하기가 용이하다. 또 공급이 수요를 초과하거나, 사전에 물량 준비가 필요할 경우에는 재고 형태로 보관 할 수도 있다. 서비스는 그에 반해 무형적(Intangible)이며, 품질을 일정하게 유지하기 어렵고, 재고 형태로 보관을 할 수가 없다. 특히 서비스는. 상품과 달리 행위(제조)와 소비가 분리될 수 없으므로 상품과는 다른 경로로 유통된다. 미용실에서 커트 서비스를 받을 때, 헤어디자이너가 커트를 하는 행위가 시작해야 서비스가 발생하며, 커트 서비스를 따로 제조해서 재고화 할 수는 없다.

서비스 유통에 가장 대표적인 사례는 여행 관련 상품이며, 전통적으로 서비스는 대리인을 통해 판매되는 것이 일반적이다. 예를 들어 호텔, 항공권, 렌트카 등은 여행사를 통해 판매되었다. 그러나 인터넷, 스마트폰, 소셜네트워크 서비스(SNS)의 등장은 서비스 유통에 획기적인 변화를 가져왔다.

근자에는 대부분의 서비스 판매 또는 예약은 인터넷을 기반으로 하는 각종 플랫폼을 통해 이루어지고 있다. 많은 사람들이 호텔은 트리바고(Trivago), 렌트카는 카약(Kayak), 항공권은 스카이 스캐너(Sky Scanner)를 통해 예약하고 있다. 소비자는 이러한 인터넷 기반의 플랫폼을 통해 모든 가격, 서비스의 질에 관한 정보를 획득할 수가 있고, 나아가 사용자 후기(개인 간 통신 정보 교류. Peer to peer)를 통해 서비스 제공자의 일방적 프로모션보다 신뢰할 수 있는 정보까지도 획득하는 것이 가능해졌다.

서비스는 소유하는 것이 아니고, 잠시 사용하는 것이며, 상품과 같이 표준화되어 있지 않으므로, 상품에 비해 가격 경쟁력이 매우 중요하다. 비행기 티켓을 구매할 때 항공사보다는 가격이 가장 중요한 선택 요인이다. 인터넷에 의한 서비스 유통의 혁신은 공산품 산업에 비교하여 가격, 품질 경쟁을 더욱 심화시켰고, 그 결과 소비자가 최대의 수혜자가 되었다. 또한, 인터넷을 비롯한 정보 통신 기술은 공유경제라는 새로운 경제 모델을 탄생시켰다. 본 장에서는 서비스 유통의 진

화 과정을 살펴보고, 인터넷과 스마트폰, SNS에 의해 발달한 공유경
제에 대해 설명한다.

[공유 사무실 플랫폼 위워크, 자료 출처 : 위워크 홈페이지]

1) 서비스 유통의 진화

• 산업혁명 이전의 유통 구조

산업혁명 이전에는 개인 서비스 제공자가 제품이나 서비스를 직접
제공하는 유통 형태를 띠었다. 그 당시 대부분의 사람들은 경제력이
충분치 않아 서비스를 외부에서 돈을 지불하고, 이용하기 보다는 자
급자족을 통해 해결하였다. 일부 식당, 카페, 자동차 정비업, 미용실,
의류수선점 등은 소규모로 운영됐으며 개인별 소유였다. 당시 서비스

유통은 지역 내에 위치한 개별 가게를 통해 지역 주민들을 대상으로
이루어 졌다.

서비스 제공자 ▶ 소비자

[1800년대 미국의 식당]

• **산업혁명 이후의 유통 구조**

현대 최초의 서비스 프랜차이즈는 1891년에 미용실 사업으로 시작
한 마사 마틸다 하퍼(Martha Matilda Harper)의 하퍼 메소드 샵(Harper
Method Shops)이다. 사업은 초기에 지속적인 교육, 브랜드 상품, 현장
방문, 광고 등 다양한 마케팅 활동을 하며, 1972년 문을 닫을 때까지
500개 이상의 가맹점을 운영했다.

1950년대와 1960년대는 서비스 산업에서 프랜차이즈 시스템이 급성장하는 시기이다. 미국 내 TV의 보급으로 매스미디어가 발달하면서 상품 및 서비스 광고가 대중화 되었고, 자동차의 보급과 고속도로의 발달은 사람들의 이동을 자유롭게 하면서 프랜차이즈는 시스템을 가속화 하였다.

　　프랜차이즈의 시스템은 가맹 본부의 노하우와 가맹점의 투자와 영업이 결합된 형태이다. 고속도로의 발달로 여행 빈도가 늘어나게 되었고, 여행 지역에서는 지역 정보를 얻기가 어려웠으므로, 맥도날드와 같이 우수한 사업 노하우를 가진 서비스 업체는 전국적 TV 광고를 이용하여 브랜드 인지도를 높이고, 품질의 일관성을 높임으로써, 가맹점을 모집하여 빠른 시간 안에 사업을 확장할 수 있었다.

[1924년 프랜차이즈 식당 A&W restaurant, 자료 출처 : A&W 홈페이지]

지역마다 보다 나은 햄버거 식당이 있을 수 있으나, 여행자가 그 정보를 얻기가 어려워서 인지도가 높고 친숙한 맥도날드를 선택함으로써 잘못된 선택의 위험을 줄일 수 있었다. 이러한 프랜차이즈 시스템의 발달은 서비스 유통의 길이가 길어지는 결과를 가져왔다.

다음은 초기 주요 프랜차이즈기업과 설립된 연도이며, 대부분 여행 관련 사업임을 알 수 있다.

▶ 마사 마틸다 하퍼 Martha Matilda Harper Salon(1891)
▶ 에이앤더블유 레스토랑 A&W restaurant(1924)
▶ 맥도날드 McDonald's(1952, 1961년 Kroc 인수 후 비약적 발전)
▶ 케이에프씨 KFC(1952)
▶ 던킨 노너츠 Dunkin Donuts(1950)
▶ 허츠 렌트카 Hertz Rental Car(1925)
▶ 홀리데이 인 Holiday Inn(1952)
▶ 쉐라톤 호텔 Sheraton Hotel(1937)

프랜차이즈는 시스템의 이론적 존립 근거로는 빠른 자금 확보와 직영사원의 도덕적 해이(Moral hazard)를 들 수 있다. 우수한 점포 운영 노하우를 가진 가맹 본부는 가맹점주로부터 투자를 받음으로써 사업을 빠르게 확산할 수 있다. 그리고 직영점을 운영하는 경우, 지점에 파견된 직영 사원은 직원 입장에서 적당히 일을 하거나 부정행위를 통

[1950년 던킨 도너츠, 자료 출처 : 던킨 도너츠 홈페이지]

해 회사에 손해를 줄 수 있다. 가맹점 형태로 운영을 한다면, 자신의 사업이기 때문에 최선을 다해 운영하여 직영점의 최대 고민거리인 도덕적 해이를 걱정할 필요가 없어진다.

가맹 본부 ▶ 가맹점 ▶ 소비자

• 정보 혁명 이후의 서비스 유통

정보 혁명은 프랜차이즈는 시스템의 운영 효율적인 측면에서 변화를 가져왔다. 먼저 컴퓨터와 통신 기술의 발달은 지점에 파견된 직영 사원 업무의 감시 비용을 현저히 낮추었다. 예를 들면 CCTV나 여러 가지 센서에 의해 수집된 지점의 현장 정보는 통신기술에 의해 본사로 전송됨으로써 감시의 효율성을 증대시켰다. 주목할 점은 이 시기에 프랜차이즈 시스템이 급격히 확산되던 1950년대와 비교하여 교육 수준이 현저히 높아짐으로써 종업원의 전반적인 책임 의식이 높아졌다는 점이다. 따라서 프랜차이즈 시스템의 골칫거리였던 직영 사원의 도덕적 해이의 정도는 현저히 낮아지거나 통제가 가능하게 되었다.

자본의 확충 측면에서 정보 혁명은 기업 정보의 확산과 투명성을 제고시킴으로써 자금 조달을 용이하게 하였다. 이는 우량 기업에 대한 투자를 활성화시켰고, 이 시기에 벤처 캐피탈, 엔젤 펀드, 사모 펀드, 크라우드 펀드 등의 새로운 자금 조달원이 생겨나면서, 우수한 노하우를 보유한 기업은 더 이상 가맹점의 투자에만 의존할 필요가 없게 되었다. 프랜차이즈의 시스템은 가맹점과 이익을 공유하는 사업 방식으로 사업성이 뛰어나면 직접 직영점을 운영해 더 많은 이익을 가져올 수도 있다. 코카콜라는 과거에는 지역별로 코카콜라 원액을 본사로부터 받아 생산 및 유통하는 보틀링(Bottling) 회사를 가맹점으로 두었었다. 그러다 현재는 보틀링 계열사인 코카콜라 컨솔리데이티드(Coca Cola Consolidated Inc.)를 직접 운영함으로써 큰 이윤을 기록하고 있다(수직적 계열화).

프랜차이즈는 시스템은 많은 사회적 문제를 야기하기도 하였다. 프랜차이즈는 사업이 번창하면서 많은 가맹 본부가 가맹점 모집에만 몰두하며, 가맹 점주에게 약속한 품질의 제품이나 서비스를 제공하

[Coca Cola Consolidated 로고, 자료 출처 : 코카콜라 홈페이지]

지 않거나, 심지어는 가맹점 모집 후 일순간에 사업을 접는 먹튀 행위도 나타나고 있다. 또한, 우리나라의 편의점 가맹 사업이나 베이커리, 치킨 프랜차이즈, 미국의 서브웨이(Subway Sandwich) 등은 과도한 수의 가맹점을 출점함으로써 일정 수준의 배타적 영업지역을 보장해 주지 않는 경우가 많다. 이러한 이유로 미국에서는 연방 공정 프랜차이즈 관행법(Federal Fair Franchising Practices Act. FFFPA)에 의해, 한국에서는 공정 거래법에 의해 일부 가맹 본부의 갑질을 규제하고 있다.

가맹점주의 도적적 해이 또한 문제점으로 지적된다. 예를 들어 요식업의 경우 가맹점이 가맹 본부에서 정한 조리 방식을 따르지 않는다거나 저품질의 식자재를 사용하는 등의 사례가 빈번히 있다. 최근 들어 우리나라의 최대 요식업 프랜차이즈 기업인 더본코리아의 매출이

정체되고 이익이 급감하는 현상은 프랜차이즈 시스템의 한계를 보여
주는 주목할 만한 현상이다.

전 세계적으로 2019년 현재 767,483개의 프랜차이즈 사업이 있고 매
5분에서 8분마다 새로운 프랜차이즈 사업이 생겨나고 있다. 그러나 대
부분의 성공한 프랜차이즈 사업은 역사가 오래되었다는 사실은 주목
할 점이다. 오랜 기간의 운영 노하우로 품질 관리에 성공한 프랜차이
즈만이 성공하고 있다.

이와 같이 정보 혁명은 도적적 해이의 감소 또는 통제, 자금 조달원
의 다양화로 인해 프랜차이즈는 사업의 매력도를 감소시키고, 직영사
업의 매력도를 높이는 촉매제가 되었다. 우리나라의 대표적 커피 프랜
차이즈 기업이었던 카페베네는 파산한 반면, 직영점 체제를 갖춘 스

[스타벅스 한강 잠원점, 자료 출처 : 인사이트]

타벅스는 크게 번창하고 있다. 미용실 프랜차이즈로 가장 성공한 기업인 주노 헤어도 직영 체제를 기본으로 하고 있다. 스타벅스 외에도 커피 빈스, 미국의 약국 체인인 CVS(Customer Value Store) 헬스(10,000 여개의 점포, 2019년 매출액 2,570억 달러) 등의 우량 기업들은 직영점 체제를 가지고 있다. 우리나라의 맥도날드도 더 이상 가맹점을 출점하지 않는다.

본사가 직영점으로 직접 운영하는 수직 계열화의 유형은 프랜차이즈 체제에 비해 여러 가지 장점이 있다. 가맹점의 종업원은 대부분 시간제 근무자가 많은 반면 직영점의 종업원은 대부분 정규직이다. 직영점 체제의 기업은 상대적으로 규모가 크므로 직업의 안정성이 보장되고 종업원은 애사심과 소속감, 직업에 대한 자부심이 강하다. 회사가 제공하는 여러 가지 복지 혜택과 승진 기회 또한 매력적이다. 이러한 요소들은 조업원의 동기부여와 몰입감을 제고시킨다. 본사 입장에서는 종업원의 이직률이 상대적으로 낮으므로 교육 훈련에 소요되는 시간과 비용을 최소화할 수 있다. 서비스 유통의 핵심은 서비스를 제공하는 직원인 점을 감안할 때 중요한 차별화 포인트라 볼 수 있다.

그리고 프랜차이즈 사업에서는 항상 본사와 가맹점 간의 갈등의 가능성이 있는 반면, 직영체제에서는 이러한 갈등 자체가 없으며 사업을 통제할 수 있고, 본사에서 수립한 전략을 신속하고도 일관되게 추진할 수 있다는 장점이 있다. 커피가 아닌 문화를 판매한다고 알려진 스타벅스가 가맹점 체제였다면, 추구하는 문화가 소비자 마음속에 일관되게 심어지지 않았을 것이며, CVS 헬스가 2014년 수조 원의 매출 규모인 담배 판매를 중단한 것도 가맹사업 체제에서는 불가능하였을 것이다.

결론적으로 지난 수십 년간 번창한 가맹점 중심의 프랜차이즈 사업은 정보 혁명으로 인해 매력도가 감소하고 있는 반면, 본사가 직접 운영하는 직영점 체제가 주목받고 있다. 직영 체제로 인해 서비스 유통의 길이가 다시 짧아졌다.

[미국 최대 드럭스토어 체인 CVS 파마시, 자료 출처 : 화장품 신문]

상품의 유통과 같이 서비스 산업에서도 역사는 반복되고 있다. 과거의 서비스의 직접 유통과의 차이점은 과거에는 개인이 자기 소유의 단독점포에서 서비스를 제공한 반면 현대에는 소매업에서의 파워 리테일러와 같이 거대 직영 서비스 체인(Direct Service Chain)에 의해 직접 유통된다는 점이다.

직영 서비스 체인 ▶ 소비자
(Direct service chain)

• **인터넷 등장 이후의 서비스 유통**

앞에서 진술한 바와 같이 프랜차이즈 사업이 번창하게 된 가장 중요한 계기는 소비자가 타 지역에서 서비스 구입 시 사전 정보와 검증을 할 수 없다는 것에서 비롯됐다. 하지만 인터넷이 등장하면서 이제는 낯선 곳에서도 스마트폰과 SNS를 활용하여 신뢰성이 높은 지역 정보를 즉각적으로 얻을 수 있다.

일반적으로 프랜차이즈 가맹점은 인지도는 높으나, 최고의 맛과 최고의 가성비를 보장하지는 않는다. 인터넷과 스마트폰의 발달로 SNS 참여가 늘면서 프랜차이즈 사업의 매력도를 더욱 감소시킬 것으로 예상한다. 이러한 기술 혁신은 비록 자금력 부족으로 홍보나 광고 활동을 못해 인지도를 얻지 못했던 실력 있는 개인 서비스업체에게는 큰 기회가 될 것이다. MZ 세대는 획일적인 것을 제공하는 프랜차이즈를 선호하지 않는다. 독특한 맛과 인테리어, 차별화된 서비스로 무장한 맛 집은 MZ 세대에게 매력적일 수 있다. 또한, 산업혁명 이전에는 소규모 개인 점포가 광고할 수 있는 자금력과 수단이 마땅치 않았다. 그러나 지금은 서비스에 만족한 고객이 SNS를 통해 주인 대신 점포를 홍보한다. 향후 서비스 산업은 양극화될 것으로 예상된다. 거대 직영 서비스 체인(Direct Service Chain)과 개인 소유의 점포는 번창하는 반면, 맥도날드, 하얏트 호텔과 같은 오래되고 품질 관리가 우수한 소수 업체를 제외하고는 애매한 중소 프랜차이즈 기업들이 쇠퇴할 가능성이 크다.

상품의 유통에서와 같이 서비스 유통에서도 역사는 반복된다. 산업 혁명 이후 프랜차이즈 사업의 번창으로 길어졌던 서비스 유통이 정보혁명으로 인해 직영 파워 서비스 체인이 번창하고, 인터넷, 스마트폰, SNS의 발달로 개인 서비스 업체가 재도약함으로써 유통의 길이가 짧아지고 있다.

개별 서비스 제공업체 ▶ 소비자

[표1-2] 서비스 유통의 진화 과정

	산업혁명 이전	산업혁명 이후	정보혁명 이후	인터넷 등장 이후
주요 촉발 요인 (기술)	–	철도, 자동차, 매스 미디어	컴퓨터, 통신기술 (ICT)	인터넷, 스마트폰
생산 방식	주문생산 (on demand)	대량생산 (mass sevice)	대량생산 (mass sevice)	개별 맞춤 서비스 (mass sevice customization)
주요 유통구조 (기존의 유통구조와 병존)	개별 서비스 제공업체 ▶ 소비자	가맹본부 ▶ 가맹점 ▶ 소비자	직영 서비스 체인 ▶ 소비자	개별 서비스 제공업체 ▶ 소비자
유통경로의 주도권 (power)	소비자	가맹본부	파워 직영 서비스 체인	소비자
가격 수준	가장 높음	낮음	매우 낮음	가장 낮음
주문 생산 정도 customization	가장 높음	매우 낮음	높음	매우 높음
유통의 길이	가장 짧음	길어짐	짧음	가장 짧음

2.

내가 가진 소유물이
돈이 되는 공유 경제

Human Resource Shared Service

공유 경제(Shared Economy)의 의의

21세기에 들어 20세기 후반에 정보 통신 기술(Information and Communication Technology : ICT) 발전은 서비스 산업에서 공유 경제의 발달을 촉진하였다. 공유 경제는 YOLO(You Only Live Once)와 워라밸(Work-Life Balance) 문화가 확산되고, 긱 경제(Gig Economy. 기업들이 정규직 보다 필요에 따라 계약직 혹은 임시직으로 사람을 고용하는 경향이 커지는 경제 상황을 일컫는 용어)가 삶의 대안으로 떠오르면서, 우버(Uber. 수송, 2009년 설립), 에어비앤비(Airbnb. 숙박, 2008년 설립), 위워크(WeWork. 공유 사무실, 2010년 설립), HRSS(Human

Resource Shared Service. 인력 공유 서비스, 2007 설립), 렌딩 클럽 (Lending Club. 크라우드 펀딩, 2006년 설립) 등의 공유 기업 설립이 한 때 유행처럼 번져 나갔고, 2011년 타임지는 공유 경제가 세계를 변화시킬 10대 아이디어 중 하나라고 밝힌 바 있다.

공동 소비라고도 불리는 공유경제는 타인이 소유한 자산을 빌리거나 대여하는 경제 모델로 정의될 수 있다. 공유 경제는 수천 년 전부터 존재하였으나, 인터넷의 발달은 개인 간 거래(Peer-to-peer Transaction)와 렌탈 시장을 획기적으로 발전시켰다. 공유 경제를 이용한 5대 비즈니스 분야는 숙박, 차량 공유, 자금 조달(Financing), 인력 수급(Staffing), 사무실 공간 공유 분야 등이다. 세계적 컨설팅 회사인 프라이스워터하우스 쿠퍼스(Pricewaterhouse Coopers)는 이 다섯 분야에서의 매출이 2015년 17조에서 2025년 350조로 성장할 것이라고 예측하고 있다.

공유 경제는 제품이나 자원, 서비스 등을 소유하는 대신 이를 공유함으로써 자원의 효율성을 높인다는 측면에서 전통적인 경제 모델을 대체하고 있다. 이러한 새로운 경제 모델은 서비스 제공자는 사용하지 않는 자원으로부터 수익을 창출할 수 있고 서비스 사용자는 저렴한 가격에 이를 활용할 수 있다는 점에서 전통적 사업 모델에 비해 획기적인 장점을 지닌다. 결국, 공유 경제는 자원의 활용을 극대화함으로써 제공자나 사용자 모두에게 시간과 돈을 절약해 주는 점에서 경제적으로 큰 의미가 있다.

[국내 차량 공유 플랫폼 소카, 자료 출처 : 소카 블로그]

공유 경제 발전의 원동력

정보 기술의 발달은 공유 경제의 획기적 발전에 크게 공헌하였다. 스마트폰과 소셜네트워크 서비스의 발달은 사용자에게 정보를 지속적이고도 즉각적으로 제공해 줌으로써 원하는 제품과 서비스를 신속하게 선택하는 것을 가능하게 하였다. 공유 경제는 과거에도 존재하였으나, 인터넷과 스마트 기기의 발달은 공유경제가 발달할 수 있는 새로운 형태의 플랫폼을 창출하였다.

2008년도에 발발한 세계적 금융 위기는 공유 경제의 발달을 촉발시킨 또 하나의 원동력이다. 금융 위기로 인한 경제 불황과 불안정은 공유경제를 통해 자원의 네트워킹과 통합을 가속화 시켰다. 문화적 변화 또한 공유 경제의 발달에 이바지 하였다. 미국의 경우 자동차는 전통적으로 독립의 상징물이었으며, 자동차가 없이는 삶이 불가능하다고 여겨졌으나, 이는 더 이상 젊은 층의 문화가 아니다. 정보기술 산업 관련 리서치 기업인 가트너(Gartner)에 따르면 자동차에 비해 인터넷을 더 선호한다고 응답한 인구 비중이 2차 세계대전 후 세대인 베이비부머는 15%인 반면, 18세에서 24세 사이의 연령층에서는 46%로 조사되었다.

지속가능성이란 제품을 최대로 사용함으로써 자원 낭비를 최소화하는 것을 말한다. 공유 경제 옹호론자들은 공유경제를 통해 탄소 배출을 억제할 수 있다고 주장한다. 예를 들어 혁신을 연구하는 패스트 컴퍼니(Fast Company)에 따르면, 호텔을 사용하는 것에 비해 에어비앤비(Airbnb)를 활용하면 탄소 배출량을 66% 감소시킬 수 있고, 우버(Uber) 등의 차량 공유를 통해 40% 절감할 수 있다고 한다. 공유 경제는 지속가능 소비를 통해 경제 성장을 이룰 수 있으며, 동시에 자원의 효율적 사용과 자원 낭비의 최소화를 통해 환경 문제를 완화시켜 줄 수 있다.

공유 경제는 개인 간 사회적 교감을 통해 지역 사회의 발전에 이바지한다. 일반적으로 공유 경제는 지역 사회의 스타트업 기업에게 기회를 제공함으로써 지역 사회의 발전에 공헌한다. 또한 공유 경제는 일반인이 거래에 참여함으로써 개인 간 교류를 통해 사회적 소속감을 가지게 하고 글로벌 시각을 가지게 하는 장점이 있다. 예를 들어 에어비앤비(Airbnb)의 숙박 제공자는 세계 각지의 사람들과의 교류를 통해 이 문화에 대한 이해도를 높일 수 있다.

공유 경제의 성공은 신뢰와 투명성에 크게 좌우된다. 공유 경제의 플랫폼을 제공하는 기업들은 서비스 제공자들이 좋은 명성을 쌓을 것과 사용자와 굳건한 관계를 형성할 것을 강조한다. 공유 경제가 원만히 운영되기 위해서는 서비스 제공자는 약속한 품질을 보장하여야 하며 사용자는 미래 고객을 위하여 제품이나 서비스를 신중하게 사용하여야 한다. 따라서 공유경제가 성공하기 위해서는 상호 신뢰가 필수적이다. 공유 경제 이론의 대가인 옥스포드 대학의 레이첼 보츠만(Rachel Botsman)교수는 기술 발전은 사회적 연결을 촉진시키고, 소유와 공유에 대한 관점을 크게 바꾸고 있다고 주장한다.

[최근 환경, 사회 공헌, 윤리 경영을 중시하는 ESG 경영이 화두임]

이러한 공유 경제의 확산에도 불구하고 공유 경제가 해결해야할 과제는 산적해 있다. 공유 경제는 지역 경제 수준에서는 잘 운영되고 있는 경우가 많으나, 전 세계적인 차원에서 제대로 작동할 수 있게 하기 위해서는 아직도 해결해야할 과제가 많다.

법적, 제도적 규제는 공유 경제의 성공에 가장 큰 걸림돌이다. 정책 입안자 입장에서는 에어비앤비(Airbnb), 우버(Uber), 야놀자, 카카오 카풀과 같은 혁신적 공유 모델이 가지는 반경쟁적 측면, 소비자 보호, 운영의 합법성에 관심을 가지고 정책을 입안한다. 정부나 시민 단체는 이러한 공유경제의 부정적 측면과 더불어 이러한 혁신적 기업들이 저렴한 가격에 서비스를 제공함에 따라 호텔이나 택시와 같은 전통적 산업 기반이 붕괴되고, 많은 실업자가 양산되는 것을 우려한다.

예를 들어 우버(Uber)는 기존의 택시나 기타 운송 수단과 같은 수준의 안전을 보장하지 못하고 낮은 비율의 세금을 납부한다. 나아가 이러한 공유경제 플랫폼 기업의 사업 영역의 정의는 애매할 수 있다. 예를 들어 우버(Uber)는 자신들을 운송 기업이 아닌 기술 플랫폼 기업으로 정의한다. 이러한 사업 정의는 많은 문제점을 야기하는데, 예를 들어 미국에서 장애자 보호법(Americans with Disabilities Act)과 같은 법망을 피할 수 있다. 우버(Uber)는 장애자 차량을 더 많이 제공하라는 법적 경고를 여러 번 받은 바 있다. 따라서 정부의 규제나 공유경제 기업의 자발적 규제는 이러한 공유경제 기업의 성패를 결정하는데 중요한 요소이다.

신뢰성의 문제 또한 공유경제에 있어서 중요한 이슈이다. 카본뷰 리서치(Carbonview Research)의 조사에 의하면, 공유경제 기업의 서비스를 이용하지 않는 이유 중 67%는 신뢰성의 문제 때문인 것으로 나타났다. 공유경제는 공유경제 플랫폼 구축자가 제품을 소유하지 않은 채 중개 업무만을 제공하는 서비스 모델이다. 서비스 제공에 필요한 제품을 소유하지 않는다는 점은 투자금을 필요로 하지 않는다는 점에서는 매력적이나, 다른 사람의 자원을 사용한다는 것은 서비스 산업에서 가장 중요한 일관된 서비스 품질을 보장할 수 없다는 점에서 공유경제 모델은 태생적 한계를 가지고 있다.

긱 경제(Gig Economy)라고도 불리는 공유 경제는 정규 직업을 갖고 있지 않은 채, 자신의 자투리 시간만으로도 생활에 필요한 돈을 벌 수 있는 대안으로 각광받았지만, 근래에 긱 경제에 대한 회의적인 시각이 점차 늘어나고 있다. 우버(Uber)의 운전자 경우에서와 같이 긱 경제 참여자들은 그들이 생활하기에 충분한 수익을 올리지 못하고 있으며, 정규 취업자에 비해 시간 당 수입이 현저히 낮은 것으로 나타나 긱 경제가 빈민층을 양산한다는 지적이다.

공유경제의 본래 의도는 한번 생산된 제품을 여럿이 공유하고 사용하여 더 효율적으로 재화를 소비하고자 했던 모델이었는데, 제품을 소유하고 있는 공급자와 이를 필요로 하는 수요자 사이를 연결해 주는 플랫폼 구축자에게 부가 집중되는 플랫폼 경제로 변질되어 버렸다. 우버(Uber)나 에어비앤비(Airbnb)처럼 많은 회원을 확보하고 있는 업체들이 점점 높게 중개 수수료를 받아가면서, 기존의 산업 플레이어들은 플랫폼 구축자에게 종속되어 휘둘릴 수밖에 없게 되었고, 이들의 불만은 높아질 수밖에 없었다. 공유경제는 물건을 공유하는 모델이므로 생산자에게는 치명적인 타격이다. 따라서 효율적인 자원 활용 및 사회적 비용을 줄이자는 공유경제의 본질은 사라지고, 오히려 사회적 갈등을 유발하고 경제 성장을 저해시키는 비즈니스 모델로 인식하게 되었다.

우버(Uber), 에어비앤비(Airbnb), 위워크(WeWork)와 같이 많은 공유경제 비즈니스는 대면 서비스와 관련된 플랫폼 비즈니스이다. 코로나 19 팬데믹의 영향으로 출퇴근, 여행 등의 사람의 이동에 관한 수요가 줄면서 공유경제는 커다란 시련을 맞게 된다.

결론적으로 공유경제 기업은 자산을 소유하지 않은 채 남의 자산을 빌려주고 빌리는 플랫폼만을 제공하므로 우버(Uber) 운전자의 성범죄, 에어비앤비(Airbnb)의 몰래카메라 등에서 나타나는 바와 같이, 공유경제 서비스업은 서비스업에서 가장 중요한 성공 요인인 품질의 표준화가 보장되지 않는다는 점에서 구조적인 문제점을 가지고 있다. 또한, 우버(Uber) 운전자가 점차 빈곤층으로 전락하는 예와 같이 자투리 시간에 일하며 삶도 함께 즐긴다는 긱 경제의 한계점이 드러나면서, 공유경제의 장래에 대해 회의적인 시각이 많다. 또한, 공유경제는 대면 서비스이거나 물건을 공유한다는 점에서 코로나 19 팬데믹은 공유경제의 존립을 위협하고 있다. 많은 전문가가 예상하듯이 향후 코로나 19와 같은 전염병이 주기적으로 유행한다면, 공유경제 사업 모델의 장래는 앞으로도 어두울 것으로 예상된다.

STORY 17 대표 공유 경제 서비스 우버

POINT 1) 차량 공유 플랫폼 우버
2) 우버의 경쟁사
3) 국내 차량 공유 서비스
4) 차량 공유 서비스의 과제

1) 차량 공유 플랫폼 우버

• 우버(Uber)의 태동

2008년에 트래비스 칼라닉(Travis Kalanick)과 개릿 캠프(Garett Camp)는 프랑스의 수도 파리에서 택시를 잡는데 어려움을 경험한 후, 차량 공유 서비스의 개념을 고안하여, 2009년 주로 샌프란시스코와 실리콘밸리의 회사 중역들을 위한 차량 공유 서비스 기업인 우버 테크놀로지스(Uber Technologies Inc.)를 자본금 20만 불로 설립하였다. 미국의 대부분의 도시에서는 도시 교통 혼잡을 우려하여 도시 내로 진입할 수 있는 택시 대수에 제한을 두었기 때문에, 택시를 이용하는데 있어 도시인들은 많은 불편을 겪어 왔다. 따라서 우버의 편리하고, 저렴하며, 즉각적이고도 값싼 서비스에 고객들은 환호했다.

[우버, 자료 출처 : CNBC]

• **우버의 비즈니스 모델**

우버를 이용하기 위해서 고객은 앱을 다운받고, 계정을 개설한 뒤 신용카드를 등록한다. 고객이 우버 서비스 사용을 신청하면, 고객의 위치가 GPS에 의해 확인되고, 고객이 제시된 가격에 합의하면, 수 초 안에 인근의 우버 운전자와 연결된다. 고객은 운전자의 평점을 확인할 수 있고, 원하면 평점이 낮은 운전자를 거부할 수 있다. 또한 고객은 우버 차의 위치를 추적할 수 있고, 운전자와 통화할 수도 있다. 서비스가 완료되면 등록된 신용카드에 요금이 부과되고, 이메일로 영

수증이 전송된다. 교통 수요가 많은 경우에는 고객이 1.2배 단위의 요금을 지불할 수 있는 써지 프라이싱(Surge Pricing) 제도가 있었으나, 이러한 가격정책은 고객들의 반발을 불러와 2016년에 폐지되었다.

우버의 장점은 애플리케이션을 이용한 단순한 거래 과정, 스마트폰을 이용해 주변에 빈차로 있는 우버를 찾아주는 즉각적인 반응, 그리고 택시보다 저렴한 가격에 있다. 한 리서치 회사의 조사에 의하면, 우버 차의 92%가 10분 안에 도착한 반면, 택시는 16%만이 도착하였고, 택시의 37%가 20분 이후에 도착한 반면, 우버가 20분을 넘겨 도착한 경우는 불과 1%에 불과했다. 운전자 입장에서는 여유 시간에 부수입을 올릴 수 있고, 자기 소유의 차 활용을 극대화할 수 있으며, 자기가

[우버 잇츠, 자료 출처 : 우버 홈페이지]

원하는 시간에 일할 수 있다는 장점이 있다. 우버 본사 입장에서는 차량을 소유하지 않은 플랫폼 사업을 운영하므로 큰 자본 투자 없이도 사업을 시작하고 운영할 수 있다.

- **우버 서비스의 유형**
  - ▶ Uber X : 우버의 기본 서비스
  - ▶ Uber Black : 고급세단을 이용한 럭셔리 서비스
  - ▶ Uber Pool : 같은 방향으로 가는 고객을 최대 4명까지 이동시켜 주는 카풀 서비스
  - ▶ Uber Eats : 고객이 식당에 주문한 음식을 대신 배달해주는 서비스
  - ▶ Uber Rush : 자전거나 도보로 가까운 거리에 물품을 배달해주는 서비스
  - ▶ Uber Cargo : 물품을 배달하는 벤 서비스(홍콩에만 있음)

2) 우버의 경쟁사

- **Uber의 경쟁사**

미국의 리프트(Lyft) 우버는 '휠체어 라이드 서비스' 제공이 경쟁적 강점이고, 리프트는 우버 보다 친근한 이미지를 가지고 있다. 리프트는 고객의 운전자에 대한 불안감을 해소하기 위한 일환으로, 캐주얼하고 친근한 이미지를 주기 위해 차량에 분홍색 콧수염을 붙이고,

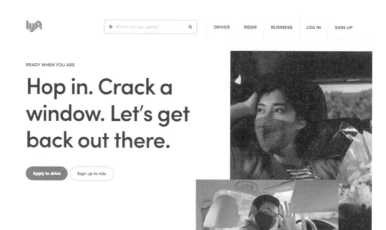

[리프트, 자료 출처 : 리프트 홈페이지]

마치 고객이 친구 차에 타는 것처럼 가능하면 승객을 앞자리에 앉도록 하는 등의 노력을 해왔다. 뿐만 아니라, 리프트는 승객에게 신뢰감을 주기 위해서 운전 경력 3년 이상, 나이는 23세 이상이며, 사고 경력과 범죄 이력이 없는 운전자를 이용하고 있다. 이러한 노력의 결과로 2015년 우버의 점유율이 90%가 넘었으나, 2018년에 이를 60% 정도까지 떨어뜨리며, 리프트가 우버의 대항마로 점유율을 잠식하고 있다.

중국의 디디추싱(Didi Chuxing) 디디추싱(Didi Chuxing)은 텐센트가 투자한 디디다처(Didi Dache)와 알리바바 그룹이 투자한 콰이디다처(Kuaidi Dache)가 합병한 회사이다. 디디추싱은 2016년 우버 차이나를 인수하며 주목을 끌었으며, 사실상 중국 내에서는 차량 공유 산업에서 독점 기업이라고 볼 수 있다. 디디추싱은 해외 업체와의 제휴를 통해 1,000개 이상의 도시에서 세계 시장의 80% 점유율을 차지하고 있으며, 2018년 상반기 기준 이용자수가 5억 5,000만 명을 넘었다. 뿐만 아니라, 디디추싱은 유럽과 아프리카에서 급성장하고 있는 택시파이(Taxify)와 전략적 파트너십을 맺으며, 5개 대륙에서 영향력을 확대하고 있다. 디디추싱은 막대한 자금력과 중국에서의 성공을 발판으로 기업 가치 60조 원의 유티콘 기업 2위의 글로벌 기업으로 약진할 것으로 예상된다.

디디추싱과 우버의 차이점은 결제 시스템, 지도, 기타 서비스 등 세 가지로 분류할 수 있다. 둘의 결정적인 차이점 중 하나인 결제 시스템은 우버의 중국 사업 진출 당시의 문제점을 보여준다. 디디추싱은 중

[디디추싱, 자료 출처 : 디디추싱 홈페이지]

국 소비자가 신용카드를 많이 갖고 있지 않다는 점을 고려하여 현금 지급을 허용했고, 중국에서 인기 높은 텐센트의 위챗 지급 결제 시스템을 이용하였다. 그에 반해서 우버는 도입 당시 현금 지급을 허용하지 않는데, 이는 고객에게 큰 불편함을 초래하였다. 두 번째 우버와 디디추싱의 차이점으로 지도를 들 수가 있다. 구글 지도에 기반을 둔 우버는 구글 지도가 정상 작동되지 않아, 결국 중국에서 바이두 지도로 전환해야 했다. 이런 기술 전환을 마치고 사업을 시작할 때쯤에는 이미 디디추싱이 중국 시장의 80%를 점유했기 때문에, 우버는 디디추싱과의 경쟁에서 뒤쳐질 수밖에 없었다. 이뿐만 아니라 디디추싱은 대리 운전 호출, 렌터카 호출, 기업용 차량 공유, 미니버스 호출, 고급 차량 호출, 자전거 공유 등 우버가 갖추지 못한 많은 서비스를 중국 시장에서 제공하였다.

동남아의 그랩(Grab) 그랩(Grab)은 싱가포르를 비롯한 동남아 8개국에서 운영되고 있다. 디디추싱처럼 현금 결제를 기본으로 하는 시스템을 갖추고 있다. 대부분의 동남아 사람들은 신용카드보다 현금을 더 많이 사용하기 때문에, 그랩은 현금 지불을 적극적으로 수용하는 정책을 폈다. 나중에 우버가 뒤늦게 현금 결제를 도입했다고 하나 이는 뒤늦은 움직임으로 평가되었다. 그랩은 가격이 투명하고, 바가지요금이 없으며, 운행 기록 보존으로 안전성을 보장하고 있다.

[그랩 라이더, 자료 출처 : Mime asia]

3) 국내 차량 공유 서비스

• 우리나라의 차량 공유 서비스

현재 우리나라에서 차량 공유 서비스를 대표하는 두 기업은 카카오 택시와 타다이다. 차량 공유 시장은 카풀 서비스로 알려진 '라이드 셰어링' 시장과 차량 단기 렌탈 서비스로 대표되는 '카 셰어링' 시장(예를 들면 소카)으로 구분되는데, 국내에서는 '라이드 셰어링'에 대한 규제로 인해 '카 셰어링' 시장만이 성장하고 있는 모습이다.

우리나라의 '여객 자동차 운송 사업법'은 지자체 등으로부터 운송 허가나 택시 면허를 발급받지 않은 업체나 개인이 자가용으로 돈을 받고 운송 행위를 하는 것을 불법으로 규정하고 있다. 또한 정부의 택시 사업 보호로 인해 우버는 한국 진출에 실패하였다. 즉, 한국 정부는 택시가 과포화인 상태에서 우버가 들어온다면, 택시 산업이 더 어려움에 처할 것이라고 보고 우버의 도입을 규제하고 있다. 2017년 7월 말 기준 서울시 택시 면허 대수는 7만여 대, 운전기사는 8만여 명으로 집계되었다. 전국적으로는 택시 면허 대수가 25만여 대, 운전기사가 27만여 명에 달한다. 이러한 택시 기사 단체는 정부나 지방 자치단체가 무시할 수 없는 강력한 이익 집단이며, 이들의 표를 의식한 정치적 고려 또한 차량 공유 서비스의 도입에 걸림돌이 되고 있다.

택시 기사들의 임금 구조를 개편해서 택시 사업 자체의 생명력을 키워 줌으로써 차량 공유 서비스의 도입에 대한 반발심을 낮출 수 있다. 한국의 택시 사업자는 현재 사납금 즉, 택시 회사가 차량 대여나 관리비 명목으로 택시 기사에게 막대한 비용을 지불할 것을 요구한다. 이러한 사납금을 낮추는 방안을 통해 차량 공유 서비스 도입에 대한 반발심을 줄일 수 있다. 뿐만 아니라, 우리나라에서 공유경제 사업 자체에 대한 규제는 심각한 사안이다. 현재 한국에서는 4차 산업 혁명에 필수적인 공유경제 서비스나 빅데이터 관련 사업 등이 규제되고 있다. 외국에서 허용되는 공유경제에 대한 규제를 완화하면서도 기존 사업자의 이익이 침해되지 않는 제도를 도출하는 지혜가 필요하다.

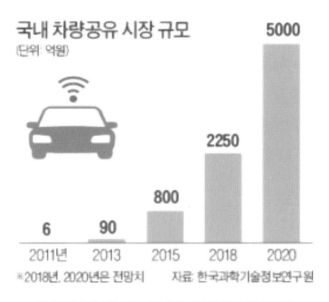

[국내 차량 공유 시장 규모, 자료 출처 : 한국과학기술정보연구원]

4) 차량 공유 서비스의 과제

• 차량 공유 서비스의 현안

법적, 제도적 규제는 공유경제의 성공에 가장 큰 걸림돌이다. 미국은 신규 사업에 대해 일단 허용한 후 문제가 생기면 규제를 하는 네가티브 규제(Negative Regulation) 방식을 택하고 있으나, 우리나라는 신규 사업에 대해 법규가 없으면, 규제하고 문제점이 없다고 판단되면, 이를 허가해 주는 포지티브 규제(Positive Regulation) 방식을 택하고 있다. 포지티브 규제를 보완하는 규제로는 샌드박스 정책이 있기는 하지만 우리나라의 이러한 규제 방식은 신규 사업, 특히 4차 산업 혁명 시대에 새로이 나타나는 신규 사업의 성공을 가로막는 커다란 걸림돌이다.

혁신적 공유 모델이 가지는 반경쟁적 측면, 소비자 보호, 운영의 합법성 여부는 공유경제 모델의 지속적인 관심사이다. 전 세계적으로 우리나라의 경우와 같이 정부나 시민 단체는 우버와 같은 혁신적 기업들이 저렴한 가격에 서비스를 제공함에 따라 택시와 같은 전통적 산업 기반이 붕괴되고, 많은 실업자가 양산되는 것을 우려한다.

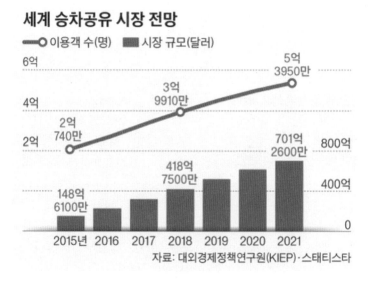

[세계 승차 공유 시장 규모 추이, 자료 출처 : 대외경제정책연구원/스태티스타]

우버는 회사가 운전자를 원하는 곳으로 보내는 식으로 그들을 조종하여 운전자를 기만한다는 도덕적 비판을 받기도 한다. 우버는 행동과학의 원리를 이용해 배후에서 회사에만 이득이 되는 쪽으로 운전자들을 조종해 왔다고 비난 받는다.

우버의 투명하지 못한 가격 체계, 운전자의 보험 미 가입, 운전자에 대한 혜택 미비(뉴욕에서는 이 사안에 관련해 우버 드라이버의 시위가 있었음), 승객의 안전 문제(강도, 성폭행 등), 운전자 이력의 미 검토로 인한 운전자 자질의 문제, 고객의 신용카드 정보 유출 등의 안전 문제는 우버가 해결해야할 과제이다.

• **코로나 19 팬데믹의 영향**

세계 최대 차량 호출 업체 우버가 2020년 1분기 코로나 타격으로 손실이 눈덩이처럼 불어났다. 차량 운행량이 지난해 같은 기간보다 80% 넘게 줄어든 탓이다. 그나마 음식 배달 대행 사업인 우버 이츠가 성장한 덕분에 더 큰 손실은 면했다. 우버는 2020년 1분기에 매출액 35억4천만 달러, 순손실 29억 4천만 달러의 실적을 거두었다.

월스트리트저널(WSJ)에 따르면 우버는 2019년 1분기에 비해 매출액(31억 달러)이 14.2% 늘었지만, 순손실(10억 9천만 달러)도 169.7% 급증했다. 상장 후 이 회사가 실적을 공개한 세 분기 가운데 가장 큰 손실이다. 매출 역시 소폭 늘어나긴 했지만, 금융 정보 업체 팩트셋이 집계한 월가 컨센서스(실적 전망치 평균) 35억 3천만 달러에 비하면 다소 낮은 수준이다. 반면 순손실은 컨센서스 13억 8천만 달러보다 더 높았다.

우버의 최고 경영자인 다라 코스로샤히(Dara Khosrowshahi)는 실적 발표 컨퍼런스콜에서 "4월 한 달 동안 차량 호출 사업이 1년 전 같은 기간보다 약 80% 위축됐다."고 말했다. 1분기는 1~3월 기준이지만, 우버 핵심 서비스인 우버 라이드의 수요가 코로나로 인한 외출 감소로 전 세계적으로 줄면서, 올해 내내 부정적인 영향을 미친 것으로 추정된다. 다만 우버 이츠는 코로나 사태를 틈 타 크게 성장했다. 자택 대피령으로 발이 묶인 사람들이 배달 서비스를 이용해 좋아하는 식당의 음식을 주문해 먹었기 때문이다. 우버 이츠의 총 주문 액은 1년 전보다 52% 증가한 46억 8천만 달러에 달했다. 이는 전 분기보다 7% 늘어난 것이다.

[도어대시, 자료 출처 : 니케이아시아]

다라 코스로샤히 CEO는 "우버 이츠가 창출하는 비즈니스 기회는 우리가 생각한 것보다 더 커지고 있다."며 음식점뿐만 아니라 소매점에서 우버 플랫폼을 이용해 소비자들에게 상품을 보낼 수 있도록 하는 새로운 서비스를 구상하고 있다고 말했다. 그러나 이번 분기 우버 매출의 일등 공신인 우버 이츠는 그룹허브(Grubhub), 도어대시(Door Dash), 포스트 메이트(Post Mates)와 같은 쟁쟁한 경쟁 업체들과 미국 시장에서 치열한 경쟁을 벌이고 있다. 이들 서비스 대비 뚜렷한 차별점이나 우위를 선점한 지역도 찾기 어렵다.

여기에 최근에는 캘리포니아 주를 중심으로 노동자 대우와 해고 문제가 불거지고 있다. 캘리포니아에서는 현재 우버 운전자들을 계약직원이 아닌 임직원으로 간주, 건강 보험 혜택과 직원 보호법 등을 적용해 줘야 하는지에 관한 논쟁이 벌어지고 있고, 이에 대한 법적 소송이 진행 중이다.

우버는 돌파구를 마련하기 위해 새 비즈니스를 찾고 있다. 2020년 5월 미국 최대 전동 킥보드 공유 스타트업 라임은 우버를 포함한 주요 투자자들로부터 총 1억7000만 달러의 투자를 유치했다고 밝혔다. 여기에 3700명에 달하는 감원 계획까지 내놨다. 지난해 말 기준 우버 전체 직원 2만6900명 중 14%에 해당한다. 승승장구 하던 우버에도 위기가 왔지만, 코로나에 의한 타격은 생각 보다는 크지 않았다. 공유경제의 대표 성공 모델인 우버는 혁신적인 모델로 급격한 성장을 했지만,

이런 성장 속에 기존 사업자와 소속 직원들과의 불화와 유사 비즈니스 경쟁 상대로부터 도전을 어떻게 막을지 지켜봐야 할 것이다.

STORY 18 **거대 호텔 체인에 도전하는 에어비앤비**

POINT   1) 호텔 공유 플랫폼 에어비앤비
         2) 에어비앤비의 경쟁사
         3) 숙박 공유 서비스의 과제

---

1) 호텔 공유 플랫폼 에어비앤비

• 에어비앤비(Airbnb)의 역사

2007년 10월 샌프란시스코로 이사한 직후 브라이언 체스키(Brian Chesky)와 조 게비아(Joe Gebbia)는 샌프란시스코가 세계적으로도 집값이 매우 비싼 도시였기 때문에 아파트를 빌릴 수 없었다. 브라이언 체스키와 조 게비아는 거실에 에어매트리스를 놓고, 침대와 아침 식사를 제공하여 수익을 창출하는 아이디어를 생각해냈다. 처음 목표는 단지 몇 달러를 버는 것이었다. 2008년 8월 샌프란시스코의 호텔을 예약할 수 없는 사람들을 위해 단기 거주 숙소와 아침 식사, 그리고 비즈니스 네트워킹 기회를 제공하는 웹사이트를 구축하며, 에어비앤비를 설립했다. 에어비앤비는 비즈니스 영역을 확대해 집주인이 자신의 비어있는 집의 사진을 업로드하면, 이용을 희망하는 사람이 집주인에게 금액을 지불하도록 하였다. 자신이 가지고 있는 물건을 남들과 나누면서 수익을 내는 공유경제라는 비즈니스 모델을 숙박업에 접목시킨 것이다.

• 간편한 예약 시스템과 SNS 연결

에어비앤비는 PC와 모바일 모두 이용 가능하다. 에어비앤비는 소셜 미디어 서비스(Social Media Service : SNS, 대표적으로 Facebook, Instagram, Tweeter 등)와 서비스를 연동하였다. 이러한 연동된 확장성이 기존 민박 온라인 사이트와는 차별화된 점이다. 이를 통해 희망 여행지가 비슷한 회원들끼리 숙박 체험 정보를 교환할 수 있다.

숙박 공유 사업은 관련 창업기업의 증가, 소셜미디어의 발달로 매년 30% 내외의 고성장을 이어가고 있다. 소셜미디어의 발달은 개인 간 거래와 타인에 대한 신뢰 및 평판 조회 등 거래 매체의 편리성과 신뢰성을 높여 다양한 공유경제 활동을 가능하게 하였다.

믿을 수 있는 '사용 후기'는 아이디와 프로필을 검증하여 정보의 신뢰성을 높였다. 결제 시스템 역시 철저한 보안을 갖추었고 문제가 발생하더라도 빠른 대처를 위해 24시간 상담 서비스를 운영하고 있다. 이용 방법과 결제 시스템의 단순화도 성공 요인 중 하나이다. 스마트폰으로 예약과 결제까지 한 번에 결제하는 시스템이 다른 앱으로 눈길을 돌릴 수 없게 만들었다. 아시아 지역에서 에어비앤비의 스마트폰 예약 비율은 75%에 달한다. 글로벌 여행객을 타깃으로 개발된 전 세계에서 통용 가능한 결제 시스템 덕분에 누구나 쉽고 빠르게 접근할 수 있다.

2) 에어비앤비의 경쟁사

• 경쟁자와 각 업체의 장단점

기존 호텔의 장점은 24시간 체크인이 가능한 점과 의사소통과 예약이 쉽고, 어느 지점이든 일관된 서비스를 제공받을 수 있으며, 시설이 깨끗하고 다양하다는 점 등이다. 또한 예약금이 필요 없고, 개인의 사생활을 보장받을 수 있다. 단점은 고가의 비용, 내부 음식 조리 불가 등이다.

카우치 서핑은 오래전인 1999년 보스턴에서 시작되었다. 21살이던 케이시 펜턴(Casey Fenton)은 보스턴에서 아이슬란드로 여행 중 저렴한 숙박시설이 없어, 아이슬란드 대학생 1,500명에게 홈스테이에 대한 문의를 하는 무작위 메일 보내며 영감을 얻었다. 1,500명 중에서 100개의 답장을 받고, 아이슬란드 가수 집에서 숙박을 한 후 돌아오며 이와 관련된 비즈니스를 하겠다는 다짐을 하고, 1999년 6월에 카우치 서핑닷컴(Couchsurfing.com)이라는 이름으로 도메인 이름을 등록했다.

2003년 비영리단체로 운영을 시작해, 2011년 영리법인으로 전환하며 본격적인 사업을 확대하였다.

[카우치 서핑 스토리, 자료 출처 : 카우치 서핑 홈페이지]

카우치 서핑은 잠을 잘 수 있는 소파를 뜻하는 카우치와 "파도를 타다"라는 뜻의 서핑의 합성어로 여행자들을 위한 커뮤니티이다. 장점으로는 '행 아웃(Hang Out)' 이라는 기능을 통해 여러 사람들과 쉽게 교류할 수 있고, 무료로 이용 가능하다. 단점은 쉽게 교류할 수 있는 만큼 위험에 노출될 가능성이 높고, 시설이 열악하다. 현재 전 세계 1천 2백만 명의 이용자를 확보하고 있다.

• 에어비앤비 경쟁사 대응 전략

에어비앤비는 공유경제 서비스의 가장 큰 약점인 숙소 품질의 신뢰성 향상을 위해 에어비앤비가 인증한 인증 숙소 제도를 개발하였다. 창립 10주년을 맞이하여 에어비앤비 플러스(Airbnb Plus)를 오픈했다. 기존 에어비앤비보다 고급스러운 시설과 더 믿을 수 있는 숙소에 에어비앤비 플러스(Airbnb Plus) 배지를 부여한다. 'Plus'가 되기 위해서는 직접 파견한 직원이 꼼꼼하게 약 100여 개의 항목을 점검해 승격을 결정한다. 손님들의 평균 평점 역시 4.8점 이상일 경우 지원 자격이 주어진다. 현재 13개 도시, 약 2천 개의 숙소에서 에어비앤비 플러스(Airbnb Plus)를 이용할 수 있다.

[오아시스, 자료 출처 : 오아시스 콜렉션 홈페이지]

오아시스 컬렉션은 기존 에어비앤비에 호텔식 서비스를 결합한 것이다. 공항에 마중을 나가 집주인 대신 열쇠를 전달해주는 것부터 각 도시에 배치된 전담팀이 이용 중 문제를 해결하며, 이용자가 사용하는 외국어를 구사할 수 있는 직원과 24시간 통화연결이 가능하다.

2014년 인스타그램을 통해 진행한 콘테스트는 호스트들이 자신들이 좋아하는 지역 명소를 인스타그램에 올렸고, 여행객들은 정보를 얻고, 호스트들은 이를 통해 효율적으로 자신들의 방을 홍보할 수 있는 효과를 얻었다. 또한 특별한 호스팅 마케팅 역시 매우 폭발적인 반응을 보였다. 유명 아티스트와 에어비엔비가 제휴하여 빈센트 반 고흐의 방을 실제로 구현하기도 하였고, 한국의 유명 가수 지-드레곤(G-dragon)의 과거 스튜디오를 숙소로 개조하고, 지-드레곤이 자주 방문하는 명소를 소개하는 방식으로 진행하기도 했다.

2012년 허리케인 샌디가 발생했을 때 에어비앤비에서 재난민을 수용하였다. 전통적인 숙박시설이 해낼 수 없는 것을 에어비앤비가 해낸 것이다. 호스트는 자원봉사에 대해 별도 사례금을 여러 기구나 시 정부, 개인 기부자로부터 지급받았다. 이후 난민 문제 등 사회복지 부서의 역할이 매우 중요해지면서 에어비앤비만이 해낼 수 있는 이러한 기능이 강화되었고 에어비앤비의 입지를 다질 수 있는 계기 중 하나가 되었다.

3) 숙박 공유 서비스의 과제

• 국내 숙박 공유 서비스의 현실

　합법과 불법 사이의 회색 지대에서 에어비앤비 이용자는 꾸준히 증가하고 있다. 우리나라의 제도적 제약인 현행 관광진흥법에 따르면, 가정집을 이용한 에어비앤비 사업은 외국인을 대상으로만 영업이 가능하다. 내국인을 대상으로 하는 행위는 불법이다(일부 한옥 체험과 농어촌에 있는 민박집만 예외적으로 내국인 대상으로 영업 가능). 2019년 현재 정부는 관광진흥법 개정을 추진 중이다.

[에어비앤비 국내 한옥, 자료 출처 : 에어비앤비]

• 숙박 공유 서비스의 과제

미국 샌프란시스코는 과거 '도시 거주 단위 개조 및 철거(City Residential Unit Conversion and Demolition)' 규정에 의거 30일 미만의 단기 임대를 금지하였으나, 숙박 공유에 대한 수요와 합법화의 요구가 증가하면서, 30일 이내 단기간 임대를 허용하였다. 일본은 외국인 관광객 증가에 따른 숙박시설 부족에 대응하여 숙박 공유 서비스를 허용하고 있다.

2015년 발표된 하버드대 연구에 따르면, 아프리카계 미국인처럼 보이는 이름으로 에어비앤비로 예약하였을 때, 호스트가 거부하는 경우가 많아 숙박을 예약하기가 어려웠다. 빈번히 일어나는 사전 분쟁으로는 에어비앤비 서비스를 취소할 시, 위약금이 50%라는 점이다. 이러한 방침은 호스트는 선호할 수 있으나, 결국 이용자가 불편을 느끼고 이 서비스를 이용하지 않는다면 호스트에게도 불이익이 될 수 있다. 대표적인 사후 분쟁은 객실 사용 후, 호스트의 일방적인 피해 보상 요구이다. 기물을 파손하지 않았는데, 파손되었다는 등 이용 후에 분쟁에 대해서도 호스트 입장 위주로 운영방침이 구성되어 있다. 또한 공유 숙박서비스는 사생활 보호에 매우 취약할 수 있다. 일부 호스트가 자신의 방에 몰래카메라를 설치하는 사례도 있었다.

에어비앤비의 지속적인 성장을 위해서는 앞서 언급한 단점들과 사건들을 해결하는 것이 급선무이다. 호스트의 인종차별 문제, 초기 호스트 위주의 운영방침으로 인한 이용자들의 불만족 등은 해결해야 할 과제이다. 특히 호스트의 인종 차별 문제는 에어비앤비 측에서 적극적인 해결 의사를 보여야 한다. 예를 들면, 사전에 호스트의 종교나 성향 등을 조사해서 예약을 해놓고, 취소하는 일이 없도록 아예 리스트에 뜨지 않게 한다든가, 호스트의 잦은 이용자 거부에 대한 제재 등의 방법이 있을 수 있다.

사전 분쟁과 사후 분쟁에 있어서 기존 호스트에게만 치우쳐졌던 관행을 게스트들의 권리를 강화하는 방향으로 개선할 필요가 있다. 프라이버시 문제, 몰래카메라 등도 많은 인력과 비용이 들겠지만, 장기적으로 매우 심각한 문제가 되므로 해결해야 할 과제이다.

• 코로나 19 팬데믹의 영향

2020년 코로나 19 팬데믹 이후 전 세계에 여행객들의 발이 묶이면서, 숙박 공유 업체 에어비앤비는 3월 중순 이후 15억 달러 상당의 예약이 취소되었다. 그리고 에어비앤비는 2020년 두 차례에 걸쳐 각각 10억 달러의 신규 자본을 조달했다. 최근 에어비앤비가 코로나 19 대응 차원에서 예약과 예약 사이에 24시간 이상의 대기 시간을 두도록 한 청결 강화 프로그램을 도입함에 따라 집주인들의 손실은 더 커질 전망이다.

2008년 금융위기 이후 불황을 이겨낼 대안으로 탄생한 공유 경제는 이처럼 코로나 19 팬데믹에 따른 경제 위기로 중대 기로에 서게 됐다. 유니콘 기업(기업가치 1조원 이상 스타트업)으로 주목 받던 에어비앤비, 우버 ,위워크 등은 최근 기존 산업과의 마찰로 연착륙에 어려움을 겪던 와중에 코로나 19라는 예상치 못한 암초까지 만났다.

영국 텔레그래프는 "소비자들이 다른 사람의 손길이 거쳐 간 공유 경제 모델을 질병의 매개체로 보기 시작했다."면서 "코로나 19가 공유 경제의 종말을 의미하는 건 아니지만, '소유는 과거의 개념'이라는 주장의 근거는 희박해질 수 있다."고 분석했다.

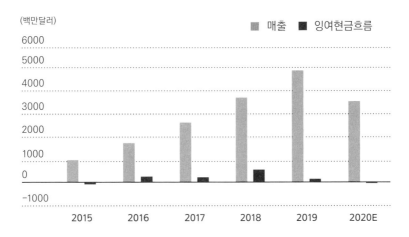

[에어비앤비 매출 추이, 자료 출처 : NH 투자 증권 리서치 본부]

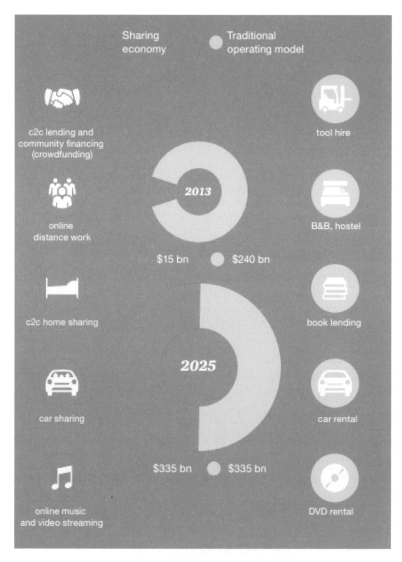

Sharing economy　　Traditional operating model

c2c lending and community financing (crowdfunding)

online distance work

c2c home sharing

car sharing

online music and video streaming

tool hire

B&B, hostel

book lending

car rental

DVD rental

2013

$15 bn　　$240 bn

2025

$335 bn　　$335 bn

[세계 공유 경제 규모, 자료 출처 : PwC]

꼭 알아야 할
이커머스 용어 정리 – Part II

샌드박스 정책(Sandbox)

새로운 기술과 비즈니스의 원활한 시장 진출을 위해 시간과 장소, 규모, 기회를 제한 적으로 규제를 풀어주면서 어떤 영향과 문제가 있는지를 보면서 진행하는 정책을 의 미한다. 샌드박스란 말 그대로 모래 놀이터를 뜻하며, 아이들이 안전한 환경에서 뛰 어놀 수 있는 놀이터에서 유래가 되었다. 신기술이 시장에 진입하면 기존의 기술의 비즈니스와 충돌을 하기 마련이다. 국내 대표 사례로는 하나의 주방을 여러 사업자 가 나눠 쓰는 공유주방을 들 수 있다. 식당과 같은 음식조리업의 경우 식품위생법상 1주방 1사업자가 원칙이지만, 산업통상자원부에서 샌드박스 정책을 실시해 규제 없 이 운영을 하고 있다.

쇼루밍(Showrooming)

쇼루밍이란 소비자들이 오프라인 매장에서 상품을 보고, 실제 구매는 온라인 쇼핑 몰을 이용하는 쇼핑 현상을 말한다. 쇼루밍에서 쇼룸은 백화점에 가면 신상 의류를 마케팅에 전시한 공간을 의미하며, 쇼룸으로 사용한다는 의미이다. 쇼루밍은 오프 라인보다 운영 비용이 상대적으로 낮아 저렴한 가격에 판매하는 온라인 쇼핑몰이 등장하면서 나타난 키워드이다. 최근 스마트폰이 발달하면서 오프라인 매장에서 상 품을 확인하고 현장에서 바로 온라인으로 구입하는 상황까지 오고 있다. 오프라인 매장 입장에서는 고객이 방문하더라도 매출로 전환되지 않기 때문에 가장 골치 아픈 현상이다. 이 같은 쇼루밍 현상을 차단하기 위해 오프라인 채널에서는 고객에게 먼저 온라인 쇼핑몰의 상품과 가격을 검색해 보여주며 온라인보다 경쟁력 있다는 것을 보여주며 대응하기도 한다.

상시 저가 전략(Every Day Low Price)

저가 전략이란, 가격을 낮게 책정해 소비자의 구매력을 높여 다수의 고객을 확보하는 시장 침투 가격 전략이다. EDLP는 이런 저가 전략을 상시로 운영하면서 경쟁 소매업체를 가격으로 압도하는 전략을 의미한다. EDLP 전략을 구사하기 위해서는 항상 낮은 가격을 유지해야 하기 때문에 고객을 유치하는데는 효과적이지만, 이익 감소와 전략 유지 실패에 따른 신뢰도 추락 등에 문제점을 가지고 있다. 국내에서는 이마트가 EDLP의 최저가 정책을 진행 중이며, 경쟁 마트보다 높은 가격에 상품을 구입하면, 이마트 어플리케이션을 통해 차액을 보상해 주고 있다.

프리IPO(pre-initial Public Offering)

아직 상장전인 기업이 기관 투자자들을 대상으로 향후 몇 년안에 상장을 하겠다는 약속을 하고 일정 지분을 투자자에게 매각해 자금을 유치 받는 방식을 뜻한다. 만약 약속한 기간 내 상장이 되지 않을 경우에는 기업의 매각자는 다시 지분을 되사야하는 의무를 가진다. 유가 증권 시장에 상장 요건은 자기자본 300억 원 이상, 주식수 100만 주이상을 보유해야 하며, 그 외에도 여러 법적 사항이 있어 쉽지 않다. 기업이 현 상황에 상장이 어려울 경우 미래 가치를 바탕으로 투자를 받는 형태이다.

바잉파워(Buying Power)

바잉파워는 단어 뜻 그대로 구매힘을 의미한다. 이마트와 같은 대규모 소매업체가 등장하면서 대량으로 상품을 사들이면서 생겨난 키워드다. 제조사 입장에서는 여러 소규모 도매상에게 상품을 납품하는 것 보다는 대규모 소매상에 한 번에 큰 물량을 납품해야 매출이 높고 경영효율도 좋아진다. 이때 매입 규모가 높은 대규모 소매업자는 이런 우월적 지위를 이용해 제조사 또는 공급업체에게 압력을 넣어 공급 가격 인하 및 무리한 프로모션 참여 등을 행하는 경우가 발생 한다.

풀 콜드 체인(Full Cold Chain)

콜드체인이란 식품의 품질에 영향을 주는 온도를 저온 및 냉장 물류 시스템을 이용해 유통 과정 전반을 운영하는 시스템을 말한다. 제조사 또는 산지서부터 고객에 배송 될 때까지 일정 온도를 유지하는 전 과정을 풀 콜드 시스템이라 한다. 콜드 체인은 이커머스에서 신선 식품과 냉장 가공 식품 유통을 활성하 하는 키 포인트이다. 기존의 택배로는 1박 2일 걸리던 배송 기간을 당일 배송으로 변화시키며, 온라인에서 식품 구매 비중을 크게 증가 시켰다. 하지만 풀콜드 체인을 운영하기 위해서는 저온에 냉장 차량과 보관 창고를 보유해야 하기 때문에 유통 비용이 크게 상승한다는 숙제를 안고 있다.

PART 3

IT기술이 만든 콘텐츠 유통
스트리밍 서비스

1.

콘텐츠 유통의 진화

산업혁명 이전의 콘텐츠 유통

산업혁명 이전에는 음악을 듣기 위해서는 연주자가 악기를 통해서 연구해하는 시간에 그 장소에 있어야 음악을 들을 수 있었다. 연극 또한 마찬가지로 배우와 극장에서 공연을 봐야 가능했기에 그 당시 공연은 부유한 계층만 이용가능한 부의 산물이었다. 콘텐츠가 유형 상품화하기 전에는 콘텐츠는 현장에서 생산되고, 동시에 소비되었던 것이다. 즉 콘텐츠의 생산과 소비는 분리되지 않았다(Inseparable).

영화, 음반, 서적 등은 원래 무형의 콘텐츠였다. 에디슨이 축음기를 발명하기 전까지는 사람들은 음악을 듣기 위해서 음악회에 가야

했다. 축음기 발명 이후 아날로그 LP(Long Playing record)에서 디지털 CD(Compact Disc) 등의 기술 발전으로 음악 콘텐츠가 유형 상품화되었다. 예전에는 현장에서 감상하는 연극이나 뮤지컬만이 있었고, 영상 기술이 발명된 후 우리가 현재 즐기는 영화가 탄생하였다. 서적도 종이가 발명되기 전까지는 입에서 입으로 즉 구전으로만 전해져 왔다. 기술 발전 이전에는 게임도 약간의 도구를 사용하기는 하지만 무형적 성격이 강했다. 이렇듯 인류의 기술 발전은 무형이었던 콘텐츠를 유형화시켰다. 콘텐츠의 유형화를 가능하게 한 것은 부호화(coding) 기술이며, 인류가 부호화에 성공한 분야는 아직까지는 시각적, 청각적 시그널에 국한 되어 있다. 오감 중 후각, 미각, 촉각의 부호화 기술은 아직까지 발명되지 않았다. 현재 후각을 코딩화하는 연구가 진행 중이며, 향후에는 미각, 촉각까지도 과학의 발달로 가능할

[에디슨과 축음기, 자료 출처 : www.chedulife.com]

날이 올 것이다.

콘텐츠 생산자 ▶ 소비자

산업혁명 이후의 콘텐츠 유통

음악의 LP, 영화의 필름, 종이책은 모두 아날로그 부호화 기술을 이용하여 유형화한 콘텐츠 저장 장치이다. 부호화 기술은 부호 입력(Encoding), 부호 저장(Storage) 장치, 저장 장치의 유통 및 대여, 부호 해석(Decoding) 산업을 발달시켰다. 이런 기술 발달은 무형의 콘텐츠를 부호화 시켜 유형으로 바꾸는 사업과 부호화 시킨 유형 콘텐츠를 저장하는 저장 장치 사업 발전을 도모 했다.

아날로그 시대의 대표적인 시각적 부호화 기기(Video Encoding Device)로는 카메라, 타이프라이터(Typewriter), 비디오 레코더(Video Recorder), 팩스(Fax) 등을 들 수 있다. 청각적 부호화 기기(Audio Encoding Device)로는 마이크로폰, 전화기, 보이스 레코더(Voice Recorder), 워키토키 등을 들 수 있다. 부호를 저장하는 기술도 발달하는데, 시각적 저장 장치(Video Storage Device)로는 책, 영화 필름, 카메라 필름, 비디오 테이프 등을 들 수 있다. 오디오 저장 장치(Audio

Storage Device)로는 LP, 오디오 테이프, 카세트테이프를 들 수 있다.

음반사, 영화사, 출판사, 게임 제조사와 같은 콘텐츠 부호화 및 저장 장치 생산자가 콘텐츠를 유형화하면서, 저장 장치를 유통시키는 중간상인이 나타나게 되었다. 이를 위한 유통 구조는 일반 유형 제품과 다르지 않아서 다음과 같은 유통 구조가 나타나게 되었다. 부호화 이전에는 생산과 소비가 동시에 이루어졌으나, 부호화 이후 일반 상품과 마찬가지로 유통 경로의 길이가 길어졌다.

콘텐츠 생산 ▶ 도매 ▶ 소매 ▶ 소비자

[다양한 레코드 디스크, 자료 출처 : PHILEWEB]

정보혁명 이후의 콘텐츠 유통

컴퓨터의 발달은 콘텐츠 산업에도 디지털화라는 큰 변화를 일으켰다. 음악에 부드러움과 강약으로 감성을 느끼게 해준 아날로그 테이프는 사라지고, 깔끔하면서 확실한 음악의 디지털 CD가 등장하게 된 것이다. 아날로그에서는 강, 중간, 약 사이에 미세한 차이를 노이즈와 함께 담을 수 있지만, '1'과 '0'만 인식하는 컴퓨터에서는 확실하고 실수 없이 대용량을 빠르게 담으며 디지털 세상을 만들었다.

컴퓨터의 발달로 널리 확산된 디지털 기술(정확히 말하면, 디지털화 기술 Digitization Technology)은 콘텐츠의 부호화를 아날로그 방식에서 디지털 방식으로 급속히 전환시켰다. 비디오 인코딩(Encoding. 부호화) 장치로는 키보드, 마우스, 디지털 카메라, 모바일 폰, 터치스크린, 홍채, 지문 등이 있으며, 현재 뇌로 인코딩하는 연구가 진행 중이어서, 뇌파에 의해 인코딩이 이루어지는 시기가 도래할 것으로 예상된다. 오디오 인코딩 장치로는 디지털 마이크로폰, 모바일 폰, 인공지능 스피커 등이 있으며, 비디오 분야에서와 같이 뇌파로 음성 입력을 하는 시대가 도래할 것이다.

디지털 비디오 저장 장치로는 e-book, 디지털 메모리(Digital Memory), 디지털 게임 타이틀, DVD, 하드 디스크, SSD(Solid State Drive) 등이 있고, 디지털 오디오 저장 장치로는 CD, 디지털 오디오 테이프, 하드디스크, SSD(Solid State Drive) 등이 있다. 디지털 시그널은 재생을 위해 프로세서를 필요로 한다. 디지털 프로세서의 예로는 CPU, GPU, 디지털 게임 플레이어, 모바일 폰, 디지털 프리앰프Pre-amplifier) 등이 있다.

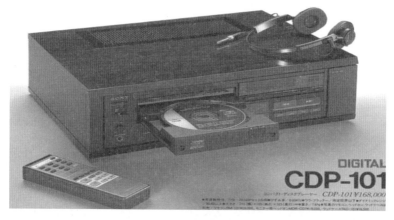

[세계 최초의 CD플레이어 소니 CDP-101, 자료 출처 : 워크맨 연대기]

일반적으로 콘텐츠의 제품 수명 주기는 매우 짧다. 영화, 음악, 책 등은 짧은 시간 동안 유행하며, 시간이 지나면 그 인기는 금세 사그라든다. 또한, 특별한 경우를 제외하고는(음악은 1개의 음반을 구매하여 반복해서 듣는 경우가 많음) 콘텐츠는 한번 소비하면, 같은 콘텐츠를 다시 소비하지 않는 특성을 가진다. 이러한 이유로 많은 사람들이 콘텐츠를 대여 하고자 하므로 상품과 달리 콘텐츠 유통에서는 대여 사업이 번창하게 된다.

일본의 츠타야(Tsudaya)는 책, DVD, CD, 게임 타이틀 등을 대여 해주는 종합 렌탈샵이었다. 콘텐츠가 유형 상품화되면서 콘텐츠는 오프라인 유통사(레코드 판매점, 서점, 비디오 판매점, 게임 타이틀 판매점)에 의해 판매되거나 상영(영화) 또는 대여되었다(비디오, 책, 게임 타이틀). 상품의 경우와 같이 콘텐츠 유통에도 초기에는 소규모 중간상이나 대여업체가 나타났으나, 점차 대형화, 다점포로 특징지어지는 파워 리테일러(Power Retailer)가 등장하였다. 음반 유통에서는 타워 레코드(Tower Records), 영화 상영관은 CGV, AMC, 서적 유통에서는 반스앤노블(Barns&Nobles)과 같은 파워 리테일러가 등장하였다. VCR이 발명된 후 영화는 비디오 형태로 판매되거나 대여되었다. 세계 최대의 파워 비디오 렌틀 샵(Power Video Rental Shop)은 블록버스트(Blockbuster)였다.

콘텐츠 생산 ▶ 파워 리테일러 및 파워 렌탈샵 ▶ 소비자

아날로그 콘텐츠의 유형화는 부호화 산업(Encoding Device Business), 저장 장치 산업(Storage Device Business), 부호 해석 산업(Decoding Device Business)을 폭발적으로 성장시켰는데, 이의 절정기가 1980년대이며, 이 당시 세계를 지배하던 기업은 소니(SONY), 파나소닉(Panasonic), 내셔널(National) 등 대부분 일본 기업이었다. 일본은 1980년대에 시장 규모가 가장 큰 자동차와 콘텐츠 관련 전자제품 산업의 글로벌 마켓을 석권함으로써 일본 역사상 가장 번창한 시기를 맞게 된다. 그러나 기술은 끊임없이 진보한다. 아래에서 설명할 디지털 부호화 기술 시대에 일본은 이에 적절히 대응하지 못함으로써 글로벌 마켓에서 강자의 지위를 잃게 된다. 일본의 잃어버린 20년의 원인은 다양하게 설명될 수 있으나, 저자의 견해로는 일본이 디지털 시대로의 전환에 적절히 대응하지 못하여 일본 제품이 경쟁력을 잃게 된 것도 주요 원인 중의 하나이다.

디지털 기술에 관한 한 미국이 절대 강자이다. 90년대 이후 미국은 널리 확산되는 디지털 하드웨어, 소프트웨어, 서비스 분야를 거의 독점하다시피 하고 있다. 애플, 마이크로소프트, 인텔, 암(ARM), AMD(Advanced Micro Devices), 퀄컴(Qualcomm) 등이 있다. 여기에 한국도 후발 주자지만 정보 통신 기술 글로벌 마켓에서 중요한 위치를 차지하고 있다. 메모리 반도체 분야에서는 삼성 전자와 하이닉스가 세계 1, 2위를 차지하고 있고, 가전에서도 삼성, LG가 1, 2위를 차지하고 있다. 게임 분야에서도 한국은 글로벌 시장에서 강자에 속한다. 케이팝(K-pop), 케이드라마(K-drama)는 탄탄한 경쟁력을 보유하고 있다. 앞에서 언급한 대로 아날로그 시대의 절대 강자였던 일본은 가전, 반도체 등의 주요 디지털 산업에서 두각을 나타내지 못하고 있다. 요약해서 말하자면, 일본은 디지털 전환(Digital Transformation) 시대에 급속히 변화된 패러다임에 적응하는 혁신을 이루지 못함으로써, 디지털 산업에서 뒤처지고 있으며, 디지털 전환 시대에 필요한 핵심 기술을 보유하고 있지 않으므로, 아마도 옛날의 영광을 되찾기는 어려워 보인다.

인터넷 이후 콘텐츠 유통

  인터넷의 발달은 상품이나 전통적 서비스 유통과 비교해 볼 때, 콘텐츠 유통을 가장 획기적으로 변화시켰다. 콘텐츠가 유형화되는데 필수적인 기술은 코딩(Coding. 부호화)이었다. 코드화된 신호는 전선, 전화선 등을 통해 전송이 가능하다. 인터넷이 발달되기 이전에도 디지털 데이터는 전선을 통해 유선으로 또는 인공위성 등을 통해 무선으로 전송되었다.

  인터넷의 발달은 콘텐츠 유통을 혁신적으로 변화시켰다. 특히 온라인 스트리밍 서비스(Online Streaming Service)가 가능해지면서 유형화되었던 콘텐츠가 다시 무형화 된다. 인터넷의 발달은 소비자가 굳이 콘텐츠를 따로 개인의 기기에 저장할 필요가 없게 만들었다. 소비자는 보거나 듣고 싶은 콘텐츠가 있으면, 인터넷에 접속해 스트리밍 서비스를 이용해 간편하게 소비하면 되는 것이다. 콘텐츠의 무형화에 의한 온라인 스트리밍 서비스는 기존의 오프라인 콘텐츠 저장 장치 유통업체인 타워 레코드(Tower Records), 블록버스터(Blockbuster)의 몰락을 가져왔다.

  변화의 시작은 비교적 파일 용량이 작은 온라인 음악 스트리밍 서비스(On-line Music Streaming service)였다. 1993년 최초의 음악 스트리밍 업체인 IUMA(Internet Underground Music Archives)를 필두로 2005

년 판도라(Pandora), 2007년 아마존 뮤직, 2008년 스포티파이(Spotify), 2011년 구글 플레이 뮤직(Google Play Music), 2015년 애플 뮤직(Apple Music) 등 수없이 많은 온라인 음악 스트리밍 서비스가 나타났다. 이 분야는 현재 과다 경쟁과 차별화의 어려움으로 인해 수익을 실현하기가 매우 어려우며, 아마존은 프라임 멤버(Prime member)를 유치하기 위한 수단으로, 애플의 경우 기기를 판매하기 위한 목적으로 이 사업을 강화하고 있다. 전자책(e-Book)의 기원은 매우 오래되었으나, 온라인에서 전자책 사업은 아마존이 킨들을 출시하면서 본격화되었다.

[국내 대표 음원 스트리밍 서비스 멜론과 세계 대표 스포티파이]

초고속 인터넷이 일반화되면서 음악을 넘어 고용량 재생이 가능한 온라인 비디오 스트리밍 서비스(Online Video Streaming Service)가 제공되었다. 2006년 아마존이 서비스를 개시하였고, 비디오 대여 사업을 하던 넷플릭스가 2007년, 훌루(Hulu)가 2008년 이 사업에 진출하였으며, 2019년 디즈니가 기존의 방대한 영화 콘텐츠와 더불어 훌루를 인수하면서 디즈니 플러스(Disney Plus)를, 애플 또한 2019년 애플 TV 플러스(Apple TV Plus) 서비스를 개시하였다. 전통 영화나 드라마는 아니지만, 일종의 비디오 스트리밍 서비스인 유튜브가 2005년 서비스를 개시하였고, 2006년 구글이 이를 인수하면서 비약적인 성장을 하게 된다.

콘텐츠 유통의 두드러진 특징은 주로 구독 모델로 서비스가 제공된다는 점이다. 콘텐츠 하나하나의 판매가 아닌 일정 금액의 멤버십 월 이용료를 내고, 콘텐츠를 무제한으로 소비하는 구독 모델이 일반화되고 있다.

또한, HMO, 넷플릭스, 디즈니 플러스 등은 자체 제작한 콘텐츠를 공급함으로써 콘텐츠 플랫폼 기업이 콘텐츠를 공급해 유통의 길이가 짧아지는 효과를 가져왔다. 지금까지 기술의 발달이 콘텐츠 유통에 미치는 영향을 살펴보았다. 콘텐츠 유통도 상품이나 서비스 산업에서와 같이 콘텐츠가 유형화되면서 유통의 길이가 길어졌다가 콘텐츠가 다시 무형화되면서 유통의 길이가 다시 짧아지는 역사의 반복 현상이 일어난 것을 확인할 수 있다.

콘텐츠 생산 ▶ 구독 플랫폼 ▶ 소비자

4차 산업혁명 이후 콘텐츠 유통

4차 산업혁명 시대의 핵심 기술인 인공지능의 발달은 온라인 스트리밍 서비스의 개인 맞춤화된 추천 서비스를 가능하게 하여 스트리밍 산업의 비약적인 발전에 이바지하였다. 대표적인 추천 서비스의 예로 넷플릭스의 시네 매치(Cine Match), 아마존의 'Your Recommendation', 애플 뮤직의 추천 서비스 등을 들 수 있다.

PART I의 상품의 유통에서 살펴본 바와 같이 향후 4차 산업혁명이 콘텐츠 유통에서도 어떤 변화를 가져올지에 대한 통찰력이 필요하다. 추천 서비스는 일종의 주문 생산(On Demand) 방식이다. 그러나 4차 산업혁명 시대의 콘텐츠의 주문 생산 개념과 산업혁명 이전의 주문 생산 개념에는 큰 차이가 있다. 산업혁명 이전의 주문 생산 개념은 소비자가 자신이 표현할 수 있고, 인지하고 있는 니즈에 국한하여 콘텐츠를 제공받는 것임에 비해, 4차 산업혁명 시대의 주문 생산의 개념은 소비자가 표현하지 못하거나, 인지하고 있지 않은 니즈까지도 인공지능이 고객의 빅데이터를 분석하여 파악한 후, 선제적으로 제안해 주는 방식이다. 이러한 주문 생산 방식을 투기 주문 생산(Speculative on Demand)라고 칭한 바 있다.

상품의 유통, 서비스 유통에서와 같이 콘텐츠 유통에서도 역사는 반복된다. 원래 무형이었던 콘텐츠는 생산과 소비가 동시에 이루어지

므로 현장에서 직접 유통되었으나, 코딩 기술의 발달로 유형 제품화

되면서 콘텐츠는 한동안 유형 제품과 같은 방식으로 유통됨으로써

유통의 길이가 길어졌다. 인터넷과 스트리밍 기술은 콘텐츠를 재무형

화 시켜서 콘텐츠 제작자나 플랫폼 업체가 직접 유통함으로써 중간상

이 제거되고 유통의 길이가 다시 짧아졌다.

[아마존 추천서비스 'Your Recommendation', 자료 출처 : 아마존]

[표 1-3] 콘텐츠 유통의 진화 과정

	산업혁명 이전	정보혁명 이후	인터넷 등장 이후	4차 산업혁명 이후
제품의 형태	무형	유형	무형	무형
주요 촉발 요인 (기술)	–	coding 기술	streaming 기술	인공지능
생산방식	생산과 동시 소비	대량생산 (mass production)	대량 맞춤 생산 (mass customization)	투기 주문 생산 (speculative on demand)
주요 유통구조 (기존의 유통 구조와 병존)	생산 ▶소비자	생산 ▶ 도매 ▶ 소매 ▶ 소비자	생산 ▶ 플랫폼 ▶ 소비자	생산 ▶ 플랫폼 ▶ 소비자
유통경로의 주도권 (power)	소비자	소매	플랫폼	소비자
제품 가격 수준	가장 높음	낮음	매우 낮음	가장 낮음
customization 정도	매우 높음	매우 낮음	높음	가장 높음
유통의 길이	가장 짧음	가장 길음	짧음	매우 짧음

적은 비용에 지속적인 서비스로
유통 혁명을 이룬 구독 경제
(Subscription Economy)

구독 경제란 일정 금액을 지불하면, 일정 기간 동안 사용자가 원하는 상품이나 서비스를 제공 받는 경제 모델이다. 과거에도 신문 구독, 야구르트 구독 같은 구독 모델이 존재했었다. 또한, 창고형 매장인 코스트코의 회원제는 유통 산업에서 구독 모델의 원조라고 할 수 있다. 최근 유통 산업과 콘텐츠 산업에서 구독 경제 모델이 급속히 확산되고 있다.

특히 콘텐츠 서비스의 경우 구독 경제가 글로벌 경제 생태계에 변혁을 가져온 혁신적인 비즈니스 모델로 평가받는다. 인터넷 기반의 콘텐츠 기업이 제공하는 구독 서비스는 개인화 추천(Customized Recommendation)을 근간으로 한다. 넷플릭스에서 촉발된 개인화 추천 기술(Cine Match)의 고도화는 구독 경제 서비스 확산의 기폭제가 되었다. 서비스 형태만 놓고 보면, 기존의 IP TV(Internet Protocol Television)와 같이 동영상 스트리밍 서비스를 제공한다는 점에서는 유사하나, 넷플릭스의 차별점은 바로 콘텐츠의 추천 기능이다. 예를 들어 사용자가 마블 영화인 어벤저스를 시청하였다면, 넷플리스는 아이언맨, 토르, 스파이더맨 등 어벤저스와 비슷하거나, 연관성이 있는 히어로 무비를 추천해 준다.

글로벌 투자 은행 크레디트 스위스(Credit Swiss)에 의하면 2016년 4,200억 달러 수준이었던 구독 경제 시장 규모는 2020년 5,300억 달러 규모까지 성장할 것으로 전망하고 있다. 또한, 시장 조사 업체 가트너(Gartner)는 2023년에는 전 세계 기업의 75%가 소비자와 직접 연결된 구독 서비스를 제공할 것으로 예상했다.

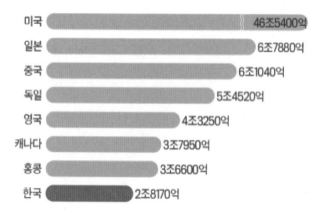

국가	시장 규모
미국	46조5400억
일본	6조7880억
중국	6조1040억
독일	5조4520억
영국	4조3250억
캐나다	3조7950억
홍콩	3조6600억
한국	2조8170억

[국가별 구독 경제 시장 규모, 자료 출처 : MGI 리서치/중소기업 연구원]

구독 경제의 발전 요인

구독 경제의 성장 배경은 첫째, 소비자는 시간과 비용을 절감할 수 있고, 기업은 안정적인 수익원을 확보할 수 있다는 점이다. 그리고 둘째, 콘텐츠 사업 분야에서의 온라인 스트리밍 기술의 발전과 스마트 디바이스의 발전을 들 수 있다. 셋째, 수많은 대안 중 매번 구매 결정을 해야 하는 귀찮음과 결정 장애를 덜어준다는 점이다. 넷째, 매번 같은 제품을 사용하거나 경험을 하지 않고, 새로운 것을 경험할 수 있다는 점이다. 다섯째, 밀레니얼 세대와 Z세대가 경제를 주도하면서 소유보다는 경험을 중시한다는 점이다. 마지막으로 여섯째, 1인 가구 수가 늘어나면서 소규모 소비가 선호된다는 점들을 들 수 있다.

대표 구독 경제 비즈니스

글로벌 IT 기업들도 기존의 서비스 사업을 구독 모델로 발 빠르게 전환하고 있다. 애플은 2019년, 18년간 유지했던 아이튠즈(iTunes) 서비스를 중단하고, 구독 서비스인 애플 뮤직, 애플 TV 플러스, 애플 팟캐스트, 애플 뉴스, 애플 게임 등을 제공하고 있다.

아마존의 구독 서비스인 아마존 프라임의 멤버수는 2021년 기준 2억 명에 달한다. 아마존 프라임은 연회비 119달러에 무료 배달, 무료 음원 스트리밍, 비디오 스트리밍 등의 서비스를 제공하는데, 존 피어 폰트 모건(J. P. Morgan)에 의하면, 소비자가 누리는 아마존 프라임의 가치는 780달러에 달하는 것으로 평가받는다.

마이크로소프트도 소프트웨어를 CD로 판매하는 대신, 클라우드에서 구독 서비스 형태로 제공한 후 매출이 현저히 늘었다. 국내에서도 유통 산업과 서비스업 등, 다양한 업종에서 구독 경제가 활성화되고 있다. 2019년 5월 현재 구독 경제를 사업 아이템으로 삼은 스타트업만 300여 곳에 달한다.

[애플 뮤직, 자료 출처 : 애플 홈페이지]

구독 경제 모델의 성공 조건

구독 경제는 크게 세 가지 형태로 나누어 볼 수 있다. 면도기, 애견

용품 등 유형 제품을 배달해주는 모델은 소유 경제에 해당하는 모델이고, 꽃, 그림 등을 일정 기간 대여해 주는 서비스는 무소유 경제 모델이다. 이런 점에서 무소유 구독 경제는 공유 경제와 유사한 면이 있다. 세 번째 모델은 영화 스트리밍 업체인 넷플릭스나 음악 스트리밍 업체인 스포티파이와 같은 콘텐츠 구독 모델이다.

[꽃 정기 구독서비스 꾸까, 자료 출처 : 꾸까]

현재 구독 경제의 열풍이 몰아치고 있지만, 구독 모델 자체가 성공을 보장해 주지는 않는다. 구독 경제가 성공하기 위해서는 다음과 같은 조건이 충족되어야 한다.

첫째, 소비자가 느끼는 구독료의 가치가 현저히 높아 구독자가 지속적으로 구독을 갱신하는 잠금 효과(Lock-in)가 나타나야 한다. 코스트코, 넷플릭스, 아마존의 경우, 멤버십 혜택에 대해 고객은 충분히 구독료를 지불할 가치가 있다고 느끼므로 재 가입률이 매우 높다.

둘째, 최근에 구독 경제가 활성화되고 있는 핵심 요인은 고객 맞춤형 서비스 제공에 있다. 고객의 취향을 신속하게 파악하고, 개인 맞춤형 서비스를 제공하기 위하여 고객 성향을 분석할 수 있는 빅데이터의 확보와 인공지능을 활용한 추천 기능의 개발이 필수적이다.

셋째, 상품이건 콘텐츠건 지속적으로 변화를 주어 고객들에게 신선하고 아기자기한 재미를 줌으로써, 새로운 것에 대한 기대를 가지게 해야 한다. 구독 경제 이용자의 욕구 중 하나는 다양한 새로운 것을 즐기는 것이다. 플라워 서비스의 경우 철마다 새로운 꽃, 그림 서비스의 경우 다양한 화풍의 그림 제공 등이 필요하다.

넷째, 제품이나 서비스를 차별화할 수 있어야 한다. 예를 들면 비디오 스트리밍 산업에서는 넷플릭스, 애플, 아마존, 디즈니, HMO 등의 업체가 직접 제작한 오리지널 콘텐츠로 서비스의 차별화를 꾀하고 있다. 이와 달리 음원 스트리밍 서비스는 모든 업체가 음원 제작자와 계약을 맺고, 같은 음원을 제공하므로 서비스의 차별화가 어렵고, 진입장벽이 낮으므로 수익을 실현하기가 쉽지 않다.

다섯째, 콘텐츠 구독 모델의 경우 회원이 늘어나도 추가 비용(변동비)이 거의 들지 않지만, 제품 구독 모델의 경우 주로 배달을 이용하는 고비용 구조이고, 또한 제품은 판매되는 만큼 변동비가 발생하므로 어느 정도의 규모의 경제를 실현하지 않고는 수익을 실현하기가 어렵다.

[수제 맥주 구독 서비스 벨루가 브루어리, 자료 출처 : 벨루가 브루어리]

여섯째, 적합한 표적 시장(Taget Market)이 선정되어야 한다. 미국의 무비 패스(Movie Pass)사는 월 9.99 달러 이용료로 전국의 90%가 넘는 오프라인 극장 어디에서나 매일 영화 한 편씩 볼 수 있도록 했다. 이 서비스는 매일 한 번씩 볼 수 있지만, 대부분에 사람들은 그렇지 못할 것이라는 예측으로 서비스를 시작 했다. 하지만 이용자는 당연히 영화관을 자주 이용하는 주 이용자(Heavy User)이므로, 무비 패스(Movie Pass)사가 극장에 지불하는 비용이 급증하여 이를 감당하지 못하고 파산하였다. 이는 마치 뷔페식당을 대식가들이 주로 이용해서 비용이 증가하고 수익성이 낮아지는 것과 같은 이치이다. 매일 칵테일을 한 잔 먹을 수 있는 서비스를 제공하는 후치, 수제 맥주 구독 모델인 벨루가 브루어리도 이와 유사한 유형의 구독 모델이다.

일곱째, 상품 배달 구독 모델은 상품의 유형에 따라 약간의 차이는 있지만, 일반적으로 진입 장벽이 낮은 사업 모델이다. 공유 경제에서 경험하였다시피, 자신만의 상품이나 콘텐츠를 가지지 않은 채 단지 중개만을 하는 구독 모델은 장기적으로 생존하기가 쉽지 않다. 이에 비해 대부분의 콘텐츠 구독 모델은 넷플릭스의 예에서 보는 바와 같이 사업 초기에 대규모 투자가 필요하지만, 구독자가 늘어나더라도 변동비가 거의 발생하지 않기 때문에 진입 장벽이 높은 사업 유형이다. 구독 모델을 준비하는 기업은 진입 장벽과 차별화 요인을 심도 있게 고민해 보아야 한다.

<u>STORY 19</u> OTT(Over The Top)산업의 창시자 넷플릭스

POINT 1) 세계 1위 OTT 서비스 기업 넷플릭스
2) 넷플릭스의 비즈니스 전략
3) 넷플릭스의 최신 전략과 코로나 대응

1) 세계 1위 OTT 서비스 기업 넷플릭스

• 넷플릭스(Netflix)의 역사

수학과 인공지능을 전공한 리드 헤이스 팅스(Reed Hastings)가 창립한 넷플릭스는, 오늘날 세계 최대의 인터넷 엔터테인먼트 서비스 기업이 되었다. 2019년 현재 1억 5천만 명의 유료 회원을 보유하고 있으며, 다양한 언어를 지원하며, 합리적인 요금으로 유저들의 많은 사랑을 받고 있다. 최고의 화질과 사운드로 원하는 콘텐츠를 이용할 수 있다는 점 또한 장점이다.

넷플릭스는 리드 헤이스 팅스(Reed Hastings)와 마크 랜돌프(Marc Randolph)가 1997년에 공동 창업하였다. 사업 초기에는 오프라인 매장이 없이, 온라인 웹사이트로만 월정액 회원을 모집하여 회원들이 보고 싶어 할 것 같은 DVD를 추천해서 배송까지 해주었다. 사업 초반에 자체적으로 개발한 추천 알고리즘인 시네 매치 알고리즘은 소비자들에게 큰 호평을 받았다.

당시 대형 비디오 체인이었던 블록버스터와 경쟁하던 도중, 창업주들은 DVD 대여 시장의 어두운 미래를 예측하고, 2007년 스트리밍 사업에 착수하게 된다. 주변 반응은 매우 부정적이었다. 특히나 새로운 미디어에 대한 불신과 적개심을 가졌던 할리우드 제작사들 때문에, 넷플릭스는 겨우 1천 편의 아주 적은 콘텐츠로 스트리밍 서비스를 시작한다. 그러나 예상과 달리 넷플릭스의 온라인 스트리밍 서비스는 폭발적인 성장세를 이룩했고, 2009년 750만 명이었던 구독자 수가 2011년 1,200만 명까지 폭발적으로 증가했다. 국내에서도 2018년 3월 34억 원이던 월 이용료 매출이 2020년 3월 362억 원으로 10배 이상 급증하였다.

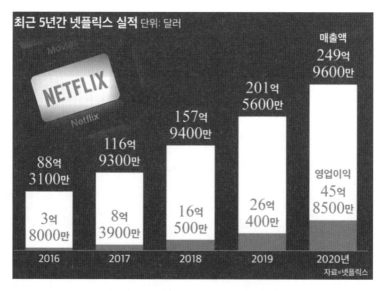

[넷플릭스 매출 추이, 자료출처 : 넷플릭스]

• **미디어 시장의 변화**

미디어 시장은 라디오에서 시작하여 TV, 인터넷 방송으로 진화하였다. 이를 구분하여 세 가지의 물결로 표현할 수 있다. 각 물결은 이전 것을 완전히 대체하기까지 시간이 소요되기 때문에 단절하듯 발전하는 것이 아니라, 어느 정도 중복되어 존재하는 시기를 가진다.

제 1의 물결은 단순 시청형에서 정보 선택형의 시대로, 미디어 라디오 방송에서 시작하여 흑백 TV와 컬러 TV에 이르는 시기를 말한다. 초기에는 방송사와 시청 채널이 소수였기 때문에 시청자들은 기본적으로 미디어 업체가 제공하는 것만 시청할 수 있었다. 정보를 수동적으로 받아들이는 시청자에게 한 가지 통제된 메시지를 전하기에는 매우 효과적인 방법이었고, 나치의 괴벨스(Paul Joseph Goebbels)가 했던 것처럼 효과적인 선전 수단으로 사용되기도 했다. 그러나 방송 제공자가 늘고 기술이 발달하면서 시청자들은 여러 방송 제공자들과 채널 중에서 원하는 정보를 제공하는 것을 선택할 수 있게 되었다. 그러나 이때까지도 대부분의 방송들은 매우 세분화된 개별적인 시청자층을 노리기보다는 불특정 다수의 대중을 대상으로 하고 있었다.

제 2의 물결은 정보 선택형에서 정보 맞춤형 시대로, 디지털 TV와 케이블 TV가 이를 주도하였다. 기술의 발달로 화질과 음향이 더욱 선명해지고 추가 비용을 지불하면, 독립적인 미디어를 즐길 수 있게 되었다. 아직 각 미디어가 불특정 다수의 대중을 대상으로 하고 있을 때 시청자들을 세분화하여 특정 계층의 사람들이 선택적으로 방송을 볼 수 있게 일종의 니치 마케팅(Niche Marketing)을 시도했다. 예를 들어 케이블 채널 중에 골프 전문 채널과 같은 특정 스포츠, 취미 활동, 경제, 종교에 집중하는 방식으로 기존 방송들이 충족시키지 못하는 시청자들의 욕구를 충족한 것이다.

[1906년 12월 레지널드가 최초의 라디오 방송 송출, 자료 출처 : 취미 도서관]

마지막으로 제 3의 물결은 정보 맞춤형에서 정보 창조형 시대로, 인터넷을 통해 콘텐츠를 제공하는 OTT(Over The Top), 인터넷 스트리밍, AR/VR 등에 의해 구현되었다. 인터넷의 발달로 인한 실시간 양방향 소통이 이러한 변혁을 가능하게 하였다. 이로 인해 기존의 거대 미디어 기업 뿐 아니라, 아프리카 TV, 유튜브와 같은 일반적인 대중의 각 개인이 방송을 할 수 있는 여건이 갖춰졌으며, 미디어 제공자와 소비자가 쌍방향으로 의사소통을 할 수 있게 되었다.

넷플릭스의 급격한 확장은 IT의 발전과 큰 연관성이 있다. 2014년 4G 인터넷 통신 시대가 도래하면서 유·무선 인터넷 통신 속도가 매우 빨라졌다. 이로 인해 시청자들은 빠른 속도로 영상을 제공받을 수 있게 되었고, 이는 실시간 스트리밍 시청을 가능하게 하였다. 또한 무선 네트워크 속도의 발전은 장소의 제약을 제거해 주었고, 언제 어디서나 시청자가 동영상 스트리밍 서비스를 즐길 수 있게 해주었다. 디지털 TV, IPTV의 시대의 도래, 다양한 스마트 디바이스의 출현, 새로운 형태의 플랫폼, 네트워크의 고속화 등이 OTT 서비스의 대중화를 불러왔고, 시공간의 제약을 없앰으로써 실시간 스트리밍 서비스가 가능하도록 했다. 이로 인해 다양한 기기로 원하는 콘텐츠를 시청할 수 있게 된 것이다.

[IPTV, 자료 출처 : ITIGIC]

2) 넷플릭스의 비즈니스 전략

• 넷플릭스의 혁신과 성공요인

넷플릭스의 성공 요소로는 크게 세 가지가 있다. 첫 번째는 IT 기술의 활용, 두 번째는 다양한 플랫폼으로의 확장, 마지막은 공격적인 콘텐츠 확보이다.

넷플릭스는 최초는 아니지만, OTT의 선두주자로 동영상 스트리밍 사업에 진출하였다. 그 결과 시장의 선두주자효과(Pioneering Effect)를 가져올 수 있었다. 이것이 가능했던 이유는 먼저 빅데이터의 활용에 있다. 현재 미디어 서비스는 점차 개인화 방향으로 진전되고 있다. 시청자들은 단순히 방송사에서 방영하는 순서대로 보는 것이 아니라, 자기가 보고 싶은 것만 골라서 마음대로 보기를 원한다. 이 때 넷플릭스는 이전처럼 단순히 평점 위주의 추천이 아니라, 빅데이터 분석을 통해 개개인의 취향에 맞는 콘텐츠를 제공하는 혁신을 이룩하였다. 또한 이 데이터를 바탕으로 존재하고 있지만 주목 받지 못한 장르들을 발굴하여 고객 만족도를 높이고, 더 나아가 고객들이 원하는 콘텐츠를 집중적으로 제공함으로써 비용 절감 효과를 거두었다.

[넷플릭스, 자료 출처 : 넷플릭스 홈페이지]

그리고 스트리밍 서비스 초기에 인터넷 환경이 제각각인 미국에서 서비스를 시작하면서 낙후한 인터넷 인프라에서도 드라마 한 편을 모두 볼 수 있는 스트리밍 기술을 개발하였다. 그 결과 이 기술은 인터넷이 느린 지역에서도 고객들이 원활하게 넷플릭스를 즐길 수 있는 토대가 되었으며, 글로벌 진출 시 큰 도움이 되었다.

넷플릭스는 이용자 확장을 위해 케이블 TV 세톱박스를 통해 넷플릭스를 시청할 수 있게 하였다. 이 전략은 아직 PC로 넷플릭스를 시청하는데 익숙하지 않은 사람들에게 쉽게 접근하는 효과를 가져왔다. 여기에 그치지 않고 연결 기기들을 게임기, 블루레이 플레이어, 스마트폰 등 기타 인터넷 연결 기기들로 확장하고, 응용 프로그램 인터페이스 API(Application Programing Interface)의 개방을 통해 여러 모바일 기기들로 넷플릭스를 시청할 수 있게 되면서, 언제 어디서나 고객에게 쉽게 다가갈 수 있게 되었다. 아직 개인 PC를 통한 시청이 47%를 차지하는 등 생각보다 플랫폼 다양화 효과가 없다는 지적이 있지만, 고객이 원하는 기기로 넷플릭스를 볼 수 있다는 점은 여전히 강력한 장점인 것은 확실하다.

넷플릭스의 성공 요소 중 가장 중요한 것은 동영상 스트리밍 OTT 기업들 중에선 최초로 오리지널 콘텐츠를 확보한 것이다. 단순 송출에서 벗어나, 경쟁력 있는 자체 상품을 만든다는 점에서 PB 전략과 상통한다고 볼 수 있다. 넷플릭스는 항상 오리지널 콘텐츠 위주로 광고를 하며, 기술 기업이 아닌 엔터테인먼트 기업이란 점을 강조한다.

　이것이 가능한 이유는 넷플릭스가 아마존이나 코스트코처럼 멤버십 제도를 운영하기 때문이다. 대부분의 동영상 스트리밍, OTT 서비스는 개별적인 작품을 따로 팔기 때문에 콘텐츠의 흥행이 중요하다. 그러나 넷플릭스는 멤버십 제도이기 때문에 시청자들이 개별적인 콘텐츠를 얼마나 보는 가가 아니라 시청자들이 플랫폼에 얼마나 많은가가 중요한다. 따라서 개별 콘텐츠의 흥행에 신경 쓰며 사람들이 몰리는 장르에만 투자하는 것이 아니라, 수요층이 적은 장르에도 충분한 투자를 해서 다양한 욕구를 가진 최대한 많은 고객들이 가입, 재가입을 하도록 유도한다. 주류 장르만 보는 시청자와 비주류 장르만 보는 시청자 모두 같은 금액의 회원비를 지불하기 때문이다. 이 점에서 80/20 법칙에서 20%의 상위 고객에만 집중하는 코스트코와 80%의 고객들까지 모두 품으려는 넷플릭스의 전략에는 차이점이 있다.

이러한 멤버십 제도에 힘입어 넷플릭스는 제작자 친화적인 환경을 제공한다. 영화, 드라마 제작자들에게 넷플릭스가 환영 받는 이유는 기존 미디어 산업과 달리 충분한 금액을 투자해주고, 간섭을 최소화하기 때문이다. 실제로 넷플릭스는 할리우드에서 흥행에 실패해 투자를 받지 못하는 유명 감독들을 기용해 지속적으로 작품들을 제작하고 있다.

• 넷플릭스의 과제

넷플릭스를 위협하는 요소는 두 가지가 있다. 첫째는 경쟁업체이다. 넷플릭스의 IT 기업에서 콘텐츠 기업으로의 전환은 OTT시장에서 시사하는 바가 크다. OTT 시장은 기술 평준화로 인해 더 이상 기술로 승부하는 것이 아닌, 얼마나 매력적인 콘텐츠를 많이 구비하여 고객들을 끌어 모으느냐가 중요해졌다. 여기서 넷플릭스는 기존의 인기 있는 자체 콘텐츠를 가진 기존 거대 미디어 공룡들과 싸워야 한다.

미국의 대표적인 케이블 유료영화채널인 HBO는 콘텐츠 사업 분야의 투자액이 25억 달러 수준이다. 넷플릭스의 120억 달러에 비하면 아주 적은 수준이지만 HBO는 개별 프로그램에서 여전히 지배적인 위치에 있다. 특히나 이들의 오리지널 콘텐츠인 '왕좌의 게임'과 '웨스트월드'는 갖가지 어워즈들에서 인기 후보군에 올랐으며, 다른 인기 콘텐츠들 또한 독자들 사이에서도 선풍적인 인기를 끌고 있다. 이 분야에서 진정한 가성비의 아이콘이라고 할 수 있다.

[HBO 대표 드라마 시리즈 '왕좌의 게임', 자료 출처 : HBO 홈페이지]

디즈니는 기존에 보유했던 콘텐츠들을 바탕으로 디즈니 브랜드로 스트리밍 서비스를 시작했다. 더불어 21세기 폭스 인수를 위한 713억 달러 거래를 통해 디즈니는 훌루(Hulu)의 지분 60%를 소유하게 된다. 이렇게 되면 디즈니는 자체 스트리밍 서비스, 훌루(Hulu), ESPN 플러스의 세 가지 서비스를 갖게 되고, 번들과 같은 서비스로 자사 경쟁력을 제고시킬 수 있다. 또한 콘텐츠에는 픽사, 마블, 디즈니, 스타워즈를 만든 루카스 필름(Lucas Film)과 네셔널 지오그래픽(National Geographic) 등이 포함되어 있어, 넷플릭스에게는 매우 강력한 경쟁자가 될 수 있다.

2019년에 개시된 가입형 온라인 스트리밍 서비스인 디즈니 플러스(Disney Plus)는 이미 넷플릭스에게 치명타를 주었다. 무료 체험 7일, 월 6.99달러, 년 69.99달러로 가격을 책정한 디즈니 플러스(Disney

Plus)는 11월 12일에 미국, 캐나다, 네덜란드에서 공식 서비스를 시작하였다. 첫날에만 회원 가입 천만 명, 앱 다운로드 3백 20만 회를 달성하면서, 디즈니 주가는 7% 급등했고, 넷플릭스 주가는 11% 하락하였다. 북미 시장에서 독점적인 지위를 노리던 넷플릭스가 결국, 무너진 것이다. 물론 초기에는 넷플릭스나 디즈니 플러스(Disney Plus)를 둘 다 구독하는 고객들도 있지만, 유튜브의 사례에서 볼 수 있듯이 승자가 시장을 독식하는 IT업계에서는 서비스를 바꿀 생각이 있는 고객이 북미 6천만 고객 중 천만 명이나 있다는 것은 넷플릭스에게 큰 타격이다. 이미 디즈니는 2019년 말 넷플릭스의 자사 콘텐츠 이용에 대한 계약 연장을 거부했다.

[디즈니 플러스 대표 라인업, 자료 출처 : 디즈니 플러스]

이 디즈니 콘텐츠들은 대부분 넷플릭스에서 시청자 수 상위권에 있는 작품들로 이 작품들을 보는 것을 좋아하는 고객들이 자연스럽게 디즈니(Disney Plus)로 빠져나갔다. 2018년 5월 시가총액이 디즈니를 잠깐 넘어섰던 넷플릭스는 디즈니 플러스의 약진으로 흥망성쇠의 기로에 놓여있다. 따라서 넷플릭스는 2021년에 콘텐츠 제작에만 25조 원을 쓸 것이라고 발표하는 등 총력을 기울이고 있다.

두 번째 위협 요소는 채무 관련 이슈이다. 스트리밍 시장이 정면 대결 양상으로 치닫고 있어, 냉전시대를 연상하는 콘텐츠 자금 경쟁이 갈수록 심해지고 있다. 이러한 치열한 경쟁 상황에서 상대적으로 물적 자원이 취약한 선두주자인 넷플릭스의 성장세가 지속될 수 있을지에 관심이 쏠리고 있다. 가장 취약한 부분은 넷플릭스의 높은 채무비율이다. 2018년 기준, 넷플릭스가 애당초 계획했던 오리지널 콘텐츠 제작에 투입될 예산은 80억 달러였지만, 실제로는 90억 달러를 지출했다. 결론적으로 예상치 못한 10억 달러에 달하는 손실이 난 것이다.

넷플릭스는 꾸준히 외부 채권 판매 등을 통해 자금을 조달해 왔다. 2018년 말 기준, 넷플릭스의 전체 채무는 84억 달러에 이르렀다. 아이러니하게도, 이 84억 달러의 대부분은 최근 3년 사이에 차입한 금액이다. 최근 급부상한 오리지널 콘텐츠 부분의 지출이 꾸준히 재무적인 부담을 주고 있다. 특히 2018년에만 콘텐츠 제작비에 15조 원을 투자한 상황에서 2021년에 25조 원 가까이를 더 투자하는 것은 넷플릭스의 재정에 더 큰 부담을 줄 것이다.

[글로벌 OTT 기업]

3) 넷플릭스의 최신 전략과 코로나 대응

• 넷플릭스 최신 전략

　최근 넷플릭스는 IT 기업에서 엔터테인먼트 기업으로 변모하는 중이다. 실제로 2017년을 기준으로 기술 개발 투자비보다 콘텐츠에 더 많이 투자하고 있다. CEO 리드 헤이스팅스(Reed Hastings)는 "우리는 IT 기업보다 콘텐츠 제작사에 더 가깝다."라고 강조한다. 넷플릭스는 타 OTT 기업들보다 플랫폼에 더 많은 돈을 투자하고 있으며, 2012년 대비 2016년에 오리지널 콘텐츠가 3,000% 급상승했다.

그 결과 주요 IT 기업인 FAANG(Facebook, Amazon, Apple, Netflix, Google) 중에서 빠르게 성장함으로써 IT 산업군에서 독립되어 다른 모습을 보여주었다. 이는 더 이상 넷플릭스가 IT 기업이 아니라는 것을 보여준다고 해석할 수 있다.

현재 미국과 유럽 시장은 강력한 경쟁자들의 등장으로 시장이 포화상태에 이르렀다. 따라서 넷플릭스는 적극적으로 아시아의 한국, 일본, 인도 등으로 진출하고 있다. 넷플릭스에게 있어 아시아 시장은 블루 오션으로 간주되며, 콘텐츠에 대한 규제가 많은 중국을 제외하고 거의 모든 아시아 국가들로 진출했다고 볼 수 있다.

이러한 넷플릭스의 적극적인 아시아 진출은 다른 미디어 시장에도 긍정적 영향을 주고 있다. 예를 들어 넷플릭스의 일본 진출 이전에는 일본 애니메이션을 미국으로 수입하는 것에는 제약이 있었다. 보통 몇몇 배급사들이 일본 애니메이션을 독점적으로 수입하여, 몇몇 방송사, OTT 서비스들에게만 제한적으로 공급하였다. 이 과정에서 지나친 검열과 저품질의 자막, 더빙 등으로 미국 시청자들의 원성이 많았다. 배급 자체를 배급사가 독점했기 때문에 이러한 문제점이 잘 고쳐지지 않았다. 그러나 넷플릭스는 애니메이션 제작사에게 충분한 투자 환경만을 제공하여 콘텐츠 품질을 높였다. 또한 자체적으로 더빙 및 자막을 지원하여 넷플릭스를 통해 전 세계로 유통했기 때문에 유통 구조도 단순화되었고, 해외 진출도 용이해졌으며, 시청자들의 서비스에 대한 피드백도 적극적으로 처리할 수 있게 되었다. 그 결과 미국 애니메이션 팬들에게 넷플릭스는 긍정적인 평가를 받았다.

넷플릭스의 아시아 진출에서 눈에 띄는 것은 한국에 대해 적극적으로 진출을 시도하는 것이다. 넷플릭스의 한국 시장 공략에는 여러 가지 이유가 있다. 먼저 해당 시장을 압도적으로 지배하고 있는 토종 OTT 서비스가 없다는 점이다. 최근 웨이브(Wavve)라는 토종 OTT 서비스가 생겨났지만, 아직은 넷플릭스에 필적할 만하지 않다. 아시아 시장 중 서양 기업들이 먼저 공략하는 국가는 인구가 많은 중국과 인도이다.

한국은 국가 크기나 인구수에 비해 인터넷 환경과 영화 산업이 잘 발달하였다. 한국인들이 만들어낸 티켓 파워는 세계적으로 무시할 수 없는 수준이며, 한국의 문화 콘텐츠 생산 능력 역시 매우 뛰어나다. 최근 개봉한 영화 '기생충'에서 알 수 있듯이 한국의 콘텐츠는 세계적으로 그 수준을 인정받았으며, 다양한 장르의 드라마들이 여러 해외 국가들 사이에서 한류 열풍을 이끌면서 선전하고 있다. 따라서 먼저 한국 시장에 안정적으로 정착해 고객들을 모으고, 한국 내 콘텐츠들을 확보한다면 일본, 동남아 시장 같이 이미 한류에 익숙한 국가들에 더 수월하게 진출할 수 있다.

중국의 경우 정부의 검열로 인해 넷플릭스의 다양한 콘텐츠들의 개성을 살리기도 어려울 뿐더러 중국 정부의 규제 아래에 이미 자리를 잡고 있는 토종 OTT 기업들이 존재하기 때문에, 넷플릭스가 시장에 정착하기 어렵다. 인도 시장의 경우 대부분의 사람들이 스마트폰으로 콘텐츠를 시청하는 경우가 많기 때문에 내수 시장 여건이 상당히 좋다. 물론 인도 시장의 70%를 차지하고 있는 핫스타(Hotstar)라는 토종 OTT 기업이 존재하나 콘텐츠 차별화로 고객을 모은 뒤 현지화를 진행하거나, 과감하게 핫스타를 인수하는 전략을 쓸 수 있었다. 그러나 2019년 초 디즈니가 20세기 폭스를 인수하면서 폭스의 자회사인 핫스타 역시 디즈니의 지배권 아래로 들어가게 되었다.

[디즈니 플러스 핫스타, 자료 출처 : 핫스타 홈페이지]

거대 자본을 앞세운 넷플릭스의 공격적인 확장 정책은 많은 우려를 낳았다. 현재 미국의 대표적인 IT 기업들은 거대 자본을 앞세워 인수 합병과 공격적인 확장 정책을 통해 몸집을 불렸다. 이러한 모습은 과거 20세기 초 거대 독점 자본이 경제를 지배하던 산업 환경이 현재 거대 자본을 가진 IT 기업들에 의해 재현되는 것이 아닌가라는 우려를 낳고 있다.

한때 미국 주식 시장을 견인하는 거대 IT 기업들을 뜻하는 FAANG (Facebook, Amazon, Apple, Netflix, Google)의 일원 중 하나로 넷플릭스가 꼽혔다는 것 자체가 이러한 부정적인 시각을 반영한다. 그만큼 공격적인 확장을 경계하는 시선들이 많다. 넷플릭스를 비난하는 사람들은 이러한 소수 거대 자본의 미디어 시장 독점은 미디어 콘텐츠의 독점뿐만 아니라, 콘텐츠 과잉 생산을 유발해 콘텐츠의 질을 떨어뜨릴 것이라고 우려한다. 이는 장기적으로 독과점으로 이어져 결국 미디어 시장의 다양성과 개성을 감소시킬 것이라고 예견한다.

하지만 이에 대한 반론 역시 존재한다. 일단 기존 미디어 산업을 왜곡시킨 것은 디즈니 같은 미디어 공룡 기업과 거대 방송사들의 몫이 크다는 점이다. 2017년 흥행 10위 안의 영화들을 보면 모두 블록버스터 시리즈들이며, 모두 기존의 거대 미디어 회사들이 제작한 것이다.

넷플릭스는 미디어 산업의 신규 진입자에 불과하며, 오히려 제작사 친화적 접근법으로 산업에 활력을 불어넣고 있다. 또한 여러 콘텐츠들을 발굴함으로써 개인화가 진행 중인 미디어 시장의 소비자들로부터 긍정적인 반응을 얻고 있다.

• 코로나 19 팬데믹의 영향

코로나 19로 인해 봉쇄령, 재택근무가 전 세계적으로 확산되고 있다. 규칙적으로 스케줄이 있는 전통적인 일상이 무너지고, 집에서 여유시간을 활용하기 위한 여가 거리가 필요했고, 이를 충족시킬 수 있는 것이 대표적인 것이 온라인 비디오 스트리밍 OTT(Over the top) 서비스이다. 팬데믹으로 인한 사회적 거리두기가 내려지면서 전 세계적으로 2020년 1분기에 1,600만 명이 넷프릭스를 신규로 가입하였다. 이는 2019년 4분기 신규 가입자의 2배이다. 또한 6월 말까지 750만 명이 추가 가입할 것으로 예상하고 있다. 유럽에서는 넷플릭스 스트리밍 수요가 급증하면서 트래픽이 몰리자, 인터넷 업체들의 부담을 줄이기 위해 일시적으로 영상 품질을 낮추는 조치를 취했다. 또한 고객 서비스 향상을 위해 직원 2,000명을 추가 고용하였다.

그러나 글로벌 시장에서 신규 가입자의 증가는 이익에 크게 기여하지 않는다. 코로나 19로 인해 달러를 제외한 통화들의 가치가 하락하여 글로벌 매출 증가 효과가 크지 않기 때문이다. 또한 봉쇄 조치가 본격적으로 풀리기 시작하면, 성장세가 감소될 것으로 예상된다. 이에 대해 넷플릭스는 봉쇄 조치 해제는 언제 집에 머무는 것이 해제될지 모르는 상황에서 단지 추측에 불과하다고 주장하고 있다. 그럼에도 불구하고 투자자들은 대부분의 사람들이 실내에 머무르는 현 상황이 넷플릭스에게 호재라고 보았고, 이러한 추세를 반영되어 코로나 사태 이후 주가가 30% 상승하였다.

세계인이 사랑하는 음원 서비스 스포티파이

POINT   1) 세계 대표 음원 스트리밍 서비스 스포티파이

2) 스포티파이의 비즈니스 전략

3) 스포티파이의 서비스와 성공요인

4) 스포티파이의 과제

1) 세계 대표 음원 스트리밍 서비스 스포티파이

• 스포티파이 소개

다니엘 엑(Daniel Ek)이 2006년 스웨덴에서 설립한 음악 스트리밍 및 미디어 서비스 업체인 스포티파이는 전 세계 음악 스트리밍 시장을 선도하고 있다. 스포티파이를 잘 이해하기 위해서는 음반 시장의 역사를 알아볼 필요가 있는데, 음반 시장은 에디슨의 축음기 발명에 의하여 시공의 제한을 극복한 채 저장되어 유통, 소비가 가능해지면서 등장했다. 이후 LP, CD, DVD 등 다양한 유형 매체를 통하여 유통되던 음반 시장은 애플 아이튠즈(Apple iTunes)의 등장과 디지털 저장 장치의 발달로 디지털 음원의 형태로 유통되기 시작하였다.

1999년 146억 달러의 시장 규모로 호황을 누리고 있던 음반 시장은 냅스터(Napster)라는 온라인 음악 파일 공유 서비스에 의해 큰 어려움을 맞닥뜨리게 된다. 냅스터에서는 무료로 음원을 다운받을 수 있었

는데 제작자에게 어떠한 형태로도 로열티를 지급하지 않는 탓에 많은 제작자들의 창작욕과 기존 유로 음원들의 가치를 저하시켰다. 저작권과 관련된 소송으로 인하여 2년 만에 폐쇄된 냅스터였지만, 비슷한 형태로 음원을 다운 받고 공유하는 P2P 사이트들이 난립하며, 음원 시장의 하락세가 이어지기 시작하였다.

[스포티파이 Spotify 설립자 다니엘 엑 Daniel Ek, 자료 출처 : The JP]

이러한 상황에서 1999년 등장한 스트리밍(Streaming)이라는 개념이 점차 시장에 적용되면서 또 다시 큰 변화를 맞이하였다. 이러한 상황에서 스포티파이는 비교적 늦은 2008년 음악 스트리밍 서비스를 시작하게 되었다. 그럼에도 경쟁사 대비 많은 음원 확보로 경쟁력을 가질 수 있었다. 출시 4년 만에 1000만 명 이상의 유료 회원을 확보한 스포티파이는 2021년 6월 기준 7천만 개의 고품질 트랙, 1억 6천 5백만 명의 유료 회원을 보유하고 있으며, 전 세계 178개국에 있는 월간 활성 사용자 수는 3억 6천 5백만 명이 넘는다.

1999년 이후 침체를 겪던 음반 시장은 2015년부터 다시금 성장세를 보이고 있는데, 음반 시장에서 2017년 이후 가장 높은 성장과 비율을 보여주는 부문은 음악 스트리밍이다. 이는 스포티파이를 필두로 한 음악 스트리밍 서비스가 얼마나 음반 시장에 큰 변화를 일으키고 있는지 보여준다.

2) 스포티파이의 비즈니스 전략

• 음악 스트리밍

스포티파이는 소비자에게 무료 이용자가 될 것인지, 프리미엄 이용자가 될 것인지 두 가지 선택지를 제공한다. 무료 이용자와 프리미엄 이용자 모두는 음악을 듣고 싶은 만큼 들을 수 있다. 하지만 큰 차이점 2가지는 다음과 같다. 첫 번째 무료 이용자는 자신이 원하는 특정 음악만을 골라 들을 수 없다. 스포티파이는 무료 이용자의 재생 목록이 무작위로 재생되도록 하고, 음악 넘김 횟수를 제한하고 있다. 무료 이용자의 재생 목록에는 최소 15곡이 들어가도록 하는데. 이용자가 15곡 미만을 선택할 경우 무작위로 곡을 채워 넣어, 최소 등록곡인 15곡을 맞춘다. 또한 이용자가 특정 노래를 선택하여 재생하는 경우 노래 전체를 재생하는 것이 아닌, 하이라이트 부분만을 일부 재생한다. 이러한 제약들은 무료 이용자가 프리미엄 이용자가 되도록 유도한다. 제약사항을 통해 의도된 불편함을 유발하여 무료 이용자가 무료 서비스만을 이용하지 않도록 하는 것이다.

[스포티파이, 자료 출처 : 스포티파이 홈페이지]

여기에 스포티파이는 무료 이용자의 특징을 파악하고, 이용자 스스로가 더 많은 경험을 원하도록 하는데 집중한다. 스포티파이는 무료 이용자의 특성을 가벼운 이용, 라디오 형태의 청취, 적극적이지 않은 검색으로 정의하는데, 무작위로 추천되는 곡들과 취향을 기반으로 한 믹스 스테이션(Mix Station)들을 통하여 많은 아티스트를 경험하도록 만들고, 스스로가 더 많은 음악, 장르, 아티스트들에게 흥미를 가지도록 한다. 이러한 과정에서 프리미엄 멤버십의 필요성을 체감하게 하여 유료 회원으로 유도함과 동시에 유료회원으로써 더욱 풍부한 경험을 할 수 있도록 유도한다는 점이 주요하다.

두 번째 무료 이용자의 경우 화면상에 광고가 노출되며, 노래 사이 음성 광고가 노출된다. 무료 이용자가 이용한 곡들에 대한 로열티는 무료 이용자에게 노출되는 광고 수수료로 충당된다. 또한 특이한 점은 배너 광고와 더불어 음성 광고가 송출된다는 점인데, 이는 스포티파이가 음성 매체의 전달력의 특징을 잘 드러낸다.

이러한 광고들은 무작위로 노출되고, 송출되는 것이 아닌 이용자의 노래에 따라 구매 가능성이 높은 광고들을 제시한다. 예를 들자면 조깅하며 듣기 좋은 라디오를 듣는 이용자에게는 탄산음료 광고보다는 탄산수 광고를 제시하고, 운전하며 듣기 좋은 플레이리스트를 듣는 이용자에게는 차량 관련 제품 광고를 제시한다. 이렇게 효과적인 광고를 진행한 결과, 2020년 4분기 3천 7백 4십억 원의 광고 매출을 얻기도 하였다.

이러한 스포티파이의 정책은 구독 경제에서도 프리미엄(Freemium, Free와 Premium의 합성어) 모델에 해당한다. 프리미엄 모델의 경우 초기 이용자의 진입 장벽을 낮추어 많은 이용자를 확보하면서도 사업의 지속성과 수익성을 확보하는데 도움을 준다. 특히 이용자의 경험이 신규 구독 및 구독 유지에 큰 영향을 주는 구독 경제에서 자주 이용되며, 신규 이용자를 비교적 쉽게 유입시킬 수 있어, 네트워크 효과를 선점을 통한 고객 이탈 및 신규 경쟁자 등장을 방지 한다.

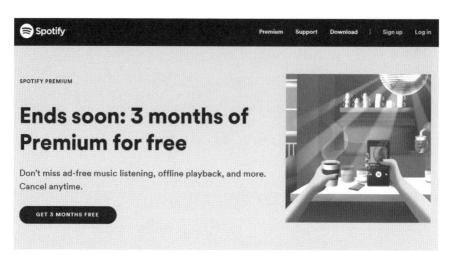

[스포티파이, 자료 출처 : 스포티파이 홈페이지]

• **Audio not just music**

　스포티파이는 자명한 전 세계 1위 음악 스트리밍 업체이다. 하지만 스스로의 사업 영역을 음악에만 국한하지 않고 있다. 앞서 스포티파이를 음악 스트리밍 및 미디어 서비스 업체라고 설명한 이유가 여기 있다. 2019년 CEO 다니엘 엑(Daniel Ek)이 스포티파이의 미래 전략을 한마디로 오디오 퍼스트(Audio-First. 오디오 우선)로 표현 했다. 스포티파이는 음악 및 라디오 산업의 가치가 저평가 되어 있다고 판단하고 있다. 비디오 산업이 약 1조 규모이고, 음악 및 오디오 산업이 약 천억 정도의 규모인 것에 비해 사람들은 라디오, 음악 등 청각적 콘텐츠와 비디오와 같은 시각적 콘텐츠를 소비하는데 비슷한 시간을 사용한다는 것이 그 골자이다. 여기서 오디오는 라디오, 팟캐스팅, 음악, BGM 등 모든 비즈니스가 가능한 소리를 이야기 한다. 이에 스포티파이는 자신의 사업 영역을 오디오 전체로 넓히기 시작하였고, 그 첫 시작이 팟캐스팅(Podcasting, iPod과 Broadcasting의 합성어)이었다.

2019년 스포티파이는 두 개의 팟캐스팅 회사를 인수하였으며, 동기부여, 유머, 교육 등 다양한 형태의 팟캐스팅을 진행 중에 있다. 스포티파이가 178개국에 걸쳐 운영되고 있는 만큼 각 나라별 콘텐츠 제작과 번역에 힘쓰고 있다. 팟캐스트 청취자가 일반 이용자보다 2배에 가까운 이용 시간을 보이는 것과 더불어 음악을 넘어 다양한 이용자의 요구에 응할 수 있다는 점이 스포티파이에게 긍정적으로 작용하고 있다. 2021년 초 서비스하기 시작한 스포티파이 코리아의 경우 일부 제한적으로 팟캐스트를 청취할 수 있으며, 추후 업데이트를 통해 국내외 콘텐츠를 추가할 예정이다. 이러한 팟캐스트들은 넷플릭스의 자체 제작 프로그램과 같이 경쟁사와의 차별점을 만드는 중요한 요소가 되고 있다.

3) 스포티파이의 서비스와 성공 요인

• 스포티파이의 성공 요인

스포티파이의 성공요인은 앞서 서술한 약 7천만 개의 고품질의 트랙, 프리미엄(Freemium) 모델을 통한 높은 신규 이용자 유입, 팟캐스트 콘텐츠 추가뿐만이 아니다. 음원 스트리밍이라는 비교적 낮은 진입 장벽을 가진 시장에서 여러 경쟁자들을 제치고 업계 1위가 될 수 있었던 이유는 다음과 같다. 구독 경제에서 이용자가 기꺼이 비용을 지불하는 주된 이유는 차별화된 서비스와 그에 의한 경험이다. 스포티파이는 이러한 경험의 수준을 한 차원 위로 끌어올렸다. 이용자가 경험하게 되는 개인화된 경험과 함께하는 경험 두 가지 형태로 나누어 이를 설명하고자 한다.

업체마다 다른 형태이기는 하나 기본적으로 대부분의 음악 스트리밍 사이트에는 추천 음악이 존재한다. 그것이 단순히 최근 유행하는 음악을 나열하는 것일 수도 있고, 이용자의 이전 청취 기록을 이용하는 것일 수도 있다. 스포티파이는 이용자가 7천만 개의 음원을 모두 들어보며, 자신의 취향에 맞는지 판단할 여력이 없다는 것을 잘 알고

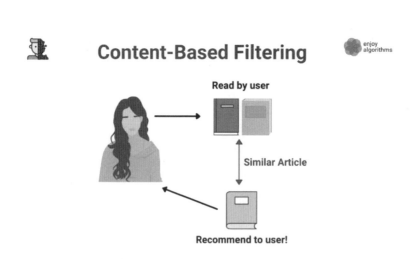

[Contents Based Filtering 기술, 자료 출처 : enjoyalgorithms]

있다. 그리고 이용자가 이미 아는 노래만 반복해서 들으며, 몰라서 못 듣는 음악들이 있도록 내버려두지 않는다. 스포티파이는 더 나은 개인화를 위하여 'Contents Based Filtering(초기 등록한 스타일과 타 이용자 데이터 활용)과 Collaborative Filtering(이용자 과거 데이터 활용)' 모두를 이용하여 음악 추천을 진행한다.

　초기 프로필 작성 시 선호하는 장르, 아티스트, 음악을 입력하고 이를 기반으로 여러 아티스트와 음악들을 추천해준다. 또한 자신이 플레이리스트에 담은 음악을 기준으로 비슷한 음악을 추천하며, 이용자가 새로운 음악을 쉽고 거부감 없이 접할 수 있도록 한다. 자신이 들은 곡들을 기반으로 좋아할 것이라 예상되는 곡들을 모아 MIX 형태로 제공하기도 한다.

　이러한 스포티파이의 효과적인 추천 기술은 이용자가 다양한 음악을 접할 수 있도록 할 뿐만 아니라 이용자가 자신의 취향인 노래를 찾기 위해 느끼는 피로감을 덜어준다. 효과적인 추천 시스템이 이용자에게만 이점을 주는 것은 아니다. 재생 횟수마다 사용료를 받는 음악 스트리밍 시장에서 신규 창작자나 무명의 창작자는 대중의 관심에서 소외되어 왔다. 하지만 이용자가 추천 시스템으로 인해 더 깊고 넓게 음악을 청취하게 되면서 ,이들이 많은 기회와 인정을 받을 수 있게 된 것이다. 이러한 기회와 인정은 창작자에게 정신적, 물질적인 도움이 되며, 이는 더 높은 수준의 창작물을 유도해내어 이용자에게 더욱 뛰어난 경험을 제공하게 되는 선순환을 이루었다.

　스포티파이는 이용자들이 소통, 교류하며 새로운 경험을 맞이할 수 있도록 한다. 이곳에서는 개인이 만든 플레이리스트들을 다른 이용자가 사용할 수 있도록 한다. 플레이리스트 제목을 검색하거나 특정 장르를 검색하면, 다른 이용자가 만든 플레이리스트들이 노출되는 형식이다. 또한 팔로잉을 통하여 지속적으로 해당 이용자의 청취 기록을 공유 받을 수 있다. 듀오(Duo) 요금제를 사용하는 경우 듀오 믹스(Duo Mix)라는 두 사용자의 취향에 부합하는 노래들로 채워진 플레이리스트를 제공하기도 하고, 블렌드(Blend)를 통하여 자신의 친구와 서로의 취향을 담은 플레이리스트를 제공받을 수도 있다. 실시간 그룹의 형태로도 이러한 경험을 지원하는데, 자신이 스테이션을 개설하여 친구들에게 음악과 팟캐스트를 재생할 수 있도록 한다. 이런 함

[Duo Mix 요금제, 자료 출처 : 스포티파이 홈페이지]

께하는 경험들은 이용자로 하여금 스포티파이로부터 얻는 경험들에 더욱 몰입하도록 하며 최종적으로는 서비스 이탈을 방지하고 이용자의 서비스 만족도를 높이는 효과가 있다.

4) 스포티파이의 과제

• 스포티파이 과제

스포티파이는 코로나 19 펜데믹이 야기한 언택트 트렌드에 수혜를 입은 기업들 중 하나로 이용자수가 꾸준히 증가하고 있다. 음악 스트리밍 및 미디어 콘텐츠에 대한 잠재 고객이 전 세계에 존재함을 인지하고 남미, 러시아, 인도, 한국 등 해외 시장 개척을 활발히 진행하고 있다. 동남아와 인도 시장의 경우 현지 사정에 맞춘 저가형 요금제를 신설하고, 현지 기업들과 파트너십을 맺는 등 현지화 전략에 힘쓰고 있다.

당장의 수익 실현을 포기하더라도 많은 이용자와 창작자를 확보하기 위한 전략을 펼치고 있으며, 팟캐스트를 통한 사업 영역 확대를 진행해 오고 있는 상황에서 애플 뮤직이 신규 팟캐스트 프로그램과 신규 구독 시스템을 제시한 결과 치열한 경쟁이 예상된다. 이용자에게 뛰어난 수준의 경험을 제공하고 높은 시장 점유율을 가지고 있지만, 아티스트에 대한 낮은 로열티, 낮은 수익 구조, 위협적인 경쟁자들 등 해결하고 극복해야할 부분이 많은 상황이다.

Apple Music

새롭게 사운드에 사로잡히다.

첫 3개월은 무료.*

무료 체험하기*

[애플 뮤직, 자료 출처 : 애플 홈페이지]

STORY 21 미디어 콘텐츠의 우주, 유튜브

POINT   1) 콘텐츠 비즈니스의 황제 유튜브
             2) 유튜브의 비즈니스 전략
             3) 유튜브 서비스의 성공요인
             4) 유뷰브의 과제

---

1) 콘텐츠 비즈니스의 황제 유튜브

• 유튜브(YouTube)의 역사

2005년 봄 어느 날, 스티브 첸(Steve Chen)은 샌프란시스코의 친구 집에서의 모임을 마친 후, 함께 찍은 동영상을 공유할 방법이 마땅치 않았다는 것을 깨달았다. 일일이 전달하기가 너무 귀찮았던 스티브 첸(Steve Chen)은 친구들과 직접 동영상 사이트를 만들어 보기로 했다. 창업을 위해 스티브 첸(Steve Chen)을 비롯한 차드 헐리(Chad Hurly), 자베드 카림(Jawed Karim)이 뭉쳤다. 한 달이 넘는 토론 끝에 그들은 3가지에 대해 의견의 일치를 보았다. 첫째, 누구나 동영상에 관심이 있다. 둘째, 사이트는 이용하기 쉬워야 한다. 셋째, 친구를 사귀는 데 도움이 되어야 한다. 3명은 이 미디어 소셜 사이트에 이름을 고민한 끝에 모든 사람을 뜻하는 You와 TV를 의미하는 Tube를 붙여서 유튜브라고 이름을 지었다. 쉽게 말해 유튜브는 '당신의 동영상 플랫폼'이라는 의미이다.

[유튜브 설립자 차드 헐리, 스티브 첸, 자베드 카림, 자료 출처 : MY HERO]

2006년 10월 많은 사람들이 깜짝 놀랄만할 뉴스를 접했다. 구글이 무려 16.5억 달러에 유튜브를 인수 한다는 소식이었다. 당시 구글의 유튜브 인수는 어리석은 결정이 아니냐는 비판이 있었지만, 현재 유튜브의 위상을 보면 현명한 선택이었다.

2) 유튜브의 비즈니스 전략

• 유튜브의 전략

4차 산업혁명 시대가 빠르게 다가오면서, 미디어 생산 현장에도 새로운 기술이 적용되고 있다. 기업들은 앞 다투어 소비자의 숨겨진 니즈를 파악하여, 소비자가 원하는 콘텐츠를 만들어서, 원하는 시간과 공간과 방식으로 전달하는 것에 주목 하였다. 기존의 매스 미디어가 이러한 혁신에 실패하거나 적극적이지 못한 상황에서, 유튜브, 아프리카TV 등 인터넷 기반의 대안적인 미디어 플랫폼이 등장했고, 이러한 대안 미디어를 활용하여, 다양한 콘텐츠를 생산해 내는 '1인 미디어 생산자'들도 폭발적으로 증가하였다.

또한 1인 미디어 콘텐츠 제작자를 돕는 일종의 기획사 역할을 하는 다중 채널 네트워크 MCN(Multiple Channel Network)과 같은 새로운 미디어 사업자도 자리를 잡고 있는 상황이다. 우리나라의 대표적 MCN인 CJ ENM의 다이아 TV(DIA TV)는 약 1,400여 팀의 크리에이터와 파트너십을 맺고 있으며, 총 구독자 수는 1억 6천만 명에 이른다. 지금까지 누적 조회 수는 320억 뷰 이상을 달성한 것으로 알려지고 있다.

[아프리카 TV, 자료 출처 : 아프리카 TV]

따라서 향후에는 전문적인 콘텐츠 중심의 매스 미디어의 시대가 저물고, 일반 사용자가 생산자 역할을 하는 대안 미디어가 전통 미디어와 함께 공존하는 미디어 파편화 현상이 가속화될 것으로 전망된다. 이러한 시장 변화에 부응하여 유튜브는 파트너 프로그램을 도입하였고, 사용자가 보다 적극적으로 영상을 제작해 사용자들과 공유할 수 있도록 유튜브 파트너 프로그램을 2007년부터 시행하였다. 이는 크리에이터가 제작한 영상을 업로드 해 올리고 광고를 원할 경우 유튜브가 광고를 붙여주고, 수익을 배분하는 제도로 크리에이터가 자신이 제작한 콘텐츠로 수익을 창출할 수 있는 모델을 도입한 것이다. 수백만 명이 넘는 구독자를 보유한 유명 크리에이터들의 콘텐츠들이 높은 조회 수를 기록하면서 유튜브를 통해 큰 수익을 올리는 사례들이 등장하기 시작하였고, 파트너 프로그램의 도입은 다수의 1인 제작자와 광고주를 연결하고, 콘텐츠 제작 등을 전문적으로 지원하는 MCN의 등장으로 이어지면서 새로운 미디어 산업이 등장하는 계기로 작용하였다.

유튜브는 2015년 10월 유료 영상 구독 서비스 유튜브 레드를 출시했으며, 가입자는 월 9.99달러를 지불하면 동영상을 광고 없이 즐길 수 있고, 오프라인에서도 영상을 볼 수 있도록 저장 기능을 제공한다. 또한 기존 유튜브에서는 볼 수 없었던 신작 영화나 시리즈 드라마, 유튜브와 크리에이터가 함께 제작한 영상 등 오리지널 콘텐츠도 별도로 제공하고 있다.

[유튜브 유료 영상 구독 서비스 '유튜브 레드', 지금의 유튜브 프리미엄]

• **유튜브의 수익구조**

유튜브의 수익 구조는 크게 세 가지로 나눌 수 있다. 첫 번째 광고 수익은 스폰서 광고이다. 다른 말로 SERP(Search Engine Results Pages, 사용자 검색 페이지)와 PPC(Pay Per Click, 광고 클릭 당 비용)로 구성되며, SERP 광고는 사용자가 특정 키워드를 검색할 때 로딩되는 광고를 클릭한 후 기록되는 조회 수를 바탕으로 수익을 창출한다. 광고주는 스폰서의 SERP와 PPC광고의 조회 수에 따라 유튜브에 비용을 지불한다. 두 번째 광고 수익원은 임베디드(Embedded) 광고이다. 여러분이 동영상을 볼 때 시작될 때나 동영상 재생 중 사이사이에 삽입된 광고를 말한다. 세 번째로 다른 수익 구조로는 방문 페이지 광고(Landing Page Advertisements)이다. 랜딩 페이지는 유튜브 홈페이지에 들어가자마자 보이는 페이지에 떠있는 광고이며, 이 또한 조회 수와 클릭 수로 수익을 창출한다. 결국 유튜브는 스폰서 기업의 광고 수익을 통해 운영하는 미디어 소셜 사이트이다.

3) 유튜브 서비스의 성공 요인

• 유튜브 서비스

유튜브 레드(지금의 유튜브 프리미엄)는 광고 없이 유튜브를 시청할 수 있는 유료 서비스이다. 광고를 시청하지 않고, 동영상과 음악, 독점 콘텐츠를 즐길 수 있다는 것이 유튜브 레드의 차별화 포인트이다. 유튜브 레드에는 크게 세 가지의 기능이 있다. 백그라운드 재생기능, 오프라인 저장, 광고 없는 영상이다. 백그라운드 재생 기능은 유튜브 레드 가입 시 추가 앱을 설치할 필요가 없고, 유튜브 앱에서 백그라운드 재생이 가능하다. 전원 버튼을 짧게 눌러 화면 잠금 상태가 되어도 재생되는 음악과 동영상 사운드는 그대로 재생된다. 오프라인 저장은 넷플릭스처럼 오프라인 보기 기능을 제공하는 것이다.

스폰서십으로 시작한 채널 멤버십 기능을 통해 유튜브에 동영상을 올리는 파트너는 광고를 게재하는 것보다 뷰어와 더 깊이 소통하고 더 많은 수익을 올릴 수 있다. 이 기능을 통해 파트너는 채널 및 동영상 페이지에 '가입' 버튼을 추가 할 수 있다. 이 멤버십 기능은 패트리온(Patreon. 콘텐츠 창작자 크라우드 펀딩 사이트)의 비즈니스 모델에서 영감을 얻었으며, 제작자가 매월 4.99 달러를 지불하는 가입자들에게 특별 혜택, 공식 제품 할인 및 할인 혜택을 제공한다.

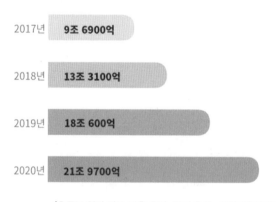

유튜브 연간 광고 매출

2017년	9조 6900억
2018년	13조 3100억
2019년	18조 600억
2020년	21조 9700억

[유튜브 연간 광고 매출 추이, 자료 출처 : 알파벳(구글)]

새롭게 선보이는 유튜브 TV는 가입자들에게 CBS, ABC, Fox, NBC 등 미국의 주요 방송 네트워크를 포함해 ESPN, Fox Sports, NBCSN 등

10여 개 스포츠 채널 등 40 개 이상의 TV 채널을 제공한다. 이는 넷플릭스나 아마존과의 차별점이라고 할 수 있다. 유튜브 TV는 인터넷 TV 외에도 스마트폰이나 태블릿 PC, 컴퓨터 등 인터넷과 연결된 모든 기기를 통해 시청할 수 있으며, 구글의 인공지능 AI 스피커인 구글 홈과도 연동될 전망이다. 무엇보다 추천 채널의 프로그램은 실시간으로 방송되지만, 무제한 저장 용량 클라우드 DVR 기능을 지원하고 있어, 원하는 프로그램을 클라우드에 저장하고, 나중에 시청할 수 있다는 점이 특징이다.

[유뷰브 TV 채널, 자료 출처 : Policygenius]

• **유튜브 성공 요인**

유튜브는 초기에는 영상 제공 서비스 플랫폼이었다. 1인 미디어가 발전하면서 유튜브를 개방형 플랫폼으로 발전시켜 소비자가 생산자의 역할까지 하는 프로슈머(Prosumer)에 기반을 둔 서비스로 변화하였다. 이는 유튜브 소비자가 스스로 방송 콘텐츠를 직접 제작하고, 공유하는 오픈 서비스를 제공하게 되었음을 의미한다. 일반적인 콘텐츠 서비스뿐만 아니라, 사용자들의 공유와 참여를 유도함으로써 사용률을 높였고, 많은 새로운 동영상 데이터를 축적할 수 있었다.

시청자 입장에서의 유튜브의 가장 강력한 장점은 무료 콘텐츠의 다양성이다. 우리나라에서 유튜브 사용량이 최고 순위에 있는 이유는 전 세계 어디서나 제작한 영상을 무료로 시청 가능하고, 콘텐츠 내용도 갈수록 폭 넓고 다양해지고 있기 때문이다. 이것은 유튜브의 최대 장점으로 작용하여 많은 시청자를 이끌었다.

사용자가 본 영상과 관련된 영상이 추천되는 경우에는 연관 동영상으로 자연스럽게 진입되는 방식으로 영상이 노출되는데, 이는 유튜브 사용 시간을 증가시키는데 가장 크게 기여하고 있다. 또한 메인 화면에서 자주 보는 영상에 근거한 추천 영상은 물론 구독한 채널도 함께 노출되므로 굳이 구독 메뉴를 거쳐 진입할 필요가 없다.

[페이스북, 자료 출처 : 페이스북]

유튜브를 페이스북과 비교해보면, 페이스북은 뉴스 피드(News Feed) 형식으로 게시물이 노출되어, 친구들의 새로운 게시물과 관심 있어 하는 게시물을 볼 수 있게 되어 있다. 이것은 팔로우하지 않은 페이지의 글을 볼 수 있는 방식이기에 점차 유의미한 정보가 줄어들어 페이스북의 콘텐츠에 흥미를 떨어트렸다. 반면, 유튜브는 다른 사람의 시청 기록이 아닌, 나의 시청 기록을 바탕으로 유사 콘텐츠를 선별하여 홈 화면에 맞춤 영상을 노출함으로써 시청자들의 관심을 끌 수 있었다.

[유튜브 검색 엔진, 자료 출처 : 유튜브]

검색을 할 때에도 키워드만 검색하면, 관련된 영상을 전부 노출시켜 주어 편리한 검색 엔진으로 많은 인기를 누릴 수 있었다. 예를 들어 전 세계적으로 1억 뷰 이상을 기록한 '부산대 로버트 켈리 BBC 뉴스 방송사고'를 검색할 때, 부산대 교수님 이름이 기억나지 않아도 유튜브 검색창에 '부산대 방송 사고'나 '부산대 BBC', '부산대 교수'를 검색하는 것만으로 손쉽게 영상을 찾을 수 있다.

유튜브 콘텐츠 세상에는 나와 비슷한 보통 사람들이 만든 쉽고 재미있는 일상 속 콘텐츠가 많다. 옆집 사는 분 같은 친근한 외모의 평범한 사람 즉, 아이부터 할머니, 혹은 그냥 주변의 내 친구와 같은 사람들의 자유롭고 짧은 콘텐츠를 보면서 친근감을 느껴 영상에 몰입하게 된다. 본인도 모르게 라면을 끓이게 되는 먹방 채널, 넋 놓고 보면 시간이 훌쩍 지나가는 게임 채널, 나를 대신하여 아슬아슬한 실험을 해주는 실험 프로젝트 채널, 다이어트 10킬로 감량을 목표로 하는 홈 필라테스 채널, 데일리 메이크업 채널, 가전제품 사용 후기 등 보통 사람이 제작한 실생활과 밀접한 콘텐츠로 가득한 유튜브는 시청자에게 친근감을 제공하여 하염없이 보도록 만든다.

최근 라이프 스타일 변화로 가정 주거 공간의 중심인 거실에 역할이 달라지고 있다. 컬러 TV의 대중적 보급 이후 최근 20여 년 전까지 개인 가정의 거실 풍경은 TV 중심의 거실 문화였지만, 최근에는 'TV 없는 거실'에 대한 사람들의 관심이 높아짐과 동시에 질 좋은 스마트폰의 보급으로 모바일 친화적 환경이 유뷰브가 활성화 되는 데, 직간접적으로 연관되어 있다고 볼 수 있다.

[스마트폰으로 유뷰브 시청, 자료 출처 : TECNO SPOT]

4) 유튜브의 과제

• 유튜브 내부적 위협 요소

유튜브에는 조회 수를 올리기 위한 다소 유해하고, 혐오스런 자극적인 콘텐츠가 많이 존재한다. 가장 많이 알려진 사례로 2017년 12월 '로건 폴 사건'이 있다. 이는 미국의 유명한 블로그 크리에이터 로건 폴이 '일본의 자살 숲'이라 알려진 아오키가하라 숲을 찾아가 자살한 것으로 추정되는 남성의 주검을 포착한 장면을 찍어 올리고, 그 앞에서 고인을 모독하는 발언을 하는 등 혐오스럽고, 비윤리적인 영상 콘텐츠를 업로드한 사건이다. 이런 혐오적인 콘텐츠의 업로드를 줄이기 위한 자정 시스템이 존재하고 있지만, 워낙 방대한 양의 영상이 업로드 되기 때문에 쉽게 문제를 해결할 수 없는 상황이다.

유튜브 사용자가 증가하면서 기업이 자신들의 상품을 광고하기 위한 유튜브 광고가 인기를 끌고 있다. 요즘 기업이 영상 크리에이터에게 금액을 지불하고, 제품에 대한 허위 사실을 꾸며내도록 부탁하는 행위가 많아지고 있다. 자신의 일상에 기업 상품에 대한 과도한 광고가 들어가면, 보는 시청자들의 눈살을 찌푸리게 만드는 동시에 이런 기업의 악용이 퍼져 나가면, 사용자가 줄어드는 결과까지 낳을 수 있다. 누구라도 자신이 소비자라면 너무 과도한 광고에 노출될 시 방어기제(Defense Mechanism)가 발휘될 수 있다. 이러한 문제점은 어느 플랫폼에도 적용될 수 있으나, 시연성이 뛰어난 영상을 다루는 유튜브이기 때문에 더 큰 문제를 일으킬 수 있다.

다른 영상 콘텐츠 제공자의 경우 자신들만의 자체 콘텐츠를 업로드하여 매니아 층을 두껍게 쌓아가고 있지만, 유튜브의 경우 자체 콘텐츠가 존재하기는 하나 그 수가 적고 타사에 비해 인지도와 품질이 낮아 이를 활용하지 못하고 있다. 이러한 자체 콘텐츠의 양과 질이 확보되지 않으면, 장기적으로 볼 때 유튜브의 경쟁력이 저하할 수 있다.

• 유튜브 외부적 위협 요소
넷플릭스는 유튜브와 달리 일정한 금액을 지불한 구독자들에게 유료 스트리밍 서비스를 제공하고 있다. 전 세계 많은 크리에이터에게 의존하여 퀄리티에 관계없는 영상이 업로드되는 유튜브와 달리, 넷플릭스에는 세계적으로 유명한 거장 감독들이 참여하거나, 항상 퀄리티 좋은 영상, 즉 작품이라고 여겨지는 것이 업로드된다. 또한 넷플릭스는 넷플릭스 오리지널이라는 자체 콘텐츠 서비스를 통해 많은 매니아 층을 보유하고 있다.

아마존 또한 넷플릭스와 마찬가지로 전문적인 제작업체가 제작한 자체 콘텐츠를 다량 보유하고 있다. 아마존 프라임은 연 119달러를 내면 이용할 수 있는 아마존의 유료 회원제로, 이 프라임 서비스에는 TV, 영화를 무제한으로 시청할 수 있는 기능과 음악 스트리밍이 포함되어 있다. 여기에서 아마존은 이 프라임 서비스 중 비디오 스트리밍 서비스를 독자적인 월정액으로 사용할 수 있는 요금제를 추가하여 유

[아마존 프라임 비디오, 자료 출처 : 아마존]

튜브와 넷플릭스보다 1달러 낮은 가격으로 제공하고 있다. 아마존은 프라임 서비스 외에도 콘텐츠 크리에이터들이 자신들의 콘텐츠를 직접 아마존 비디오에 올릴 수 있는 서비스인 비디오 다이렉트를 제공하고 있다. 유튜브는 사용자가 원하는 비디오 콘텐츠를 그냥 담고만 있는 반면, 비디오 다이렉트는 소비자이자 사용자가 원하는 모든 라이프 스타일을 콘텐츠에 담을 수 있다.

개인의 콘텐츠를 업로드하는 플랫폼 또한 견제해야 할 경쟁사이다. 자신의 개인적인 콘텐츠를 업로드한다는 것이 SNS의 가장 큰 특징인 점을 고려하면 인스타그램 또한 유력한 경쟁사로 꼽을 수 있다. 인스타그램은 자신만의 콘텐츠를 자유롭게 올릴 수 있는 공간이며 여기서는 영상과 사진의 구분이 없으며, 별 다른 제한이 없고, 사용자들은 자신만의 개인적 공간을 가졌다는 만족감을 느낄 수 있다. 최근 인스타그램은 사용자의 더 편리한 콘텐츠 업로드를 위해 영상 서비스 IGTV(인스타그램 동영상)를 개설하였다. IGTV는 최대 1시간 길이의 유튜브와는 다른 세로 영상을 업로드할 수 있으며, 조금 더 공개적인 장소라고 느껴지는 유튜브와 달리 더 개인적 장소로 느껴지는 자신의 피드에 IGTV를 추가하여, 개인적 콘텐츠를 업로드할 수 있다. 많은 팔로워들을 가지고 있는 유명인들도 IGTV를 개설하면서 이 서비스에 대한 인지도가 높아지고 있다.

꼭 알아야 할
이커머스 용어 정리 - Part III

SKU(Stock Keeping Unit)

사전적 의미는 재고 상품이 선반에 진열시 단위를 뜻한다. 유통 현장에서는 최소 판매 단위로 불리고 있다. 대한민국 국민이라면 주민등록번호를 가지고 있는 것과 마찬가지 개념이다. 예를 들어 신라면의 판매 포장 단위는 24개 한 박스, 5개 멀티팩, 낱개 1개로 여러 판매 상품을 가지고 있다. 그럼 슈퍼마켓에서 3가지 상품이 동시 판매한다고 하면, 신라면을 구분하기가 어려울 것이다. 그래서 관리상으로 정확히 개별 상품 하나하나 구분하기 위해 필요한 것이 SKU이다.

파워 클릭(CPC, Cost Per Click)

CPC란 클릭당 단가라는 뜻으로 소비자가 키워드로 검색한 결과에 따라 동일하거나, 유사한 내용의 광고를 보여주었을 때, 소비자가 광고 상품이나 배너를 클릭하면 지불되는 광고비를 의미한다. 소비자가 검색을 해서 노출되는 것은 상관없이 소비자가 클릭한 횟수에 따라 광고비가 발생하는 특징을 가지고 있다. 광고한 상품을 소비자가 클릭해 들어가야 비용이 발생하는 점에서 광고비 대비 구매 전환율이 높은 광고 형태이다. 오픈마켓에서 가장 중요한 광고 수단이며, G마켓에서는 파워 클릭이란 이름으로 검색 최상단에 CPC 광고를 운영하고 있다.

MAU(Monthly Active Users)

MAU는 한 달 동안 서비스를 이용하는 순수한 이용자 수를 의미한다. 상품을 판매하는 온라인 쇼핑몰보다는 주로 서비스를 제공하는 게임이나 OTT 서비스에서 사용하는 지표이다. 이용자 수에 대한 수치이기 때문에 한 명이 한 달 동안 여러번 방문해도 1명으로 계산된다. 서비스에 가입하는 가입자 수 보다는 현시점에 순수 이용자를 파악해 해당 서비스의 성과를 나타낸다는 점에서 중요한 실적이다.

D2C(Direct to Consumer)

D2C는 제조사나 브랜드 기업이 중간에 도매상이나 소매업체를 거치지 않고, 직접 소비자와 거래를 하는 것을 말한다. 도매상과 소매상 입장에서는 본인의 역할을 제거한다는 점에서 위기감을 갖는 사안이다. 현대 소매업체가 대규모, 대기업화 되면서 유통 시장을 리테일이 주도해 가고 있다. 이에 제조업체에서는 자신들의 입지가 좁아지고 소매업체에 끌려가는 구도를 바꾸고자 소비자와 직접 관계를 맺는 D2C를 생각하게 되었다. 고객에게 직접 판매를 하지 않았던 제조사 입장에서는 D2C 비즈니스는 쉬운 일이 아니다. 하지만 최근 인터넷이 발달하며, 오프라인 대비 저렴한 비용으로 자사 온라인 쇼핑몰을 구축할 수 있어 D2C 비즈니스를 시작할 여건이 마련되었다.

반응형 웹 디자인(RWD, Responsive Web Design)

소비자가 인터넷으로 웹사이트를 접속하는 방식은 PC, 노트북, 스마트폰, 태블릿 등 다양해지고 있다. 기업 입장에서는 인터넷 사이트를 해당 디바이스 마다 다른 포맷으로 제작을 해야 하는데, 이것을 해결하기 위해 하나의 웹사이트가 디바이스 종류에 따라 화면 크기가 자동으로 변하는 반응형 웹 디자인 기법이 개발되었다. 여러분은 가끔 노트북을 어떤 웹사이트를 접속하면 화면이 모바일 어플 형태로 나오는 게 있을 것이다. 이것은 RWD를 접목하지 않아 발생한 사안이다.

PB 상품(Private Brand)

제조사가 만든 브랜드를 NB(National Brand)라 하며 소매업자가 만든 브랜드를

PB 상품이라 한다. 소매업체에서 판매하는 기본적인 상품은 NB 상품이었으나, 소매업체가 파워 리테일러가 되면서 독자적으로 자체 브랜드 상품을 만들어 이익 확대와 상품 주도권 확보를 꾀하였다. 국내에는 1996년 이마트에서 이플러스로 저렴한 PB 상품의 컨셉으로 기존의 NB 상품을 모방한 PB 상품이 대부분이어서 PB 상품은 저가라는 공식을 갖고 있었다. 최근에는 피코크와 같은 높은 품질의 프리미엄 PB가 성공하며 PB 상품 만으로도 브랜드가 되며, 시장에 영향력을 행사하고 있다.

Part 4

전통적인 소매업과
소매 매출 증대 전략

본 장에서는 이커머스 등장 이전의 전통적인 오프라인 소매업을 소개한다. 오프라인 소매업은 점포형 소매업과 무점포 소매업으로 대별할 수 있고, 점포형 소매업은 다시 생필품 소매업과 전문품 소매업으로 구분할 수 있다. 소매상의 형태는 점포 믹스 전략에 따라 분류 된다. 오프라인 유통은 유통업의 역사를 보여주기 때문에 마케터와 MD에게는 중요한 역사라 할 수 있다. 어커머스 또한 오프라인 소매업과 유사한 형태로 발전하기 때문에 오프라인 유통을 잘 살펴봐야 한다.

무점포 소매상은 비교적 최근에 도입되고 있는 소매업태지만, 교통난, 맞벌이 등으로 쇼핑 시간의 여유가 없는 소비자들에게는 시간을 절약해 주는 시간의 효용을 제공해 주며, 소매업자 입장에서는 무점포이므로 점포 비용의 절감, 입지 조건에 관계없이 목표 고객에의 접근 가능, 각 고객의 잠재 수요의 자극 등과 같은 이점을 가진다는 점에서 앞으로 지속적인 성장이 예상된다.

1.

점포형 생필품 소매상

---

1) 재래시장

한국에서의 재래시장은 쌀, 생선이나 야채 등의 식품은 물론 의류나 잡화 등의 일상 생활용품에서 전기, 가구 등의 내구재들에 이르기까지 다양한 상품 구색을 갖추고, 비교적 저렴한 가격으로 판매한다. 재래시장은 생선 가게, 야채 가게, 옷 가게 등 한 가지 품목의 상품을 판매하는 업종적 점포들로 구성되어 있어서, 현대의 소매 방식의 차별화를 가진 업태적 소매업체와의 경쟁에서 불리하다.

재래시장은 전통적으로 대도시에서 대규모로 도매거래의 중심 역할을 맡아온 동대문, 남대문 시장 등 일부를 제외하고는 대부분 생필품과 공산품을 판매하며, 주택가 등에 위치하면서 사회·경제적으로는 서민이 주로 이용하는 소매 유통 기능을 담당해 왔다. 1990년대 대형 마트가 생기기 전까지 재래시장은 국내 유통 시장을 주도했었다. 진입 당시 할인점이란 이름으로 저렴한 가격과 다양한 상품 구색, 현대화된 시설의 마트에 밀려 재래시장의 이용객은 2000년대가 되면서 크게 감소 하였다. 이 같은 재래시장의 불편함은 젊은 고객 신규 창출에 악영향을 주며, 연령대가 높은 기존 고객 이용만으로 유지할 수밖에 없는 상황이 되어 갔다.

선진국에서는 대체로 도심에 위치한 재래시장을 재개발하여 성공한 사례들이 있다. 런던의 코벤트 가든 마켓(Covent Garden Market), 두바이의 수크(Souks), 인도 델리(Deli)의 딜리 하트(Dilli Haat) 등은 여행자들의 필수 관광지로 꼽힌다. 이들 재래시장의 공통점은 방문자로 하여금 쇼핑과 더불어 역사와 문화를 경험하게 하는 것이다. 이들 재래시장은 오랫동안 내려온 전통방식의 시장 문화 체험을 제공하며 하나의 컨셉으로 자리 잡게 되었다.

우리나라에서는 재래시장을 활성화하기 위해 국가에서는 대형 유통점을 규제하기 위해 유통 산업 발전법을 만들어 의무 휴업과 영업 시간의 제한을 두고 있다. 지방 자치 단체들은 지역 재래시장 활성화를 위해 막대한 지원금을 들여 시설 현대화와 마케팅 지원 사업을 운영하고 있다. 유통 산업법의 경우, 법 개시 초반에는 일부 긍정적인 영향을 받았으나, 유통 시장이 온라인으로 이동하고, 재래시장의 근본적인 경쟁력 제고에 한계를 느끼면서, 장기적으로 재래시장에 근본적인 도움을 주지 못하고 있다. 현대화 시설 지원의 경우 주차장 확충, 지붕을 덮어 아케이드화 등 편의성 개선에 효과를 보고 있지만, 이런 하드웨어의 개선에만 치중하여, 재래시장 고유의 역사와 전통을 오히려 훼손하고, 근본적인 경쟁력 강화에는 미진한 상황이다. 재래시장이 부활하기 위해서는 그 시장이 가지고 있는 문화와 역사적 접근을 바탕으로 현대적 소매점에서는 느낄 수 없는 새로운 경험을 제공한다는 점과 도심에 위치하여 접근성이 좋다는 점에서 다시 재도약할 수 있는 가능성은 충분하다.

최근에는 재래시장 내에 소규모 마트가 입점하여 상생을 모색하는 방안이 시도되고 있다. 이마트는 지자체와 협의하여, 상권이 쇠락한 재래시장에 100평 규모의 노브랜드 매장을 입점 시키고 있으며, 이 매장에서는 재래시장의 주력 상품인 신선 식품을 판매하지 않고 있다. 재래시장과 이마트가 함께 만든 상생 스토어에는 스터디 룸, 키즈 카페 등을 설치해 젊은 고객 유입에 긍정적 효과를 주고 있다. 또 청년 사업자를 위해 저렴한 임대로 청년 몰과 청년 가게를 내주어, 청년 감성으로 젊은 고객들이 좋아하는 식품과 상품이 확대하여 시장 활성화의 성공하는 사례가 나오고 있다.

[강릉 중앙 시장 청년 가게]

2) 슈퍼마켓(Supermarket)

슈퍼마켓은 신선 식품, 가공 식품, 일상용품, 가정용품 등을 중점적으로 취급하는 소매점으로 점포의 규모가 편의점이나 구멍가게에 비해 크고, 상대적으로 마진이 낮고, 다양한 생필품과 셀프 서비스를 특징으로 하는 소매점이다.

슈퍼마켓은 대공황으로 인한 극심한 불황으로 절약 소비 패턴이 확산되던 시기였던 1930년 마이클 컬렌(Michael Kullen)이 미국의 뉴욕에 킹 컬렌(King Kullen)을 개점한 것이 효시이다. 슈퍼마켓이란 새로운 형태의 소매상이 생겨날 수 있었던 이유는 당시 미국의 역사적 배경에 있다. 자동차와 냉장고 보급의 확산은 소비자로 하여금 1회 대량 구매를 가능하게 하였고, 대도시 거주자의 교외 지역으로 거주지 이동은 교외의 저렴한 지역에 입지를 정할 수 있는 여지를 제공해 주었다. 또한 그 당시 P&G와 같은 제조업자 상표(National Brand)의 증가로 인해 전국적으로 제품의 질이 균등하게 되었다는 점도 한 원인이 되었다. 이러한 배경 하에 슈퍼마켓은 셀프 서비스에 의한 쇼핑을 도입함으로써 저렴한 가격을 실현할 수 있었다.

[중국 상해 까르프 슈퍼마켓]

미국의 슈퍼마켓은 우리나라의 슈퍼마켓보다 훨씬 규모가 커서 평균 1,200평 규모이다. 슈퍼마켓이 출범한 이후 30년이 지난 1960년대 중반에 성숙기에 도달하였지만 아직도 식품 유통에서 가장 큰 비중을 차지하고 있다. 일본에서는 1950년대에 본격적으로 출현하여 1970년대에는 소매업태 가운데서 매출 1위의 호황을 누렸고 현재도 일본 유통채널에서 가장 큰 비중을 차지하고 있다.

국내의 경우에는 1968년 뉴 서울 슈퍼마켓이 효시지만, 본격적인 기업형 슈퍼마켓의 도입은 1971년 8개의 독립점포를 그룹으로 만들어 출범한 새마을 슈퍼체인본부에 의해 시작되었다. 이에 비해 우리나라는 본격적인 슈퍼마켓 체인이 발족한 이래 수십 년이 지난 현재에도 GS더프레시, 롯데 슈퍼, 홈플러스 익스프레스 등 대기업 체인들이 있지만 미국, 일본과 같이 시장을 장악할 정도로 성장하지 못하고 있다.

그 이유는 국내 기업형 슈퍼마켓 체인이 자리를 잡기 전에 마트가 진입하면서 슈퍼가 자리를 잡을 틈을 주지 않았다. 미국과 일본은 1900년대부터 슈퍼마켓이 유통시장에 주 채널로 자리를 잡고, 대형 점포로 성장한 반면, 한국은 재래시장을 중심으로 운영하다가 현대 사회의 대표유통인 마트가 진입했기 때문에 가격 경쟁력과 상품 구색에서 밀린 슈퍼마켓의 성장은 한계를 보였다. 또 최근에는 편의점이 성장하며, 근거리 쇼핑에 강점을 가진 슈퍼마켓을 위협하고 있고, 풀 필먼트를 기반으로 생필품 배송의 속도를 올린 온라인 유통 또한 슈퍼마켓의 존립을 약화하고 있다.

최근 식품 확대와 근거리 배송 시스템을 도입해 기업형 슈퍼마켓 체인의 활성화를 꾀하고 있다.

[GS더프레시 매장, 자료 출처 : GS리테일 홈페이지]

3) 편의점(Convenience Store)

편의점은 상대적으로 소규모 매장(대체적으로 $60m^2$ 이상 $230m^2$ 이하)으로 인구 밀집 지역에 위치해서 24시간 영업을 하며, 재고 회전이 빠른 식료품과 편의품, 문방구 등의 한정된 제품 계열을 취급한다. 즉, 편의점은 연중휴무 24시간 영업이라는 시간 편리성, 접근이 용이한 지역에 위치하는 지리적 편의성(아파트 단지 등 주택 밀집 지역이나 유동 인구 및 야간 활동 인구가 많은 지역), 다품종 소량의 유명 상표를 주로 취급하는 상품 편의성을 특징으로 하고 있다. 편의점은 슈퍼

[일본 편의점 로손]

마켓보다 다소 높은 가격을 유지하는데, 이는 다른 업태들에 비해 편의점의 경쟁적 우위인 장소 효용(Location Utility)과 구매자들이 24시간 구매가 가능한 시간상의 접근 편리성이 편의점의 높은 가격을 상쇄함으로써 가능하다. 우리나라의 편의점 산업은 점포 기준 과포화 상태여서 경쟁이 치열하므로 외국에 비해 가격이 그다지 높지는 않다.

국내의 경우에는 1988년 올림픽 선수촌에 등장한 세븐 일레븐이 최초의 편의점이었다. 편의점은 1988년 우리나라에 본격적으로 도입된 후, 30년 만에 그 수가 42,000개가 넘어설 정도로 비약적인 성장을 하였다. 이들 편의점들은 전통적인 구멍가게를 대체하는 한편 야간 제품구입을 가능케 하고, 도심권 내에 구멍가게가 들어가기 어려운 곳에 진입함으로써 수요를 창출하는 역할을 하고 있다.

[CU편의점 매장 모습]

코로나19 이후 고객 접근성으로 인해 매출 규모는 더욱 커졌다. 국내 편의점 수는 이미 포화 상태이지만, 현재도 계속 점포가 증가하고 있다. 이것은 편의점이 기존의 슈퍼마켓과 같은 유통 소매점과 경쟁을 넘어 주변의 식당, 카페, 베이커리, 잡화점 등과 경쟁해 우위를 점하고 있기 때문이다. 편의점 고객의 대다수인 학생과 직장인들의 라이프 스타일을 잘 공략한 비결이라 할 수 있다.

최근 편의점은 거대한 매출액을 바탕으로 '맥주 4개 1만 1천 원', 냉장음료 '2+1', 아이스크림 '1+1'과 같은 바잉파워를 보이고 있다. 이미 몇몇 상품은 마트와 슈퍼마켓의 매출을 넘어선지 오래다. 최근에는 유명 브랜드와 제휴 상품을 선보이고, 자체 PB상품 개발에도 열을 올리고 있다. 편의점은 소규모 유통 매장을 넘어 도심, 주택지의 복합 라이프 스토어를 컨셉으로 확실한 자리를 잡기 위해 지금도 변화를 하고 있다.

4) 할인점(Discount Store)

할인점은 저가 대량 판매의 영업 방식을 토대로 하여 비식품을 일반 상점보다 항상 저렴한 가격으로 판매하는 소매상을 말한다. 할인점의 특징은 항상 저렴한 가격에 판매하며, 브랜드 상표를 판매하며, 불량품이나 재고가 아니라, 정상적인 상품을 싸게 판매한다는 것이다.

할인점은 저가격을 강력한 경쟁 무기로 활용할 수 있기 위해서 비용 상의 우위를 달성하여야 한다. 할인점은 체인화를 통한 대량 구매의 실현, 셀프 서비스 도입에 의한 인력의 절감, 지가가 저렴한 지역에 입지, 건물 및 내부 장식에 대한 투자의 최소화, 소매업체 상표의 도입에 의한 마진율 확대, POS 도입과 높은 재고 회전율의 상품 선정에 의한 재고 비용의 절감을 통해서 원가를 최대한 절감하고자 하였다.

현재 미국 최대의 할인점은 월 마트이지만, 할인점의 효시는 1948년에 개점한 코벳(Korvettes)이다. 미국에서는 1960년대 들어 코벳의 영향을 받아, 수백 개의 할인점 체인들이 치열한 가격 경쟁을 벌였으나, 케이 마트, 월 마트, 타겟 등 빅 3만이 살아남았으며, 최근 케이 마트마저 도산하였다.

미국 할인점의 두 가지 큰 특징은 가격과 상품 구성에 있다. 첫째, 저렴한 가격이 할인점의 주요 성공 요인이다. 둘째, 상품 구색 면에서 할인점은 주로 일반 생활용품군의 유명 제조업자의 상표를 판매하는데, 제품 넓이는 광범위한 반면, 제품 깊이는 얕다. 즉 여러 다양한 제품군을 취급하지만, 한 제품군 내에서는 상품 회전율이 높은 소수의 유명브랜드만을 취급하고 있다. 상품 구색 면에서 미국 할인점의 또 다른 특징의 하나는 초기에 하드웨어나 의류를 중심으로 시작되었기 때문에 식료품 부분의 비중이 낮다는 것이다. 상품 구성을 보면, 대략 하드웨어 상품이 매출의 40~60%를, 의류 등의 소프트 상품이 30~50%를, 그리고 건강 및 미용 상품이 15% 정도를 차지하고 있다.

국내에서 할인점은 마트라고 불리는 이마트, 홈플러스, 롯데 마트가 있지만, 비식품을 주로 취급하는 미국의 할인점과는 구별되며, 아래에서 설명될 유럽의 하이퍼마켓이나 미국의 슈퍼센터에 해당된다. 국내에는 할인점이 들어오기 전 마트가 식품과 비식품을 모두 갖춰 슈퍼센터형태로 진입했기 때문에 국내에는 찾아보기가 어렵다.

5) 회원제 도매 클럽(Membership Warehouse Club: MWC)

회원제 도매 클럽은 소비자에게 일정한 연회비를 받고, 회원인 고객에게만 30~50% 할인된 가격으로 정상품을 판매하는 유통 업태이다. 취급 품목은 가공 식품, 잡화, 가정용품, 가구, 전자 제품 등 4천 가지에 이르고 있고, 판매가에서 마진을 별로 남기지 않고, 고객의 연회비에서 이익을 내는 영업 전략을 취하고 있다. 또 매장은 거대한 창고형으로 실내 장식은 거의 없으며, 진열대에 상품을 상자 째 쌓아놓고, 고객이 직접 고르게 하는 묶음 판매를 통해 인건비를 최소화하고 있다.

[중국 상해 코스트코]

1976년 미국의 프라이스 클럽(Price Club)이 효시이나, 프라이스 클럽은 이후 생겨난 코스트코와의 경쟁에서 패배하여 코스트코에 합병되었다. 국내에서 시작은 1994년 신세계 백화점이 미국 프라이스 클럽과의 제휴로 영등포구 양평동에 출점한 프라이스 클럽이며, 현재는 코스트코가 인수하여 명칭을 코스트코로 변경 하였다.

해외 유통기업의 무덤인 한국에서 유독 코스트코 만큼은 승승장구의 모습을 보여 주고 있다. 코스트코의 대표 매장인 양재점은 전 세계 코스트코 매출 1위를 차지한 만큼, 막강한 판매력을 보여줬으며,

양평점에 있던 본사를 신규 광명점으로 이동하고, 신규 점포를 적극적으로 확대하며, 국내 유통시장에서 영향력을 더욱 공고히 하는 전략을 구사 하고 있다. 코스트코 코리아는 2020년 국내 매출 약 5조 3천억 원으로 전년 대비 18% 증가하며, 지속적인 성장을 하고 있다.

국내에서는 회원제 도매 클럽을 창고형 할인점이라 부르며, 고성장 업태에 국내 유통 대기업인 이마트와 롯데 마트가 코스트코에 도전을 하고 있다. 두 기업은 마트와 슈퍼마켓의 부진 속에 창고형 할인점을 중점 사업으로 삼으며, 적극적인 투자를 하고 있다. 이마트의 창고형 할인점인 트레이더스는 2010년 구성점을 시작으로 부산 연산점까지 20개 점포를 단숨에 오픈 하였다. 트레이더스 운영 초반에 이마트에

[트레이더스의 매장 모습]

컬러를 버리지 못해 고전하였으나, 창고형 할인점 포맷을 강화하고 여러 히트 상품을 선보이며, 매년 두 자리 수 이상 성장하며, 코스트코를 위협하고 있다. 이커머스 시장이 대세가 되면서 오프라인 유통으로선 상품 마진이 적어 가격 경쟁력이 높은 창고형 할인점이 말고 온라인 유통에 대항마라 여기고 있다.

6) 하이퍼마켓(Hypermarket)

하이퍼마켓은 슈퍼마켓, 할인점의 원리를 결합한 유형의 소매점으로 대규모의 매장(20,000m2)에 식품, 일상용품뿐만 아니라 의류, 가구, 기계류 등도 취급하고 있다. 하이퍼마켓의 효시는 1963년 설립된 프랑스의 까르프(Carrefour)이다. 까르프는 미국의 슈퍼마켓과 할인점의 개념을 유럽의 도시 구조에 적합한 소매 업태로 변형시킨 하이퍼마켓을 만들어 프랑스 최대 소매 업체로 발전하게 되었다. 한국의 대형 마트, 미국의 슈퍼센터는 하이퍼마켓이 각 나라의 특징에 맞게 변형시킨 소매 업태이다.

7) 슈퍼센터(Supercenter)

1990년대 미국의 생필품 유통의 획기적 사건은 슈퍼센터의 빠른 확산이다. 슈퍼센터의 원래 모형은 유럽의 하이퍼마켓이었다. 1980년대 말 미국의 소비자도 생필품의 일괄 구매를 원한다고 판단한 미국 유통업체들이 유럽의 하이퍼마켓을 도입하였으나 결과는 실패였다. 평균 면적 6,500평의 하이퍼마켓이 1,200평의 슈퍼마켓, 2,500평의 할인점, 3,000평의 멤버십 도매클럽 등 하이퍼마켓보다 규모가 작은 소매점에서의 쇼핑에 익숙해 있던 미국인에게 위압감과 불편함을 주었기 때문이다.

미국의 할인점인 월 마트나 케이 마트는 이러한 실패를 타산지석으로 삼아 점포 규모를 5,000평 정도로 줄이고, 디스플레이도 위압적이 아닌 아늑한 쇼핑 분위기를 내는 방향으로 전략을 수정하여, 오늘날 미국의 대표적 생필품 업태로 거듭났다.

이마트가 월 마트를 모티브로 해 대형 할인점이란 이름으로 1993년에 창동점을 열며 첫 선을 보였다. 저자가 이마트 근무 때 들은 이야기로는 창동점을 오픈할 당시 매장에 상품을 채우는데 꽤 애를 먹었다고 한다. 상품을 납품할 도매상과 제조사 입장에서는 대형 할인점이란 업태가 생소 했고, 기존의 재래시장이 주도를 하고 있었기 때문에 굳이 이마트에 상품을 넣을 이유가 없었다. 이후 1997년에 영국의 테스코(Tesco)가 삼성 물산과 함께 대구 칠성점을 시작으로 홈플러스를 오픈했다. 롯데 쇼핑도 1998년에 뛰어 들며, 마트 3사는 약 10년간 국내 유통 시장을 장악하게 되었다.

[이마트의 매장 모습]

국내 마트가 처음 생길 때만 해도 마트가 이렇게 성공하리라고는 생각하지 못했다. 국내 마트는 하이퍼마켓이나 슈퍼센터의 근간을 두고 있지만, 한국만의 프리미엄 마트 컨셉으로 한국 소비자에 만족을 주어 성공한 케이스라 할 수 있다. 유통 선진국인 일본의 슈퍼센터나 GMS를 방문해 보면, 운영 수준이 한국 보다는 떨어지는 것을 느낄 수 있다.

8) 양판점(General Merchandising Store: GMS)

양판점은 의류 및 생활용품을 중심으로 다품종을 대량 판매하는 대형 소매점으로 점포 형태 및 상품 구성은 백화점과 거의 유사하지만, 대량매입과 다점포화, PB개발 등으로 가격 면에서 백화점보다 저렴하다는 차이가 있다. 따라서 GMS는 백화점과 할인점의 중간 형태로서 규모는 백화점, 운영은 할인점 형태를 유지하는 독특한 형태이다.

대표적인 GMS는 1893년 설립된 미국의 시어스(Sears)이며, 일본에서 크게 번창하였다. 식품형 대형 슈퍼마켓으로도 불리는 일본의 GMS는 미국식 문화가 유입하기 시작하던 1960년대부터 기하급수적으로 증가하였다. 그러나 1973년 대규모 소매점법이 제정돼 GMS 출점이 제약을 받았고, 최근에는 편의점이나 이커머스 등에 경쟁력을 잃으면서 점포수가 크게 줄었다. 한국의 대형마트처럼 식품뿐만 아니라, 의류

[이온몰의 매장 모습, 자료 출처 : 이온 몰 홈페이지]

와 주거 관련 상품 등을 모두 판매한다.

GMS의 특징은 다음과 같다. 첫째, 일본의 GMS는 슈퍼마켓이 성장하여 대형화된 것이지만, 상품 구색이나 서비스는 백화점에 가깝다. 둘째, 식료품·의류품·잡화 등 거의 모든 유형의 제품을 취급하고 있다. 셋째, 중급품·대중품의 일괄 구매가 가능하고, 백화점 수준의 품목수를 보유하고 있다.

국내에서는 롯데 잠실점의 새나라 백화점이 본격적인 대중양판점이라고 할 수 있으나 실패로 끝났다. 우리나라에서 대중양판점이 실패한 이유는 다음과 같다. 첫째, 다양한 중저가 상품의 PB개발이 이루어지지 않아 기존 백화점과의 상품차별화에 실패하였다. 둘째, 대중양판점의 필수 성공요소인 다점포가 이루어지지 않아 규모의 경제를 실현하는 데 실패하였다. 셋째, 고가 제품의 경우 한국인의 유명 브랜드 선호도가 높고 저가 의류제품은 시장의류 대비 경쟁력이 미비하여 고객 확보에 실패하였다.

2.

점포형 전문품 소매상

1) 전문점(Specialty Store)

전문점은 대형 할인 전문점인 카테고리 킬러의 전신인 소규모 점포로, 취급하는 제품 계열이 한정되어 있으나, 해당 제품 계열 내에서는 다양한 품목들을 취급하고 있다. 미국에는 전기, 소형 가전 전문점인 라디오 쉑(Radio Shack), 오디오 전문점인 사운드 오브 뮤직(Sound of Music), 의류 전문점인 더 리미티드(The Limited), 가구 전문점인 조던스(Jordan's), 서적 전문점인 반스앤노블스(Barns & Nobles) 등이 그 예이며 전문점의 경쟁적 우위는 제품의 전문적 구색과 서비스 제공에 있다.

전문점은 업종적 성격이 강하다. 따라서 이러한 미국의 소형 전문점들은 80년대에 급속히 확산된 카테고리 킬러에 의해 쇠퇴하였다. 우리나라에서는 과거 소리사, 약국, 의류 대리점, 신발 대리점 등이 여기에 해당한다.

[오디오 전문점 사운드 오브 뮤직, 자료 출처 : 사운드 오브 뮤직 홈페이지]

2) 드럭 스토어(Drug Store)

드럭 스토어는 주로 의약품과 그 외에도 건강, 미용 제품(Health and Beauty : H&B), 기타 잡화 등을 판매하는 소매업이다. 세계에서 가장 큰 드럭 스토어는 2018년 기준 미국 내에 9,967개의 점포를 가지고 있고, 1,341억 달러의 매출을 기록한 CVS(Consumer Value Store) 헬스이다. 국내 드럭 스토어의 시작은 GS와 왓슨스가 협약해 개점한 GS왓슨스이나 지금은 CJ에서 운영하는 올리브영이 국내 드럭 스토어 1,500개 중 1,200개를 점하는 등 압도적 1위이고, 2016년 매출 1조 원 달성 후 급성장하여 2018년 매출 2조 8천억 원을 기록하였다.

올리브영은 미국과 일본 드럭 스토어의 의약품 판매 비중이 각각 75%와 30%이지만 의약품 판매를 줄이고, 화장품 등 H&B 판매에 집중함으로써 젊은 고객을 적극 공략하고, 최근 파워 유튜버를 활용한 제품 홍보로 광고 효과를 극대화하였으며, 뷰티 한류 열풍으로 점포를 해외 관광객의 필수 쇼핑 코스화 함으로써 크게 성공할 수 있었다.

[올리브 영 매장 모습]

우리나라에서는 드록 스토어라는 말 대신 H&B(헬스 앤 비튜)라는 업태를 사용하고 있다. 외국에 비해 드록 스토어가 크게 발달하지 못하였는데, 그 이유는 첫 번째 의약품을 판매하는 약국이 전국에 22,300여개가 이미 포진하고 있고, 두 번째 미샤, 스킨 푸드 등 중저가 화장품이 독립 매장으로 영업 중이었기 때문에 판매할 H&B 제품들이 많지 않았다는 점을 들 수 있다.

올리브영은 사업 초기 국내 화장품 브랜드를 다수 취급하려고 했으나, 화장품 업체의 자체 전문점 운영으로 상품 조달에 실패하였지만, 국내 브랜드 대신 해외 다양한 브랜드를 수입하여, 젊은 여성 소비자층을 확보하는데 성공하였다. 올리브영의 성공에 자극받아 GS리테일이 랄라블라, 이마트가 부츠를 개점하였으나 크게 성공하지는 못하였다.

3) 백화점(Department Store)

백화점은 의류, 가정용 설비용품, 신발 잡화류 등의 각종 상품을 부문별(Department)로 구성하여 소비자들이 일괄 구매를 할 수 있도록 하고, 주로 직영으로 운영하는 대규모 소매 점포를 의미한다. 1867년 파리에 오픈한 프랑스어로 좋은 거래를 뜻하는 르 봉 마르셰(Le Bon Marché) 백화점이 효시이며, 이후 미국의 마샬 필드(Marshall Field's. 1852년 개점), 메이시스(Macy's. 1858년 개점), 몽고메리 워드(Montgomery Ward. 1872년 개점) 백화점이 잇따라 개점하면서 백화점은 미국에서 꽃을 피우게 된다. 우리나라 최초의 백화점은 1930년 개점한 현 신세계 백화점 명동점의 전신인 경성 미스코시 백화점(일본 최초의 백화점인 미스코시 백화점의 경성 분점)이다.

[광교 겔러리아 백화점 1층]

백화점은 1990년대 초까지 낙후된 우리나라 유통 산업에서 유일한 근대적 대형점으로 독점적 지위를 누리면서, 매년 20% 가까운 성장을 하였고, 재래시장과 함께 유통의 주도적 역할을 수행하였다. 그러나 1990년 이후 대형마트의 발달과 최근 이커머스 등의 다양한 신 유통업의 발달로 경쟁력을 상실하였다.

외국의 경우에도 1960년대까지 전성기를 구가하였으나, 할인점과 카테고리 킬러의 발달로 쇠퇴기를 맞게 되었으며, 네이먼 마르커스(Nieman Marcus), 노드스토롬(Nordstrom), 삭스 핍스 에비뉴(Sax Fifth Avenue)와 같이 고급 패션으로 차별화한 백화점을 제외하고는 파산 또는 인수·합병되었다. 그러나 한국의 백화점은 다음과 같은 여러 가지 개선 노력을 통해 대체로 현상 유지를 하고 있는 상황이다.

국내에 롯데, 현대, 신세계 백화점 3사 모두 세계 최대, 국내 최고 랜드마크 백화점을 표방하고 있다. 2010년에 부산에 오픈한 신세계 센텀시티점은 세계에서 가장 큰 백화점으로 등록되었으며, 현대 백화

[현대백화점 더 현대 서울]

점 무역센터점은 2018년 강남 대표 백화점을 표방하며, 취급 브랜드 수를 600여개로 확대하였다.

기존의 카테고리의 층별 구성에 획기적 변화를 주어서, 고층에 위치한 식당가를 지하1층으로 이동하여 세계적인 레스토랑과 전국적인 유명 맛 집을 유치하고 있다. 또한 1층에 명품관이 있다는 불문율을 깨고 신세계백화점 광주점은 1층에 생활 전문관을 설치하고 있다.

꾸미는 남자를 일컫는 젠더 뉴트럴(Gender Neutral) 고객을 주요 타깃으로 남성 코너에 패션, 취미 용품 등을 구비해 토털 쇼핑 솔루션을 제공하고 있다.

서양의 백화점과 일본을 위시한 동양의 백화점은 형태는 유사하지만 구조적으로는 커다란 차이가 있다. 먼저 서양의 백화점은 식품 및 일상 생활용품을 취급하지 않으며, 주로 패션 제품만을 취급한다. 따라서 서양의 백화점은 동양의 백화점에 비해 규모가 작다. 또한 서양의 백화점은 매입 백화점, 즉 재고 부담을 지는데 반해, 일본형 백화점은 수수료 백화점으로 재고 부담 기능을 수행하지 않는다.

백화점은 유통 업태 중 가장 고비용 구조이고, 제품 회전율도 가장 낮아서 서양에서와 같이 우리나라에서도 쇠퇴할 것을 염려해 국내 백화점 3사는 다양한 변화를 꾀하고 있다. 롯데 백화점은 아시아에서 최초로 고든 램지 버거를 유치하는 등 차별화된 푸드 코너를 운영하며, 현대 백화점은 여의도에 친환경 휴게 공간을 50%나 할당하는 더현대서울을 열었고, 신세계는 일명 에루샤(에르메스, 루이비통, 샤넬)라 불리는 명품 3대장 유치를 시키며 명품을 강화하고 있다.

4) 카테고리 킬러(Category Killer)

카테고리 킬러는 할인형 대규모 전문점으로서 이커머스가 등장하기 전까지 가장 각광받고 있는 전문품 소매업태 중의 하나이다. 미국의 토이저러스(ToysRus. 완구), 베스트 바이(Best Buy. 가전), 스테이플스(Staples. 사무용품), 홈 디포(Home Depot. 건자재, 공구 등 주택 관리에 필요한 제품) 등이 대표적인 카테고리 킬러이다. 이 업태는 특정 제품 계열에서 전문점보다 깊은 상품 구색을 갖추고, 매우 저렴하게 판매하는 것이 특징이다. 전문점의 일종으로 기존 전문점이 높은 수준의 서비스와 적당한 깊이의 제품 구색으로 고마진, 저회전율 정책을 취하고 있으나, 카테고리 킬러는 대량 구매와 대량 판매 그리고 낮은 비용으로 저렴한 상품 가격을 제시한다. 따라서 카테고리 킬러의 가장 중요한 경쟁적 무기는 상품의 깊이와 저렴한 가격이다.

5) 쇼핑몰

소매 시설 중 가장 규모가 큰 소매 형태이다. 쇼핑몰은 인구가 교외로 이동함에 따라 교통이 편리한 고속도로 주변 교외에 입점한 소매업이다. 넓은 주차장을 갖추고 한 지붕 안에 앵커 스토어(Anchor Store)인 서너 개의 백화점과 패션 중심의 전문점, 식당 등이 함께 입점해 있으며, 쇼핑, 식사, 엔터테인먼트를 함께 해결하는 복합 몰 형태를 갖추고 있다.

최근에는 스파, 실내 스키장, 실내 스케이트장, 실내 해수욕장 등 위락 시설을 갖춘 거대 복합 몰 컴플렉스로 발전하고 있으며, 우리나라의 스타필드 몰과 세계에서 가장 큰 쇼핑몰인 두바이 몰이 대표적인 쇼핑몰이다.

6) 아웃렛(Outlet)

아웃렛의 효시는 팩토리 아웃렛이다. 팩토리 아웃렛에서는 제조업체가 자사의 재고품이나 약간의 하자가 있는 제품을 판매한다. 그 후 유통업체가 여러 유명 제조업체의 재고품을 초저가로 판매하는 소매 업태가 나타났다.

국내의 아웃렛으로는 1980년대 중반에 에스에스패션의 이코노샵을 필두로 반도 패션(현 LF 패션) 등의 상설 할인 매장이 등장하였고, 1990년대 들어서 폴로(Polo), 게스(Guess), 빈폴(Beanpole), 휠라(Fila) 등의 할인 매장이 서울 송파구 문정동과 양천구 목동, 경기도 죽전 등에 아웃렛 단지를 형성하였다.

이랜드가 1994년 서울 당산동에 출점한 2001 아웃렛은 이랜드의 각종 재고 의류를 60 ~ 80%까지 할인된 가격으로 판매하여, 국내 의류 업계의 가격 파괴를 선도하였다. 이랜드의 2001 아웃렛이 성공을 거둠에 따라 1998년에는 세이브 존이 진입했고, 같은 해 현대 백화점이 반포점을 아웃렛으로 전환했다.

미국에서는 백화점과의 경쟁을 피하기 위해 도심에서 자동차로 1~2시간 거리의 교외에 대형 몰을 운영하는데, 미국 1위 아웃렛 업체는 뉴저지에 본사를 두고 있는 첼시 프로퍼티 그룹(Chelsea Property Group)이며, 패션 브랜드에 매장을 임대하는 방식으로 운영한다. 아웃렛 운영의 목적은 현금 회전에 압박을 주는 재고의 원활한 처리에 있다. 따라서 큰 폭의 할인된 가격을 제시하지만, 재고품이 아닌 정상품을 상시 저가로 판매하는 할인점과는 차이가 있다.

2007년에는 국내에서 최초로 신세계 첼시에서 전 세계의 다양한 명품 브랜드들을 모아놓고 판매하는 교외형 프리미엄 아웃렛몰인 여주

아웃렛을 개장해 큰 인기를 끌었고, 뒤이어 2008년 말 롯데 김해 아웃렛이 오픈해 개점 1년 만에 300만 명 이상의 방문객과 매출 1,700억 원의 높은 성과를 거두었다. 향후 국내 유통 시장에서 아웃렛은 계속 성장할 것으로 예상되고 있다.

[롯데아울렛 타임 빌라스]

3

무점포 소매상

1) 자동판매기(Vending Machine)

자동판매기란 동전을 투입하거나 카드를 넣으면 사용자가 원하는 물건이 자동적으로 나오게 하는 기계이다. 자동판매기는 24시간 판매와 셀프 서비스를 그 특징으로 하며, 파손 가능성이 적은 편의품을 주로 판매한다. 자동판매기는 설치비용이 높고, 파손될 위험이 높기 때문에 대체로 높은 판매 가격 수준을 유지한다.

자동판매기의 장점으로는 인력 부족 보완, 24시간 무인 판매 시스템과 현금 판매에 의한 높은 자금 회전, 소자본에 의한 운영, 좁은 면적의 이용, 인건비 상승에 대한 해결책 등을 들 수 있다.

자동판매기의 종류로는 음료 자동판매기, 식품 자동판매기, 티켓 자동판매기, 자동서비스기(ATM, 집찰·개찰기 등), 일상용품 자동판매기(위생용품·신문·잡지 자동판매기), 증명사진 자동 촬영기, 스티커 사진기, 인형 뽑기 등이 있다. 자동판매기 사업은 일본에서 매우 번창하고 있다. 최근 자동판매기를 중심으로 한 무인매장이 아이스크림, 카페에서 나타나고 있다.

[무인 카페 매장의 자동판매기]

2) 방문 판매(Door-to-Door Sales)

영업사원을 이용한 방문판매는 가장 오래된 역사를 가진 무점포형 소매업인데, 국내의 경우 조선시대에 집들을 돌아다니면서 신변잡화류를 판매하였던 방물장수가 여기에 해당된다. 유제품을 판매하는 한국 야쿠르트, 학습지의 판매와 교육을 제공하는 웅진, 대교 등의 출판업계, 1980년대 화장품 업체들은 방문판매를 주요 유통경로로 사용하는 대표적 업체들이다.

미국의 경우 대표적인 방문판매 업체로 터퍼웨어(Tupperware. 플라스틱 용기)와 에이본(Avon. 화장품)이 있다. 터퍼웨어는 집주인을 섭외하고, 그들을 통해 사람들을 모은 다음 터퍼웨어 파티를 개최하여 자사의 제품을 전시·판매하고 집주인에게는 사례품을 주는 방식을 취한다. 에이본 회사는 지역별 책임 판매원을 채용하고, 책임 판매원이 여성 영업 사원을 고용하는 방식을 도입하고 있는데, 여성 영업 사원은 자신의 거주지를 중심으로 독점 판매권을 부여받고, 판매에 따른 수수료를 받는 영업 방식을 통해 화장품 업계에서 성공을 거두었다. 최근 들어 방문 판매는 인건비의 증가, 높은 마진율, 취업 주부의 증가, 교통체증으로 인한 여행 시간의 증가 등의 요인으로 인해 경쟁력이 떨어지고 있으나, 화장품과 건강식품, 정수기 등 몇몇 시장에서는 여전히 중요한 유통 채널로 지속적으로 성장하고 있다.

방문 판매의 특수한 유형으로 다단계 판매가 있다. 생활용품을 주로 취급하는 암웨이(Amway), 화장품을 판매하는 뉴스킨(Nuskin) 등이 그 예이며, 우리나라에서는 다단계 판매 방식이 변형된 불법적다단계 방식인 피라미드, 네트워크 판매 등이 나타나기도 하였다. 합법적 다단계판매는 정상적인 생필품의 재구매를 통한 판매가 주를 이루는 반면 불법적 피라미드는 돌침대, 자석요 등의 고가품을 강매하여 하부 조직을 구성하는 데에 주안점을 둔다.

방문 판매의 가장 큰 장점은 일단 구매자와의 인적 네트워크를 형성하면 판매 품목을 다변화할 수 있다는 점이다. 예를 들어 웅진은 학습지인 씽크빅으로 시작하였으나, 주부와의 인적 네트워크를 이용하여 정수기, 비데, 공기 정화기 등의 제품을 추가 판매하였으며, 나아가 외국의 유명 가전제품으로까지 제품 라인을 확대하였다.

[아모레퍼시픽 방문판매, 자료 출처 : 아모레퍼시픽 방판 홈페이지]

3) 통신 판매

통신 판매는 측정 가능한 반응을 얻거나, 거래를 성사시키기 위해 한 가지 혹은 그 이상의 광고 매체를 사용하는 쌍방향 의사소통의 마케팅시스템을 말한다. 통신 판매는 사용되는 커뮤니케이션 수단에 따라 다시 우편통신판매(Direct Mail), 텔레마케팅(Telemarketing), TV 홈쇼핑, 전자상거래(이커머스) 등으로 나누어진다.

상품은 신문, 잡지, 라디오, 텔레비전, 인터넷 등에 의해 광고·선전되며, 전자결제, 신용카드 등에 의해 대금을 지급받는다. 우편 주문 대신 전화 주문에 의한 경우, 통신판매업자가 적당한 장소에 비치한 카탈로그를 검토하여 구두로 주문하는 일도 있다. 어떤 방법이든 통신 판매의 특징은 카탈로그(전자카탈로그 포함)를 보고 상품을 선택하는 등, 상품의 실물은 전혀 보지 않은 채 성립되는 상거래라는 점에 있다. 그 때문에 카탈로그의 상품 설명 내용이 소비자의 주목을 받을 만한 것이라야 한다는 것은 불가결의 조건이다.

이케아(IKEA)는 성경 다음으로 많은 부수의 카탈로그를 통해 점포 판매뿐 아니라, 무점포 판매에서도 많은 매출을 올리고 있다.

① 우편통신판매(Direct mail)

우편통신판매란 공급업자가 광고 매체(우편 카탈로그)를 통하여 판매하고자 하는 상품 또는 서비스에 대한 광고를 하고 고객으로부터 통신수단(전화, 팩스, 이메일 등)을 통해 주문을 받은 상품을 직접 또는 우편으로 배달하는 판매 방식이다. 우편통신판매에서 성공의 관건은 표적 고객의 선정과 고객 정보 수집을 통한 데이터베이스 구축,

그리고 적절한 상품의 선정을 들 수 있다. 우편통신판매에서 취급하는 상품은 포장 식품을 포함하여 모든 제품이 가능하나, 일반적으로 표준화·규격화된 제품이 주류를 이루고 있다.

우편통신판매는 19세기 후반 미국에서 최초로 등장하였고, 대표적인 우편통신판매 업체로는 1872년에 설립된 몽고메리 워드(Montgomery Ward)와 1886년 시계 통신 판매로 성장한 시어스(Sears)를 들 수 있다. 미국에서는 쇼핑할 시간이 부족한 주부들을 대상으로 유명 의류, 고급 포장 식품 등에 특화된 카테고리의 통신판매가 성행하였다.

국내에서는 1976년 신세계백화점이 카드 고객을 대상으로 주문 엽서에 의한 우편통신판매를 한 것이 최초의 통신 판매이다. 1990년대 들어서면서 본격적으로 유명 백화점과 우체국이 자체적으로 실시하거나, 개별 기업들이 신용카드 회사들과 연계하여 우편통신판매를 하고 있으나, 2000년대 들어서는 인터넷 쇼핑의 생활화로 통신판매시장은 점차 축소되고 있는 실정이다.

② 텔레마케팅(Telemarketing)

텔레마케팅은 전화로 표적 고객층에 제품 정보를 제공한 후, 제품 구매를 유도하거나, 고객이 TV·라디오 광고나 우편 광고를 보고, 수신자부담 전화번호를 이용하여 주문을 하는 소매 업태이다. 소비자는 전문 교환수가 제공하는 제품 정보를 듣고, 바로 주문을 하거나, 또는 자동화 텔레마케팅 시스템(ARS)을 통해 주문을 한다.

1970년대부터 텔레마케팅이 보급되기 시작한 미국의 경우, 1980년대 후반 들어 성장을 보였다. 특히 포춘지 선정 5백대 기업 중 텔레마케팅을 채택한 업체는 1986년 34%에서 1990년 66%로 증가하였다. 미국의 대형 소매업체인 J. C. 페니(Penney)는 3,000만 명 고객의 성명, 주소, 지금까지의 거래명세서 등을 데이터베이스화 하였으며, 고객으로부터 주문이나 제품에 관한 문의전화가 오면, 교환수는 고객에 관한 정보와 문의 제품에 관한 정보를 컴퓨터 단말기에 호출하여, 이와 함께 컴퓨터 화면에 나타나는 대화 순서에 따라 고객과 대화를 할 수 있는 시스템을 활용하고 있다. 이 시스템을 통해 개별 고객에 맞는 판매나 조언을 할 수 있으며, 새로운 고객 정보를 데이터베이스에 추가하여 그 후의 판매에 활용한다.

그러나 이커머스의 등장과 교환원의 인건비가 상승하고, 시간 압박이 심한 현대인에게 상품 소개를 하는 전화는 매우 성가시므로 텔리마케팅은 점차 경쟁력을 잃고 있다.

③ TV 홈쇼핑

TV 홈쇼핑은 장시간의 TV광고(Informercia : Information과 광고를 의미하는 Commercial의 합성어)를 통해 제품 구매를 즉각적으로 유도하는 직접 반응 광고로부터 유래되었다. 미국의 경우 1980년대부터 공중파 방송인 네트워크 TV에 비해 광고비용이 매우 저렴한 케이블 TV의 등장으로 장시간의 광고를 보여주고, 곧바로 전화로 주문하는 직접 반응 광고가 활성화되었다. 케이블 TV가 직접 반응 광고의 주요 매체 수단으로 이용되는 이유는 네트워크 TV의 매체 비용이 너무 비싸서 비용 대비 광고 효과를 충분히 거두기 어려울 뿐만 아니라, 광고 시간이 너무 짧아 인포머셜로서의 직접 반응 광고의 특성을 살릴 수 없기 때문이다. 이에 따라 미국의 경우 30분, 1시간, 심지어는 2시간 이상의 프로그램 형태로 제작된 인포머셜(Informercial)이 케이블 TV를 통해 방영되었다. 이 방식이 발전하여 오늘날 전문 채널에서 제품을 판매하는 TV 홈쇼핑으로 발전하였다.

TV 홈쇼핑 채널을 이용한 주문 방식은 홈쇼핑 전문 방송국이 케이블 TV를 통해 상품들을 소개·설명하면 TV시청자들이 전화로 주문을 하는 무점포 판매 방식이다. 케이블 TV를 이용한 홈쇼핑은 가정에서 편안히 앉아서 TV에 방영되는 상품 중에서 마음에 드는 것을 전화로 주문을 하면 집까지 배달해 주기 때문에 편리하고, 가격도 10~30% 정도 저렴하며, 시간을 절약할 수 있을 뿐 아니라 상품을 구매하지 않더라도 유익한 상품정보를 얻을 수 있다는 이점이 있어 빠른 속도로 성장하였다. 최근에는 양방향 인터넷 TV인 IPTV의 보급이 급성장하면서 TV홈쇼핑의 성장을 돕고 있다.

[TV홈쇼핑 인서트 영상 촬영]

　현재 전 세계적으로 TV 홈쇼핑은 사양화되고 있으나, 우리나라에서는 아직도 번창하고 있다. 그 원인으로는 주요 공중파 채널 사이사이에 홈쇼핑 채널이 있어서 채널을 돌리다가 홈쇼핑에 쉽게 노출된다는 점과 시대 트렌드에 맞는 상품 개발, 우리나라 소비자들의 높은 충동구매 성향 등을 들 수 있다. TV 홈쇼핑의 가장 큰 장점은 단위 시간당 매출이 업계 최고라는 점이다. 저녁 피크 시간대 1시간 매출이 7억원에 이르러 타 업태의 추종을 불허한다. 두 번째 장점은 방송이라는 미디어 특성상 TV를 통해 매출 뿐 아니라, 상품 또는 브랜드 홍보에 탁월하다는 점이다. TV 홈쇼핑을 이용하는 기업은 온라인에서 판매되는 제품의 홍보를 위하여 TV 홈쇼핑을 이용하기도 한다.

우리나라의 경우 TV 홈쇼핑은 1995년 10월 1일 홈쇼핑 채널 방송이 시작된 이후 급속도로 그 규모가 증가하여 왔다. 짧은 기간에도 불구하고 2018년 현재 유료방송 가입자 수는 3,200만 명으로 IPTV (Internet Protocol TV)가 1500만 명, 지역 케이블 TV가 1400만 명, 위성 방송이 300만 명을 기록하고 있다. 가입자의 지속적인 증가, 상품 구색의 확대, 케이블 TV 수신료 인하 등으로 우리나라 TV 홈쇼핑 시장은 지속적으로 확대되고 있으며, 쇼핑 호스트, 홈쇼핑 머천다이저와 같은 신종 직업이 각광을 받고 있다. 현재 우리나라의 홈쇼핑 시장은 GS 홈쇼핑, CJ 오쇼핑, 현대 홈쇼핑, 롯데 홈쇼핑 등 대기업들이 주도하고 있다.

국내 케이블 TV 산업은 200여 개의 프로그램 공급자(PP), 119개의 시스템 운영자(OS), 티브로드, 헬로비전 등 다수 사업자가 운영하는 전송망 사업자(NO)로 구성되어 있다. TV 홈쇼핑 사업을 영위하기 위해서는 우수한 상품 조달 능력, 체계적인 물류 시스템, 효율적인 고객 데이터 관리 및 다양한 고객 서비스가 요구된다. 이러한 사업 핵심 역량은 카탈로그, 인터넷 쇼핑 등 관련 무점포 산업으로의 성공적인 진출을 가능하게 한다.

최근 TV 홈쇼핑은 액세서리, 가전제품 등의 유형 상품에서 해외 관광, 보험, 금융 등의 서비스 상품까지 판매 영역을 확대하고 있다. 1995년 이후 급성장하던 홈쇼핑 시장은 2000년대 후반 성장세가 둔화되었다가, 2012년 쌍방향 녹화 홈쇼핑인 T커머스 채널이 늘어나면서 재성장세로 들어섰다. 2019년 현재 5개의 라이브 방송과 10개의 T커머스 방송 등 15개 채널이 운영 중이다.

TV 홈쇼핑 및 인터넷 쇼핑몰은 배송 업체와 보완적 관계를 갖고 있기 때문에, TV 홈쇼핑 및 인터넷 쇼핑몰의 매출 성장은 배송 업체의 시장 규모를 확대시키는 데 기여한다. 그러나 CJ 오쇼핑이나 현대 홈쇼핑은 계열사의 배송 업체와 계약되어 있고, 타 홈쇼핑 업체도 대형 업체와 계약되어 있어, 일부 배송 업체만이 시장 확대의 수혜를 받고 있다. TV홈쇼핑 업체에 대한 주 공급자는 제조업체나 수입업체 등인데, 홈쇼핑 업체가 팔릴 만한 상품을 선정하여, 판매 후 이익을 나누는 형식으로 계약이 이루어지므로 공급자의 힘은 상대적으로 약하다.

홈쇼핑 호스트는 새롭게 떠오르는 인기 직종이다. 홈쇼핑 호스트

[TV홈쇼핑 촬영 모습]

는 상품을 스타로 만드는 직업인데, 상품의 장점과 이용방법, 상품의 가격경쟁력, 배송의 편리함 등의 상품 정보를 생동감 있게 소개한다. 홈쇼핑 호스트는 프로그램을 쇼프로그램처럼 재미있게 진행해야 하며, 정확한 정보 전달을 통해 소비자에게 신뢰감을 주어야 한다. 홈쇼핑 호스트는 생방송으로 진행되는 도중에 발생하는 판매량 추이와 시청자 반응을 파악하여, 즉시 방송 멘트로 활용하기도 한다. 홈쇼핑 호스트는 단순한 상품 소개 진행자가 아니라, 방송 진행 기법, 상품 지식, 소비심리 파악 등에 대한 전문가가 되어야 한다.

4.

업종과 업태의 구분

    1990년대 들어 우리나라의 소매업이 발달하면서 업태란 용어가 자주 사용된다. 과거에는 업종이란 용어가 주로 사용되었는데, 업종과 업태의 차이는 다음과 같다. 업종은 소매상이 판매하는 상품군에 따른 전통적인 분류 방법으로, 의류점, 가전점, 가구점, 양화점, 정육점 등이 그 예이다. 업태는 소매점의 마케팅 전략에 따른 분류 방법으로, 구체적으로 제품 구색, 입지, 판매 방식, 영업시간, 광고, 가격 전략 등에 의해 소매점의 업태가 결정된다. 마케팅 전략 수립의 첫 번째 단계는 타케팅 전략이며, 타겟은 주 고객층을 의미하므로 업태적 분류는 고객 지향적이라고 할 수 있다. 백화점, 할인점, 슈퍼센터, 양판점, 카테고리 킬러, 이커머스 등은 업태에 의한 소매업 분류의 예이다. 업종은 생산자, 제품 중심적 시각이고, 업태는 소비자, 전략 지향적 시각이라고 할 수 있다.

	시각	주도자	분류 기준	점포 크기	주요 유형	장점
업종 개념	생산자	제조업체	제품유형	소규모	전문몰	제조업체의 통제 용이
업태 개념	소비자	소매업체	소매전략	대규모	종합몰	소비자 편의, 소매효율증대, 거래 촉진

〈업종과 업태의 비교〉

업태적 개념에서는 소매점은 어떠한 제품도 판매할 수 있다. 생필품을 판매하는 독일의 슈퍼마켓인 알디(Aldi)는 PC를 팔고 있고, 목재, 공구 등 가정 수리 제품을 판매하는 미국의 홈 디포(Home Depot)는 가전제품을 팔고 있다. 알디의 경우 고객이 전자제품 매장보다 식료품을 사러 자주 점포를 방문하므로 구매 확률이 높고, 고객의 점포 충성도가 높으므로 알디가 판매하는 제품을 신뢰하고 구매한다. 실제로 독일에서 알디의 PC 소매 매출 점유율은 1위이다. 코스트코는 제품 판매를 넘어 보험도 판매한다. 이 또한 고객이 코스트코에 대해 높은 점포애호도가 있기에 가능하다. 아마존은 서적 판매로부터 사업을 시작하였으나, 지금은 의류, 공구, 장난감, 액세서리 등 자동차를 제외한 거의 모든 것을 판매한다. 쿠팡도 판매 품목에 제한을 두고 있지 않다. 이러한 사례는 현재 소매업에서는 창의적인 제품 구색의 중요성을 보여주고 있으며, 제조업체 입장에서도 창의성과 상상력을 바탕으로 새로운 유통망을 개척할 필요가 있음을 보여준다. 실제로 삼성전자는 홈 디포에서 가전제품을 판매하고 있으며, 베스트 바이(Best Buy)는 내점 고객이 많은 메이시스(Macy's) 백화점에 입점해 있다.

역사적으로 소매업에 업태 개념이 도입되면서, 소비자의 편의성, 소매점의 효율성이 획기적으로 개선되었다. 업종적 시각을 가진 소매상에게는 '어떤 제조업체의 어떤 제품을 판매할 것인가?'가 거의 유일한 전략적 결정사항이다. 반면 업태적 시각에서는 표적 고객의 선택이 가장 중요한 전략적 의사결정이며, 이에 따라 표적 고객의 특성과 라이프 스타일에 소구할 수 있는 영업 전략의 결정이 이루어진다.

소매업에 업태 개념이 도입된 것은 서구의 백화점과 슈퍼마켓이 효시이다. 그 이전에는 의복, 구두, 가구, 식품, 생활용품, 문구 등이 각각의 점포에서 개별적으로 판매되었으나, 고가의 비식품은 백화점이 일괄 취급하고, 식품은 슈퍼마켓이 담당하게 되었다. 이후 슈퍼센터라는 업태가 나타나면서 비식품과 식품의 판매가 통합되었다. 업태개념이 도입됨으로써 제품유형에 따른 업종의 구분이 무의미해지고 주 방문 고객(타깃 마켓)이 필요로 하는 제품을 함께 판매함으로써 소비자에게는 일괄 구매의 편리를 제공하고, 소매상은 매출을 증대할수 있게 되었다. 이처럼 소비자가 상품 구입을 모두 한 군데서 마치는 구매 행동을 원 스톱 쇼핑(One Stop shopping)이라고 한다.

[이마트 신선식품 코너]

근래에는 업종적 성격이 강한 점포에도 이러한 업태 개념이 도입되고 있다. 맥도날드는 햄버거 식당이지만, 주요 표적 고객인 어린이에게 장난감을 판매함으로써 큰 성공을 거두었다. 또한 미국에서는 높은 내점빈도의 장점을 활용하여 방문 고객을 대상으로 비디오 대여 사업을 하기도 하였다.

우리나라에서는 1990년대 이후 대형 마트가 발달하면서 업태 개념이 본격적으로 도입되기 시작하여, 할인점의 주 취급 품목인 생필품 유통의 효율성이 획기적으로 제고되었다. 현대 소매업의 개념은 업태 중심적이다. 표적고객이 명확히 정의되고, 이들의 라이프 스타일에 관한 연구가 이루어지고, 이를 토대로 그들에게 소구하는 제품 구색, 입지, 광고 판촉, 영업 방법, 가격 전략이 수립되어야 한다.

오프라인 소매업과 같이 온라인 소매업에서도 초기에는 업종적 소매업이 주를 이루었다. 아마존은 인터넷 서점이었고 자포스(Zappos)는 신발 전문 사이트, 웨이페어(Wayfair)는 가구를 전문적으로 판매하는 이커머스이다. 아마존은 취급 제품을 확대하여 전자 제품, 소모품, 의류, 공구 등 거의 모든 것을 판매하는 업종적 전략으로 전환한다. 우리나라의 쿠팡, G마켓, 옥션, 네이버 쇼핑 등은 모든 제품을 취급하므로 모두 업태적 이커머스라고 할 수 있다.

실패한 에스콰이어의 패션리더와 성공한 엘칸토의 무크

90년대에 제화업계는 젊은 층을 공략하기 위해서 새로운 신사화 브랜드를 출시하였다. 대표적인 것이 에스콰이어의 패션 리더(Fashion Leader)와 엘칸토의 무크(Mook)이다. 하지만 이들의 소매 전략의 차이에서 신제품의 성패가 결정되었다.

에스콰이어의 소매 전략은 업종별 소매 전략으로, 제품 중심으로 매장을 차별화하여 신사화는 에스콰이어 매장에서, 케쥬얼화는 영

[90년대 인기 구두 브랜드 무크, 자료 출처 : 무크 홈페이지]

에이지 매장에서 판매하는 방식이었다. 신사화 신제품인 패션 리더는 기존의 에스콰이어 매장에서 판매되었다. 즉 신세대의 감성에 호소하는 패셔너블한 구두와 장년 층 구두가 같은 매장에 섞여 있었던 것이다. 고객은 매장에 들어서는 순간, 제품 보다 내점 고객(Patronage)이 누구인가에 의해 이 매장에 내게 맞는 물건이 있을 것인가를 직감적으로 판단한다. 우스꽝스럽게 들리겠지만, 젊은 층을 타깃으로 하는 나이트클럽에서 고객의 나이를 제한하여 소위 '물 관리'를 하는 것도 이러한 이유에서다.

패션 리더는 신세대 감각의 새로운 브랜드라고 광고하였으나, 막상 신세대 고객이 매장에 들어서는 순간 자기보다 나이가 많은 성인들이 고객의 대부분이고, 기성세대를 타깃으로 하는 제품이 섞여 있을 때, 젊은 고객은 이 매장에서는 자기에게 적합한 제품을 찾지 못할 것이라는 것을 직감하게 되는 것이다.

이러한 에스콰이어의 업종적 전략은 제조업체가 자신의 타깃 고객을 명확히 하듯이 소매점의 타깃 고객을 명확히 하는 업태적 시각(고객 중심)으로 바꾸는 것이 바람직하다. 즉 에스콰이어 매장은 장년층을 타깃으로 하여 장년풍의 신사화와 케쥬얼화를 취급하고, 영에이지는 젊은 층을 타깃으로 하여 이들이 선호하는 디자인의 신사화, 케쥬얼화를 취급하는 것이 바람직할 것이다. 이렇게 함으로써 제품 컨셉뿐 아니라, 인테리어와 고객에 의해 만들어지는 점포분위기, 점포입지 등의 전략이 동질적 고객을 타깃으로 일관되게 전개될 수 있다.

이에 비해 엘칸토는 젊은 층을 타깃으로 하는 무크를 출시하면서, 에스콰이어와 달리 젊은 층을 타깃으로 하는 독립된 매장을 통해 판매하고, 점포 이미지를 이들에 맞게 디자인하여 큰 성공을 거두었다. 무크는 업태적 시각을 취하였으며, 젊은 층을 타깃으로 하여 신사화뿐 아니라 캐주얼화, 벨트, 지갑, 의류 등을 판매하는 토탈 패션 매장을 전개하였다. 그 결과 패션 리더는 실패하였고 무크는 큰 성공을 거두었다.

5

소매 매출의 구성과
매출 증대 전략

구체적인 소매업 마케팅 전략을 설명하기 전에 일반적으로 소매 매출을 높이는 전략을 먼저 논의하려고 한다. 소매 매출은 다음의 공식으로 나타낼 수 있다.

매출

총 고객 수 × 평균 고객 방문 빈도 × 방문당 평균 구매액

(객단가, 고객 1인당 평균 매입액, basket size.)

소매상의 매출 극대화를 위해서는 위의 요소를 각각 증가시키는 전략을 구사할 필요가 있다.

1) 고객 수를 늘리는 전략

고객 수 증가를 위해서는 새로운 잠재 고객을 발굴하는 노력이 필요하다. 과거 장년층의 드링크였던 박카스는 젊은 고객층을 타깃으로 리포지셔닝함으로써 고객 기반을 넓혔다. 최근 남성들의 패션 및 미용에 대한 관심이 높아지는 추세를 감안하여 백화점은 남성 의류 및 남성 화장품 코너를 확대한다든지 중국 관광객의 내점을 유도하기 위해 이들의 관심이 높은 명품 코너를 강화하는 노력 등이 필요할 것이다. 일본 편의점의 경우 노년층이 선호하는 물건을 다량 개발함으로써 고객기반을 확대하고 있다.

2) 고객 방문 빈도를 높이는 전략

고객 방문 빈도를 제고하기 위한 가장 효과적인 방법은 상품 구색을 변화시키는 것이다. 예를 들어 SPA 브랜드인 자라(Zara)는 평균 3주에 한 번씩 신제품을 선보이며, 코스트코는 정기적으로 전체 상품의 15%를 교체한다. 이러한 전략은 고객으로 하여금 '이번엔 또 어떤 새로운 물건이 나왔을까?'라는 궁금증을 자아내게 하여 방문 빈도를 높일 수 있다. 실제로 시즌별로 모든 신제품을 한꺼번에 출시하는 전통적인 의류 매장의 고객 당 평균 방문 빈도가 4 ~ 5회에 그치는 반면, 자라의 고객 당 평균 방문 빈도는 18회에 달한다.

가격이 비싼 내구재(내구성을 가지고 장기 사용에 견딜 수 있는 재화)의 구매 주기는 길고, 가격이 싼 비내구재의 구매 주기는 짧다. 방문 빈도가 낮은 내구재를 판매하는 매장의 방문 빈도를 높이는 효과적인 전략은 가격이 낮은 비내구재를 비치하는 것이다. TV, 냉장고, 세탁기 등 고가의 내구재만을 판매하던 미국의 1위 가전 소매 업체였던 서킷 시티(Circuit City)는 도산한 반면 CD, 게임 타이틀, 컴퓨터 주변기기, 소모품 등 소품을 다량 구비한 베스트 바이(Best Buy)는 가전 소매업 1위 업체가 되었다.

가구 전문 소매업체인 이케아는 고객의 방문 빈도를 높이기 위해 화병, 소파 쿠션 등의 소품을 판매하고 있고, 심지어 식품도 판매한다. 한샘은 가구 매장과 별도로 주방 조리 기구, 향초 등 저가이면서

[이케아 푸드코트 인기 음식 미트볼, 자료 출처 : 이케아 홈페이지]

도 고객의 방문 빈도를 높일 수 있는 생활 소품 코너를 운영하고 있다. 이런 소품들은 미끼 상품(Loss Leader) 역할을 하여 소품을 구매하기 위해 방문한 고객을 수익성이 높은 고가의 구매로 연결시키는 역할을 한다. 원래 비식품 생필품만을 판매하던 월 마트도 90년대 초반부터 자주 구매하는 식품을 판매하기 시작하면서, 월 평균 고객 방문 빈도가 월 6회에서 8회로 증가하였다.

미국의 최대 카지노인 하라스(Harrah's)는 빅데이터 분석을 통해 그들에게 많은 수익을 가져다주는 고객이 가끔씩 방문하여 큰 판돈으로 놀음을 하는 고객(High Roller)이 아니라, 인근에 거주하면서 카지노를 자주 방문하여 조금씩 놀음을 하는 평범한 일반인이라는 것을 파악하였다. 따라서 하이 롤러(High Roller)에게 많은 혜택을 제공하던 전략을 수정하여 인근 고객을 타깃으로 커뮤니티 마케팅을 전개함으로써 방문 빈도를 제고하여 큰 성공을 거두었다.

최근 우리나라 백화점도 가끔씩 방문하여 높은 매출을 올리는 소위 '큰손'보다 인근의 고객의 방문 빈도를 높이는 전략을 구사하고 있다. 백화점의 문화센터 운영, 빈번한 이벤트 등이 고객 방문 빈도를 높이는 효과적인 전략일 수 있다.

3) 1회 구매량(객단가: Basket Size)을 높이는 전략

점포 방문 당 구매 객단가를 높이는 가장 효과적인 전략은 매장 체류시간을 늘림으로써 구매 확률을 높이는 것이다. 백화점은 쾌적한 분위기, 다양한 상품 구색, 다양한 이벤트 코너 운영 등을 통해 고객의 매장 체류 시간을 늘리고 있다.

이케아는 매장을 미로같이 꾸밈으로써 고객으로 하여금 모든 전시 제품을 둘러보도록 유도한다. 또한 이케아 매장 규모는 매우 커서 매장을 모두 둘러보는데 많은 시간이 소요된다. 이케아는 주부들이 충분한 시간을 갖고 쇼핑하도록 하기 위해 저렴하면서도 맛있는 음식을 판매하고, 유아 보호 시설과 심지어 쇼핑을 싫어하는 남편을 위해 게임시설까지 갖추고 있다.

하라스(Harrah's)는 빅데이터 분석을 통해 고객의 평균 게임 시간을 파악하여, 각 고객이 도박을 그만둘 즈음 무료 쿠폰을 제공하여 놀음 시간을 늘린다. 이커머스 소매업에서는 연관된 제품을 제안한다든지 사용자 경험을 게시함으로써 사이트 체류 시간을 늘림으로써 객단가를 높이는 노력을 하고 있다.

효과적인 디스플레이(Visual MerchanDising : VMD)로 충동 구매를 유도하는 것도 객단가를 높이는 효과적인 전략이다. VMD는 소비자에게 소구할 수 있는 최종 마케팅 전략이다. 대형 마트에서 같은 물건

[진열박스를 이용한 VMD]

이라도 매대의 눈높이 위치나 복도 끝 가로 선반에 진열하면 매출이 높아진다. 대부분의 슈퍼마켓에서는 아이스크림이나 냉동 식품을 무질서하게 진열한다. 그러나 이마트는 이들 제품을 수직 냉장고에 가지런히 진열함으로써 충동 구매를 유도하고 있다. 라면과 양은 냄비, 식빵과 버터, 잼 등 연관되는 제품을 함께 진열함으로써 동반구매(Cross Selling) 확률을 높일 수 있다.

VMD에도 업종적 시각이 아닌 업태적 시각이 필요하다. 미국의 백화점에는 남성 양복과 셔츠, 넥타이, 스포츠웨어, 벨트, 지갑 등 남성 고객이 필요로 하는 모든 제품을 함께 진열함으로써 동반 구매를 유도하고 있다. 전통적인 가구매장은 침대코너, 소파코너 등 품목별로 가구를 전시한다. 이에 비해 이케아나 한샘은 거실이나 방을 꾸미는데 필요한 가구와 소품들을 함께 전시함으로써 동반 구매를 유도한다.

4) 소매상의 마케팅 전략의 구조

최근 소비자의 가처분 소득이 증가함에 따라 소비자의 욕구는 다양화 및 개성화의 추세를 보이며, 소매점에 대한 소비자의 기대 수준도 소비자 집단에 따라 다양한 양상을 보이고 있다. 이에 따라 소매점들은 전체시장 중 자사가 가장 큰 경쟁 우위를 발휘할 수 있는 세분 시장을 표적 시장으로 선정하고, 그 세분 시장 내 소비자들을 경쟁자보다 보다 더 충실히 만족시키기 위한 소매 전략을 개발하는 마케팅 전략적 접근이 요구된다.

① 소비자의 쇼핑 시 욕구

전통적 오프라인 소매업에서 소비자가 가지는 요구는 a) 입지와 시간 편리성, b) 점포 분위기, c) 제품 구색, d) 가격, e) 점포에서 획득할 수 있는 정보의 양과 질, f) 배달, 설치 등의 서비스 등이다. 이커머스의 발달은 소비자가 쇼핑 시 기대하는 요인에 커다란 변화를 가져왔다.

우선 이커머스는 시공을 초월하는 소매업이므로 입지의 개념이 없다. 오프라인 소매업의 입지에 해당하는 이커머스에서의 개념은 브랜드 파워이다. 소비자들은 이커머스에서 구매 시 머리 속에 먼저 떠오르는 사이트를 방문한다. 인지도가 높은 아마존이나 쿠팡의 매출 규모가 큰 이유이다. 시간의 편의성도 과거에는 점포까지의 쇼핑 거리였으나, 아커머스 환경에서는 배달 시간이 중요하다.

이커머스도 인터넷 상의 점포이므로 점포 분위기가 중요하다. 이커머스에서의 점포 분위기는 홈페이지의 단순성, 명료성, 효율성이라 할 수 있다.

일반적으로 이커머스 업체는 매우 많은 품목을 취급하고 있으므로, 소비자는 자기가 원하는 제품을 탐색하는데 불편함이나 어려움을 겪을 수 있다. 이를 해결하는 방법이 고객의 빅 데이터 분석을 통한 추천 알고리듬이다. 많은 IT 기업들은 모두 이러한 추천 서비스를 제공하고 있다. 아마존의 'Your Recommendation', 넷플릭스의 'Cine Match', 애플의 'Apple Music', 'Spotify'의 음원 추천 서비스 등이 그 예이다.

이커머스에서 가장 중요한 소비자의 고려 요인 중 하나는 가격이다. 오프라인 소매업에서는 소비자가 점포를 이동하며 가격을 비교하는 것이 용이하지 않은 반면 온라인상에서는 소비자가 사이트를 순간적으로 이동하며, 가격 비교가 매우 용이하므로 가격은 구매를 결정하는 매우 중요한 요인이다. 이커머스는 점포와 판매 사원이 필요하지 않으므로 일반적으로 가격이 싸다. 따라서 소비자는 이커머스에서 판매되는 제품에 대해 가격이 쌀 것이라는 기대를 가지고 있다.

이커머스 상에서 제공되는 정보의 양과 질은 오프라인 소매업보다 훨씬 더 많고 다양하여야 한다. 오프라인 소매점에서는 전문적 지식을 갖춘 판매원이 브랜드에 관한 제품 정보뿐만 아니라, 그 점포가 제공하는 서비스에 관한 구체적인 정보를 고객에게 제공할 수 있다. 그러나 이커머스는 이러한 설득 기능을 하는 판매 사원이 없으므로 웹 페이지에서 제공하는 정보로 고객을 설득하여 구매로 이어지게 해야 하기 때문이다.

오프라인 소매점에서의 서비스는 주로 신용 정책, 배달, 설치, 보증, 판매 보조, 수리 등이 포함된다. 온라인에서의 고객 욕구는 결제의 간편성, 배달, 설치 여부 등이다. 요약하면 이커머스에서 소비자의 주요 욕구는 상품 구색, 가격, 배달 시간, 탐색의 편의성, 결제의 편의성, 보안성 등이라고 할 수 있다.

② 소매 점포의 STP 전략(Segmentation, Targeting, Positioning)

소비자들은 앞에서 서술한 소매 점포에 대한 기대가 상이하다. 따라서 각 점포는 소비자들의 기대 수준에 따라 소비자를 세분화하여 자사가 강점을 가지는 세분 시장을 표적 시장으로 규정하고, 이를 효과적으로 공략하기 위한 포지셔닝 전략을 구사해야 한다.

- **시장 세분화(Market Segmentation)**

시장 세분화란 소비자의 욕구가 상이하므로 개별 소비자의 욕구에 근거하여 소비자를 그룹화하여 상이한 전략으로 각 그룹을 차별적으로 공략하는 개념이다. 이러한 차별화 공략은 기업의 매출을 극대화시키는 기본적인 전략이다. 예를 들어 자동차 시장에서 고소득자와 저소득자의 자동차에 대한 욕구는 상이하다. 고소득자는 제네시스와 같은 고품격, 고성능을 갖춘 대형차를 원하는 반면, 저소득자는 경제성과 연비가 높은 모닝을 구매한다. 즉, 고객의 욕구와 상황에 따라 구매하는 제품이 다른 것이다. 만약 현대차가 시장세분화 개념을 도입하지 않고 소나타 하나의 브랜드만으로 시장을 공략한다면 지금만큼의 매출을 기록하지 못할 것이다.

시장 세분화 방법에는 여러 가지 방법이 있으나, 저자는 다음과 같은 2단계 세분화 방법(2-Stage Market Segmentation)을 제안한다.

○ 1단계 : 앞에서 언급한 소매상에 대한 소비자의 욕구에 따라 몇 개의 소비자집단으로 구분한다.
○ 2단계 : 각 소비자의 인구 통계적 특성 변수(Demographic Variables), 심리적 특성 변수(Psychographic Variables), 사회경제적 특성 변수(Socioeconomic Variables), 지리적 특성 변수(Geographic Variables) 등에 관한 자료를 수집하여 1단계에서 분류된 각 세분 시장의 특성을 기술한다.

[현대자동차의 프리미엄 브랜드 제네시스, 자료 출처 : 제네시스 홈페이지]

이와 같은 2단계 시장 세분화 방법의 장점은 각 세분 시장의 규모를 파악할 수 있고, 어떤 소비자가 각 세분 시장을 구성하는지를 알 수 있으며, 따라서 광고, 판촉 등의 전략을 구사할 때 표적 시장에 효과적으로 도달할 수 있다는 점이다.

- **표적 시장 선정 전략(Targeting Strategy)과**
소매점 포지셔닝 전략 (Positioning Strategy)

시장을 소비자의 욕구에 기반하여 세분화한 후, 자사의 표적 고객을 선정하는 타게팅 전략을 수립한다. 타겟 마켓은 명확하고 좁게 정의될수록 좋다. 타겟 마켓이 명확하지 않으면, 마케팅 투자가 분산되어 효율적이지 않을 수 있기 때문이다. 코스트코는 자신의 타겟 마켓을 고소득, 고학력, 전문직 소비자로 정의한다. 이케아의 타겟 마켓은 젊고 이사가 잦으며, 소득이 중간 내지 하급인 소비자이다.

자기 점포의 표적 시장이 결정되면, 어떤 차별점을 타겟 소비자 마음 속에 강하게 부각하여 차별화할 것인가를 결정하여야 하는데 이것이 포지셔닝(Positioning) 전략이다. 예를 들면 맥도날드는 저렴하고 가족이 함께 즐기는 식당으로, 도미노 피자는 빠른 배달로, TGI프라이데이스는 젊은이의 파티 장소로 점포를 차별화하고 있다.

코틀러(Kotler)와 암스트롱(Armstrong)은 가성비(Value/Pricing. 가격 대비 가치) 포지셔닝 전략을 제안하고 있다. 여기서 가치는 제품의 품질 뿐 아니라, 유통의 편의성, 커뮤니케이션 전략으로 생성된 브랜드 파워 등을 포함한 복합적 개념으로 정의된다.

먼저 가치가 지불하는 가격보다 적다면, 소비자는 이러한 점포를 선택하지 않으므로 성립되기 불가한 포지셔닝 전략이다. 'Same for More', 'Less for More', 'Less for the Same'이 여기에 해당하며, 소매 업체가 선택할 수 없는 포지셔닝 전략이다.

먼저 'More for More'는 VIP 마케팅이라고 할 수 있으며, 초고가 소매점, 예를 들면 미국의 니만 마커스(Nieman Marcus), 삭스 피프스 애비뉴(Saks Fifth Avenue), 영국의 해롯(Harrods) 백화점, 한국의 갤러리

price value	More	Same	Less
More	More for More	More for the Same	More for Less
Same	×	Same for the Same	Same for Less
Less	×	×	Less for Much Less

[포지셔닝 전략의 유형]

아 명품관, 루이비똥 매장 등이 여기에 해당된다. 마켓 컬리도 프리미엄 농수산물을 고가에 판매하는 'More for More' 이커머스라고 할 수 있다. 이 시장은 크기는 작지만 수익률은 매우 높다.

이커머스가 확산되면서 'More for More' 유형의 소매업이 어려움을 겪고 있다. 같은 제품을 온라인에서 판매하는 이커머스가 등장하였기 때문이다. 초고가 백화점인 니만 마커스, 로드앤테일러(Lord & Taylor)는 코로나 19가 확산하면서 사업을 접었다. 우리나라에도 발란과 같은 명품 할인 이커머스가 나타나고 있다.

'More for the Same'은 많은 가치를 제공하면서도 가격은 'More for More'보다 저렴한 소매점이다. 오프라인 소매업 중 여주 프리미엄 아웃렛이 여기에 해당된다. 이커머스에서는 명품만을 모아 할인된 가격에 판매하는 라방, 명품 할인 플랫폼 파페치가 이에 해당한다.

'Same for the Same'은 품질이 중간 정도인 제품을 보통 가격에 판매하는 소매업이며 편의점이 여기에 해당된다. 편의점은 제품이 제공하는 가치는 보통이지만 시간, 입지의 편의성이 가치를 높이므로 계속 성장하는 업태라고 할 수 있다.

'Same for Less'는 같은 가치의 제품을 싸게 파는 소매업으로 Wal-Mart, 이마트가 여기에 해당된다. 많은 전통적인 소매점이 주로 여기에 해당하며 강력한 포지셔닝 전략이다. 또한 대부분의 이커머스의 포지셔닝 전략도 여기에 해당한다.

'Less for Much Less'는 주로 저품질의 제품을 매우 싼 가격에 판매하는 소매업이며, 다이소, 일본의 돈키호테, 우리나라의 노브랜드샵, 전형적인 이커머스는 아니지만, 당근마켓, 리세일 사이트 등도 여기에 해당된다.

'More for Less'는 매우 가치 있는 제품을 가장 저렴한 가격에 판매하는 소매점으로 가장 강력한 포지셔닝 전략이다. 높은 가치와 저렴한 가격을 동시에, 지속적으로 판매하는 것은 매우 어려운 과제이나 코스트코, 아마존, 독일 슈퍼마켓 알디, 이케아 등과 같은 초우량 소매상은 이를 실현하고 있다고 볼 수 있다.

'Value/Pricing' 포지셔닝 전략의 시사점은 시장은 다양한 욕구를 가진 소비자로 구성되어 있다는 점이다. 모두가 'More for More' 포지셔닝 전략을 추구할 필요가 없으며, 각 기업은 자신의 핵심 역량을 가장 잘 활용할 수 있는 포지셔닝 전략을 선택하여야 한다. 포지셔닝 전략에서 가장 중요한 것은 타겟 마켓을 명확히 하여야 한다는 점이다. 예를 들어 현대 소매업에서 가장 강력한 경쟁자 중 하나인 MWC(Membership Warehouse Club. 회원 창고형 도소매업) 형태의 코스트코가 월 마트와 같은 할인점 사업에 진출하였으나, 업태의 상이점, 즉 상이한 타겟 마켓에 관한 이해의 부족으로 이 사업에서 철수한 바 있다. 반면 할인점의 강자인 월 마트가 MWC인 샘스 클럽(Sam's Club)을 운영하고 있지만, 코스트코와의 경쟁에서 뒤처지고 있다. 다이소와 노브랜드샵의 약진은 불경기의 여파로 'Less for Much Less'를 선호하는 고객층이 늘어난 결과라고 할 수 있다. 또 다른 시사점은 포

[다이소 8층 규모의 명동점]

지셔닝 전략은 구호로만 그쳐서는 안 되며 고객에게 약속한 것은 반드시 실행에 옮겨 지켜져야 한다는 점이다.

TIP
___

꼭 알아야 할
이커머스 용어 정리 – Part IV

인플루언서(Influencer)

현대의 인플루언서는 유튜브, 페이스북, 인스타그램, 블로그 같은 소셜네트워크 서비스에서 수십, 수백만 명의 구독자를 보유한 인물을 뜻한다. 인플루언서의 사전적 의미는 사회에 미치는 영향력이 큰 사람이다. 최근 이들의 사회적 영향력이 커지면서 SNS 활동을 통해 수익을 얻는가 하면, 직접 광고나 상품 판매에 참여해 인플루언서 마케팅을 진행하는 이들도 있다. 인터넷과 스마트폰이 발달하며 상품 구입 전 상품 리뷰 검색이 일상화되면서 이런 인플루언서의 마케팅 영향력은 더욱 커지고 있다.

도덕적 해이(Moral Hazard)

처음 미국에서 보험 가입자들의 부도덕한 행위로 표현하며 사용되었다. 법적이나 윤리적으로 자신이 해야 할 일이나 의무를 하지 않는 행동을 이야기하며 법적, 제도적 허점을 이용하는 행동을 의미하기도 한다. 유통 기업의 오프라인 소매점에서 점포 근무자가 책임감과 성실성을 가지고 근무를 하기 바라지만, 일부 직원들에게 도덕적 해이가 나타나기도 한다.

EC2(Elastic Compute Cloud)

가상의 컴퓨터를 임대해 주는 서비스이다. 인터넷을 통해 접속이 가능하며, 웹 서비스 등 대부분의 컴퓨터 기능이 가능하다. EC2 서비스는 새로운 서버 인스턴스 확보와 부팅시간을 단축시킬 수 있고 실제로 사용한 용량만큼만 사용 요금을 지불하면 된다.

O2O(Online to Offline)

사전적 의미는 '온라인에서 오프라인으로 향한다.'라는 의미이다. 2천년대 초 그루폰, 쿠팡 같은 소셜커머스가 활성화하면서 온라인 플래폼을 통해 사람을 모아 오프라인 유통을 이용한다는 의미로 시작되었다. 최근에는 O2O를 온라인과 오프라인을 연결한다는 뜻으로 사용되고 있다. 대표적인 O2O 회사로는 배달 전문 플랫폼 배달의 민족, 부동산 중개 플랫폼 다방 등이 있다. O2O는 기존의 오프라인 시장에 온라인을 통해 침투하는 신사업에 많이 사용되었으나, 최근에는 이커머스에 밀리는 오프라인 비즈니스에서도 대세를 이루고 있다. 롯데 쇼핑은 롯데온에서 상품을 구입하면, 롯데 백화점이나 하이 마트에서 상품 수령이 가능하며, 스타벅스는 사이렌 오더로 미리 주문을 하면, 줄을 서지 않고 지정한 시간에 맞춰 커피를 받을 수 있다.

O4O(Online for Offline)

사전적 의미는 오프라인을 위한 온라인이다. O2O는 단순히 온라인과 오프라인을 연결한다는 의미에 그친다면, O4O는 온라인을 통해 축적한 기술을 오프라인 사업으로 확대하는 비즈니스 모델이다. GS 25는 온라인으로 주류를 구매할 수 없다는 점을 역이용해 GS 25 애플리케이션 와인 25 플러스로 와인을 주문하면, 와인 25 플러스 플래그십 스토어와 매장에서 직접 픽업하는 방식을 선보였다. 무신사는 온라인으로 구입한 상품을 무신사 스탠다드 홍대에 위치한 픽업 락커에서 찾아갈 수 있는 무탠픽업 O4O 서비스를 런칭했다.

웹 매거진(Web Magazine)

WWW와 매거진의 합성어로 인터넷상에서 발행하는 잡지를 의미하며, 줄여서 웹진이라고 한다. 기존의 인쇄 서적이 아닌 온라인 전용 잡지로 블로그 및 인터넷 뉴스와 일부 기능이 공유되나, 편집 형태에서 차이점을 들 수 있다. 기존의 종이매체를 탈피해 인터넷의 특징을 활용 콘텐츠 요소를 강화했고, 독자와 쌍방향 커뮤니케이션이 가능한게 특징이다. 또 기사 업로드가 인쇄 매체 대비 간편하기 때문에 수시로 정보를 제공할 수 있다.

"

다가올 200조 시장을
지켜만 볼 것인지, 당신의 것으로 만들 것인지는
미래 소비자와 유통 트렌드의 변화를 읽는
당신의 눈에 달려있습니다.